暗黙の知財同盟

イノベーションの継続と収益化を両立する特許活用戦略

後藤吉正・玄場公規・栄藤 稔・浅井 明［著］

東京 白桃書房 神田

プロローグ
——知的財産権は収益に貢献するか？

物的資産に代わって、知的資産が社会や経済、企業経営でより大きな役割を持つようになった。次々に登場するネットワークサービスは社会生活を変容させており、近年、企業や行政機関が推進するDX（デジタルトランスフォーメーション）は知的資産の効果的活用を図るものと言える。さらに、知的資産の中で重要な地位を占める知的財産権のビジネスへのインパクトは、企業経営者や実務者も、また産業や科学技術の政策関係者も広く認識しており、それを反映して、書籍や研究論文などによる有識者の発信も多数行われている。さらに、経営者が経営戦略の観点で知的財産権を活用することの重要性も産業界や研究者の方々によって語られている。

しかしながら、イノベーションによって生まれた知的財産権に関して、次の1)、2）の両面で、いまだ具体事例やエビデンスの提供、或いは、掘り下げた議論が不十分であり、それが関係者、特に企業の経営者や経営戦略部門の方々への納得性を低めているのではないだろうか。

1）知的財産権が事業価値の創造や価値の収益化にどの程度、貢献しているのか

2）収益に貢献する知的財産マネジメントとはどのようなものか

ここで、1）を挙げた理由は、医薬や材料などでは知的財産権が競争力に貢献しているが、電機機器やシステムなど多数の構成要素で製品・サービスが成り立つ分野では知的財産権のイノベーションの収益化[1]への貢献度は高

1　本書では、イノベーションを創出したイノベーターが、イノベーションで創出された価値を獲得することを「イノベーションの収益化」と表現する。本書のベースになった論文では、同様の趣旨を「イノベーションの専有可能性」の用語で示したが、通常使われる用語ではないの

くないとの調査結果の存在である。また、日本の産業界においては、イノベーション創出で先行し、多数の有力特許権を取得したにもかかわらず、他社に対する競争優位を確立できず、イノベーションが創出した価値を獲得できなかった事例が、クオーツ時計、デジタルテレビ、光ディスク等で多数報告されている。そして、経営者や実務者にも、このような肌感覚を持つ方が少なくないと思われる。【詳細は Column 01 を参照】

2）を挙げた理由は、知的財産権による収益獲得の具体スキームは、各企業内に閉じた機密情報として扱われ、多くの方に共有されている情報や共通認識が乏しいからである。競争優位を形成する経営戦略に関わる事項はビジネス書などの形態で多数公刊され、或いは経営学やイノベーション研究の論文や書籍として発信されている。そして、競争優位を形成する経営戦略の理論や具体スキームは体系化されている。それに対して知的財産マネジメントでは、権利取得や訴訟などの知的財産マネジメントの各フェーズの手法は体系的に提示されているものの、イノベーションが創出した価値を獲得するための知的財産活用の具体的なスキームはほとんど提示されていない。本書は、この空隙を埋めて、企業や国のイノベーションの収益化に知的財産権がどの程度貢献するのか、さらには、イノベーション創出において知的財産権をどのように活用するべきかを具体的に明らかにしようとするものである。つまり、本書は経営戦略を設計する際に理解しておくべき知的財産権の特性と活用法を提示するものである。

知的財産権とは、主に特許法で保護される特許権、著作権法で保護されるソフトウェアや不正競争防止法が規定する営業秘密を対象にするが、本書では、特に特許権を中心に議論を行う。なお、必須特許とは当該製品の製造や当該サービスの実施に必須な特許のことであり、一般的に代替技術が全くない特許は技術必須特許（technical essential patent）と呼び、代替技術が存在しても、代替技術では製品コストが増大するか、機能・性能等で劣後となって商品競争力が削がれる場合は、商用必須特許（commercial essential patent）と呼ぶ。本書では、この両者を含めて必須特許と呼ぶこととする。

で、本書では「イノベーションの収益化」の表現を用いることとした。

本書は筆者4名のこれまでの議論と協業から生まれた。それぞれ専門分野が異なるが、産業界での技術開発や事業開拓の経験に加えて、スタートアップの創業と経営、大学での研究と教育、産学連携の実践、公的研究資金配分機関の経営など多彩なバックグラウンドを持つ。その多面的な知見と情報が前述の本書の狙いの実現を可能にしたと考える。

さて、本書の構成を以下に述べる。

第1章は、イノベーションが創出した価値を、特許権を活用して収益化する7つのスキームを解説する。イノベーションを収益化する特許権の活用方法を、ステークホルダー間の関係性に着目して解明した。さらに、7つのスキームの中で、「暗黙の知財同盟」と名付けたスキームを本書の以降の章で事例を用いて議論する意図を述べて、第2章以降の導入とする。

第2章は、暗黙の知財同盟の第1の事例として、インクジェットプリンタを取り上げて、詳細に説明する。多くの電機製品では多数の製造企業が参入しているが、インクジェットプリンタでは、キヤノン、エプソン、ヒューレット・パッカードの3社が長い間高い市場シェアを獲得してきたメカニズムを解明する。

第3章は、暗黙の知財同盟の第2の事例として、DVDドライブを取り上げる。DVDプレーヤーでは、技術標準を主導した有力特許権者が市場シェアを失い、特許権が収益に貢献しなかった事例とする報告が多い。しかし、同じDVD技術標準に基づきながらもDVDドライブでは、有力特許権者が高い市場シェアの獲得に成功した。DVDプレーヤーとDVDドライブの収益性の違いは、暗黙の知財同盟のスキームがDVDドライブでは機能した点であることを解明する。

第4章は、暗黙の知財同盟の第3の事例として、白色LEDを取り上げる。白色LEDの発明は照明に大きなイノベーションをもたらした。白色LEDの知的財産戦略では日亜化学の訴訟が目立ったが、実際には白色LEDの有力特許権者5社が暗黙の知財同盟を形成して、高い市場シェアを獲得したことを解明する。

第5章は、第2世代携帯電話GSMの排他的企業連合を取り上げる。携帯電話のモバイル端末（スマートフォンとフィーチャーフォン）の市場には多数の企業が参入している。しかし、基地局や基幹ネットワークといったインフラは、長年にわたって5社が市場を寡占しており、これはGSMに始まる。寡占を可能にしたのは5社の排他的企業連合であり、暗黙の知財同盟とは異なる点と類似な点がある。この5社による排他的企業連合が市場の寡占に成功したスキームを解明する。

第6章は、第2～4章で取り上げた3つの暗黙の知財同盟に共通する事項と排他的企業連合との対比を議論する。暗黙の知財同盟が少数の特許権者企業による高い市場シェアの獲得を実現しながらも、イノベーションを阻害することなく、これが継続したこと、暗黙の知財同盟の継続性、暗黙の知財同盟と独占禁止法との関係などを検討する。

そして、エピローグでは、将来の特許マネジメントに関する提言を行い、本書のまとめとする。

次に実務家の方々のために、本書の読み方をアドバイスさせていただきたい。

第1章は、イノベーションが創出した価値を獲得する知的財産マネジメントを概説しているので、まずは、第1章をざっと読んでいただくと、先を読み進む眺望が得られるだろう。但し、暗黙の知財同盟に集中して読まれたい読者は、第1章は、2.3、2.4、及び3. を読んでいただき、第2章以降に進むことが時間短縮となろう。

第2～5章は、暗黙の知財同盟と排他的企業連合の事例なので、関心のある事例を読まれることで構わない。第2章と第3章は、日本知財学会誌に掲載された学術論文を編集したものなので、読み応えがあると思われる。しかし、外からはみえないスキームである暗黙の知財同盟の存在を解き明かす謎解きを楽しんでいただければと考える。

第6章は、暗黙の知財同盟と排他的企業連合の共通事項を概括的に論じているので、前章までの事例のいずれかを読んだ後に御覧いただければと考える。

また、本書は、知的財産やビジネスの交渉などの生々しい事例を多数、盛り込み、できる限りリアルに記述した。実際の実務を進める担当者やマネージャーの参考になれば幸いである。

本書は多数の方々のご支援があって出来あがった。第1章、第2章、第3章の初出は、日本知財学会誌に掲載された論文だが、この研究では東京大学後藤晃名誉教授と名古屋大学法学部林秀弥教授に貴重なご助言をいただいた。また、第2~5章の事例分析では、技術開発やビジネスの現場を担った企業の方々から重要な情報をお教えいただいた。特許や市場の調査では、NGB株式会社、株式会社発明通信社、名古屋国際弁理士法人、株式会社ふじわらロスチャイルドリミテッド、株式会社エルテックからご協力をいただいた。改めて深く感謝申し上げる次第である。

2023年12月

後藤吉正

COLUMN 01 | **特許はイノベーションの収益化に有効か**

イノベーションによって新たな価値創造に成功したとしても、イノベーション創出に投じたリソースに相応しい収益を常に獲得できるとは限らないとの指摘は従来からある（Teece, 1986)。イノベーションの収益確保が困難であった事例が、クオーツ時計（榊原, 2005)、デジタルテレビ（榊原, 2005)、光ディスク（小川, 2011)（新宅, 2005）など国内でも多数報告されている。

筆者にとって印象的な事案は、富士通がSamsung SDI社を提訴したプラズマディスプレーの特許侵害訴訟である。当時、富士通はNECと共にプラズマディスプレーの原理技術を開発して基本特許権を保有していた。しかし、韓国企業や国内他社の設備投資競争の前に事業では劣勢となり、2004年4月に富士通はSamsung SDI社を基本特許の侵害で提訴した。この年の6月には和解が成立して、Samsung SDI社は比較的低いロイヤリティー率（業界内の噂では4%程度）でライセンスを受けた。基本特許を持たなかったSamsung SDI社はその後もプラズマディスプレー事業を拡大した一方で、原理技術を開発した富士通は事業から撤退した。

なお、特許制度による事業の競争優位や収益化への貢献は高くないとの調査結果が幾つか報告されている。1994年の調査に基づくCarnegie Mellon Survey（Cohen & Walsh, 2000）、2008年のBerkeley Survey（Graham, Merges, Samuelson & Ted, 2009）等があり、我が国では1997年のNISTEP Survey（後藤, 1997）がある。

これらの調査では、事業の競争優位や収益化に貢献しうる幾つかの要因（例えば、先行的な製品市場投入、営業秘密、特許等）を提示して、最も貢献した要因を問う企業アンケート調査を行った。他の要因と比較した結果、特許制度を事業の競争優位や収益化の主要な要因とした企業の比率は、先行的な製品市場投入や営業秘密の管理に及ばないとしている。また、この一連の調査研究では、国際的な比較研究を念頭に、アンケート項目の共通化も図られた。

これらの調査研究は各国で体系的に行われたので、その影響力は大きく、「特許制度による競争優位や収益力はビジネス分野によって異なり、創薬や材料など一部の分野を除いて、あまり有効ではない」との認識を持つ方も少なくない。

参考文献

Cohen, W. M., Nelson, R. R., and Walsh, J. P. (2000), "Protecting their intellectual assets: appropriability conditions and why U.S. manufacturing firms patent (or not)", 2000, *NBER Working Paper Series 7552*, National Bureau of Economic Research.

Graham, S. J. H., Merges, R. P., Samuelson, P. S, and Ted, M. (2009), *High Technology Entrepreneurs and the Patent System: Results of the 2008 Berkeley Patent Survey*, Berkeley Center of Law and Technology, UC Berkeley School of Law, College of Management, Georgia Institute of Technology, University of San Diego School of Law.

Teece, D, J, Z (1986) "Profiting from the technological innovation: implications for integration, collaboration, licensing and public policy, *Research Policy*, Volume 15, No.6, 1986, pp.285-305.

小川紘一（2011),「知財立国のジレンマ」『ビジネスモデルイノベーション』東京大学知財資産経営総括寄附講座シリーズ第1巻, 白桃書房, pp. 49-90.

後藤晃（1997)「イノベーションの専有可能性と技術機会：サーベイデータによる日米比較研究」『NISTEP Report』*48*.

榊原清則（2005),『イノベーションの収益化―技術経営の課題と分析―」有斐閣.

新宅純二朗（2005),「光ディスク標準化による国際競争と国際協調戦略」『東京大学COEものづくり経営研究センター　MMRC Discussion Paper』*53*.

目　次

文献初出一覧

本書を構成するいくつかの章は、筆者が過去に発表した論文を一部加筆、修正したものである。再利用をご了解いただいた日本知財学会に謝意を申し上げる。

プロローグ：書下ろし

第 1 章：書下ろし

第 2 章：後藤吉正・玄場公規（2015）

「知的財産戦略によるイノベーションの専有可能性：インクジェットプリンタの暗黙の知的財産同盟」『日本知財学会誌』*12*（1）pp. 50-83 より。但し、一部を加筆、修正した。

第 3 章：後藤吉正、玄場公規（2020）

「標準必須特許によるイノベーションの専有可能性：DVD プレーヤーと DVD ドライブの比較事例研究」『日本知財学会誌』*17*（1）pp. 58-79 より。但し、一部を加筆、修正した。

第 4 章：書下ろし

第 5 章：書下ろし

第 6 章：後藤吉正・玄場公規（2015）

「知的財産戦略によるイノベーションの専有可能性：インクジェットプリンタの暗黙の知的財産同盟」『日本知財学会誌』*12*（1）pp. 50-83 の一部及び、後藤吉正、玄場公規（2020）「標準必須特許によるイノベーションの専有可能性：DVD プレーヤーと DVD ドライブの比較事例研究」『日本知財学会誌』*17*（1）pp. 58-79 の一部を大幅に加筆、修正した。

エピローグ：書下ろし

第1章

イノベーションを収益化する知的財産戦略

1. はじめに

「プロローグ」で提起したように、必須特許を取得し、イノベーションの創出に成功しても、その収益を獲得できない事例が少なくない。本章では、イノベーションで生まれた価値から収益を確保するための特許権の7つの活用スキームを概括的に説明する。一般に、優れた経営資産を保有していても、それを効果的に活用する能力がなければ収益は確保できない。特許でも同様である。従来の特許戦略の議論は、特許権の取得とか、ランセンス交渉や訴訟とか、特許業務の各フェーズに閉じた議論が多かった。本章は、全く異なる視点から考察する。その際に、ステークホルダー間の関係性に着目して解説する。

2. 収益を獲得する特許権の活用

2.1 特許権の基礎的機能と高度な活用

特許権の基礎的な機能とは、自社の発明技術に対して独占排他権を設定することで、自社のコア技術の独占的実施と他社実施の排除により事業の収益力を高めることである。特許権が財産権の機能を持つため、特許権そのもの、或いはその実施権を他社に譲渡してその対価によって収益を得ることも基礎的機能となる。本書ではこれらを「特許権の基礎的機能」と呼ぶこととする。クロスライセンスや特許ライセンスプールも特許権の基礎的機能のバリエーションであり、その範疇に入る。

このような基礎的機能に関する知的財産戦略や知的財産マネジメントについては、これまでに多面的に議論や解説がなされてきた。しかし、我が国産業界は、技術開発で先行し多数の必須特許を取得しながら、その活用方法は単純な独占排他権の実施にとどまっていたために、当初獲得した競争優位や収益力を確立できなかった事例が少なくない。即ち、特許権の基礎的機能だけでは収益が獲得できなかったのである。一方では、本書で議論するように、特許権の高度な活用法を駆使することで企業や国の収益力の形成に成功している事例も少なくなかった。ここで特許権の高度な活用法とは、まずは「特許権を経営戦略やイノベーションエコシステムに組み込んで活用すること」と規定する。具体的な内容は、以下の節で議論する。

特許制度自体の問題もある。特許制度は法令で定められた複雑な手続によって成立しており、モノに関する常識や通常のビジネスの知見ではその理解が追いつかず、直観力が働かない。専門的な知識がないと理解が難しいのである。さらに、商慣習や特許制度の微妙な仕組みが、実は経営戦略上の重要なスキームになっているが、知財や特許制度の入門的な知識では触れられないものがあり、これが経営者や経営学研究者の理解を遠ざけ、特許権を経営戦略やイノベーションエコシステムに組み込んだ、特許権の高度な活用を遠ざけている。

2.2　ステークホルダーの関係性に着目した特許権の活用

特許権の基礎的機能に登場するステークホルダーは、特許権者と当該特許権を持たない他社の2者だけであり、その関係性の種類は、特許権による他社市場参入の排除と、実施権或るいは特許権の譲渡の2種類である。しかし、特許権の高度な活用においては、登場するステークホルダーも関係性の種類も多様であり、それが高度な活用方法を可能にしている。

しかしながら、本書は、まず、特許権の高度な活用法を分かりやすく理解してもらうために、ビジネス上の関係者（ステークホルダー）との関係性に着目して考察する。ステークホルダーとの関係性に着目する理由は、そもそも、特許権の活用で生まれる競争力とステークホルダー間の関係性は以下に述べるように双方向の作用関係にあるためである。

第1は、特許権の行使がステークホルダー間のビジネス上の関係性に影響することである。特許権を用いることで特許発明の実施を他社に認めないのか、他社に許諾するのかを制御することができる。このように特許制度は特許発明の実施の可否を制御する仕組みであり、これによって、特定の企業を市場から排除したり、他社の特許発明を購入したり、特定の技術標準やプラットフォームに顧客や補完業者を誘導したりできる。例えば、白色LEDの必須特許を日亜化学など5社が専有したため、従来の有力照明機器メーカ数社は白色LEDの製造に参入できなかった。即ち、特許権はステークホルダー間の関係性を制御する機能を持っているのである。

また、特許権は、独占排他や実施に関する関係性以外でもステークホルダー間の関係性に影響する。特許権の存在は、特許権者企業が社外に流出しない固有の技術を保有していることを対外的に提示することである。例えば特許権者企業であるスタートアップへの投資を検討する投資家や、ジョブホッピングを考える人材にとっては明示的な判断材料となり、スタートアップへの資金や優秀人材の誘引といった関係性を左右している。実際、ベンチャーキャピタルがスタートアップ企業に対して固有技術に関する特許権の保有を求めるとか、スタートアップへの転職を考える特許弁護士が候補企業の技術力とその裏づけとなる特許の有無を調査するといった話は、しばしば耳にするところである。

第2は、ステークホルダーのビジネスにおける関係性が、特許権行使の効力に影響することである。特許ロイヤリティーの請求や特許侵害訴訟などの特許権の行使の効力は、特許権者の事業内容と権利行使対象の相手企業の事業内容によって異なる。特許権を行使できるのは、相手企業がその特許を利用する事業を実施している場合のみである。逆の場合も同様であり、相手企業が保有する特許を利用する事業を自社が実施していないならば、相手企業からその特許権の行使を受けることはない。従って、権利行使の対象とする相手企業が保有する特許を利用する事業を自社が実施していないならば、相手企業から特許権行使を受けないので、自社の権利行使の効力が高まる。即ち、ステークホルダーのビジネスにおけるポジションによって特許権行使の効力が左右される。例えば、Qualcomm社はモバイル通信の標準必須特許を多数保有しているが、自社では携帯電話端末の事業を実施していない。モバイル通信業界では特許ロイヤリティーは携帯電話メーカが支払う商習慣が定着しているために、Qualcomm 社は支払う必要がなく、携帯電話メーカとの特許ライセンスの交渉で非常に有利な位置にある。特許権はそれ自体の価値（特許発明の価値、権利の強靭性）だけではなく、外部要因（権利行使の対象となる他社）によって価値が変動する特性をもっている。これが、経済学の用語を用いて「特許権は外部性[1]が高い」と言われる所以である。

このように、特許権の活用とステークホルダー間の関係性は表裏一体であり、特に、後者は経営戦略を構成する重要な要素である。この双方向の関係性の存在が、高度な知的財産マネジメントを必要とする理由である。経営戦略に組み込まれていない知的財産マネジメントは十分に効力が期待できないだろう。そして、この関係性に着目することで、経営戦略に統合して活用する知的財産権に関して踏み込んだ考察ができると思われる。

以上は、特許権の本来的特性に起因するが、これに加えて、イノベーションを創出する社会システムの今日の段階からみても、ステークホルダー間の関係性に着目する妥当性が高い。そもそも、特許制度誕生の意図は、発明を保護することでイノベーションを促進することであり、我が国の特許法も第1条の法の目的で「発明の保護及び利用を図ることにより、発明を奨励し、もつて産業の発達に寄与することを目的とする」と明記している。歴史を振り返ると、イノベーションを創出する社会システムも進化してきた。科学技術に基づくイノベーションについて、20 世紀初頭までの個人発明家が牽引した時代とその後の企業内の研究開発が牽引した時代を経て、現在は異なる機能を担う多数のステークホルダーによってネットワークが形成され、イノベーションの進展を通じてそれぞれの立場に応じてメリットを得る、いわゆるイノベーションエコシステムの時代になっている。そして、様々なステークホルダーとの関係性の構築がイノベーション創出に必要な条件になっている。ステークホルダーには、売り手と買い手といった企業とその顧客以外に

1　外部性（externality）とは、ある経済主体の意思決定や行為などが、商品やサービスの生産や消費に全く関係のない他の経済主体の意思決定、コスト、利益などに影響を及ぼすこと。ネットワーク外部性（第4章脚注2）は外部性の一つである。

も、投資家、ベンチャーキャピタル、公的研究機関、スタートアップなどが含まれており、この直接財を交換する者以外が含まれる点の意味が大きい。加えて、技術進歩、特にネットワークとデジタル化に促された水平分業化という産業構造の変化を反映して、ステークホルダー間の関係が変化し、競争優位や収益獲得に関する認識や競争戦略の理論も進化した。これと同様に、知的財産戦略の進化が求められている。

このようなステークホルダー間の関係性の構築に知的財産権がどのような役割を果たすのか、逆に、ステークホルダー間の関係性によって知的財産権の効力がどのような影響を受けるかは、イノベーションマネジメントや経営戦略の重要な論点であろう。

3. ステークホルダーとの関係性に着目した知的財産権活用

前節で説明したように、イノベーションを収益化する特許権の活用は、ステークホルダー間の関係性に着目すると分かりやすくなる。この視点に立って、これまでに広く観察され報告されている事例や、筆者らがこれまでのキャリアで遭遇した知的財産権の活用事例を整理すると、以下に列記するように７つのスキームが存在することが分かった。７つのスキームは、３つのカテゴリーに区分できる。３つのカテゴリーと７つのスキームが特許権の高度な活用を網羅している保障はないが、筆者らが調査し認識した限りでは、現時点において、この７つのスキームを挙げることができた。本節では、７つの各スキームを概説する。

Ⅰ．イノベーションエコシステム

①スタートアップ・エコシステムを支える特許権

②公的研究開発機関を介した技術開発リソースと開発成果のシェアリング

Ⅱ．必須特許権者の優位性を確保

　③必須特許群を特許権者間で相互利用

　④標準必須特許の実施許諾と収益獲得を両立

Ⅲ．ビジネスモデルの形成に利用

　⑤ライセンサーの立場を事業交渉の梃子に利用

　⑥自社の有利となるように特許ライセンス先を選択・変更

　⑦特許権行使の効力を最大化する企業の範囲の変更や設定

最初のカテゴリーはイノベーションエコシステムの形成に貢献するスキームである。前述のように、今日ではイノベーションは多様なステークホルダーの関係性の中で創出されている。例えば、AIや自動運転など多くのイノベーションは公的資金による研究成果がイノベーションの源泉になっており、源泉を担う大学などの公的研究開発機関と産業界の間に介在して両者をつなぐ組織、例えば、スタートアップや公的技術移転機関等がイノベーションを育てる役割を果たしている。この介在組織を含め、公的研究開発機関と企業、及び投資家などのステークホルダーの関係性構築に重要な役割を果たすのが①②のスキームである。

第２のカテゴリーは、必須特許権者の収益獲得と維持に関するスキームである。ある製品・サービスの実現に必要不可欠な特許、即ち必須特許を保有する企業は、競合他社に先行した技術開発投資により必須特許を確保した訳で、必須特許により他社の市場参入を排除して、収益を獲得できると期待されてきた。しかしながら、前述のように必須特許を取得、保有しながら収益獲得に失敗した事例は少なくない。第２のカテゴリーの２つのスキームは、この問題を克服して、必須特許権者の収益力を構築・維持するために、必須特許権者間、及び、必須特許権者とそれ以外の企業間でどのような関係性を形成するかに関するスキームである。

第３のカテゴリーは、収益を獲得するビジネスモデル[2]構築の構成要素と

2　ビジネスモデルという用語は多用されているが厳密な定義はない。本書は概ね次の意味で用い

なる知的財産権スキームである。経営戦略の経験が示すように、収益の獲得には、市場や技術の特性を踏まえた独自のビジネスモデルの形成が求められる。ビジネスモデルの重要な要件には、ステークホルダー間の関係性が含まれている。ビジネスモデルの形成に重要な知的財産権の活用スキームが⑤⑥⑦である。なお、これらのうち複数のスキームが1つのビジネスモデルに組み込まれる場合もある。

次節以降、7つのスキームそれぞれについて解説する。

3.1　スタートアップ・エコシステムを支える特許権

ディープテック・スタートアップにおける特許権の重要性はよく知られており[3]、スタートアップが開発した新規技術の特許権取得が、スタートアップの技術優位性を確保して資金調達に有益なことが認識されている。しかし、スタートアップ・エコシステムとして捉えると、特許権の活用はこれに留まらない。

スタートアップ・エコシステムとは、スタートアップがアカデミアやベンチャーキャピタルなど多様なステークホルダーとネットワークを形成してイノベーションを創出する社会システムのことである。その中でもディープテックのスタートアップのエコシステムは、技術開発や事業化の成功確率は低いが成功した場合の収益性が高いハイリスク・ハイリターンな領域の事業創出を、高い経済合理性で実現している。

このイノベーション創出の形態を可能にしているのは、技術、資金、人材の社外との高い流動性とビジネスパートナーとの協業である。例えば、創薬分野では、図1-1に示すようなスタートアップ・エコシステムが機能している。ここで、資金の流動性は資金調達とイグジット時の投資回収の両面を包含する。基礎研究、製品化開発、試験、製造などの事業の発展段階で変化するスタートアップの機能に適した人材、技術情報、資金、ビジネスパート

る。「商品やサービスなどの付加価値の提供と、それによって得られる収益を獲得する仕組み」また、ビジネスモデルの設計ツールとして多用されているビジネスモデルキャンバスが掲げるように、顧客、パートナー、チャンネルなど、ステークホルダーとの関係性が構成要素に含まれている。

3　本節の議論は、特許権が不可欠な事業を行うスタートアップを対象としている。

図 1-1　創薬におけるスタートアップ・エコシステム

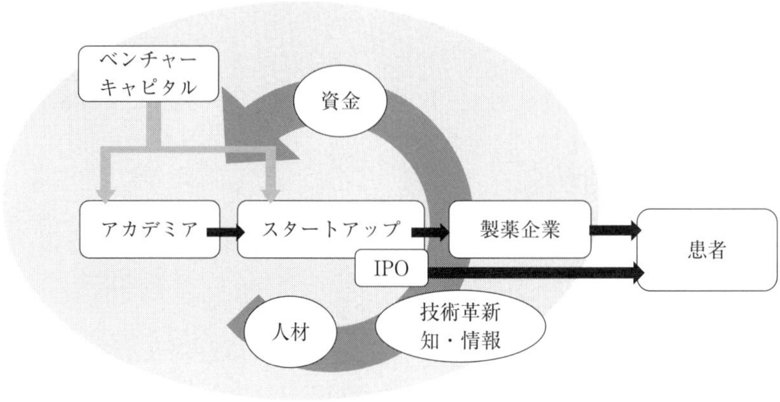

出所：第4回再生・細胞医療・遺伝子治療開発協議会　日本製薬工業協会資料をもとに筆者が作成

ナーを迅速に統合して、その機能に適したマネジメントが実施できる点にスタートアップ・エコシステムの優位性がある。例えば、スタートアップの進化に応じてそのフェーズに適した経営幹部に交替することはしばしば行われている。スタートアップは既存企業と比較して意思決定の階層が浅いため、迅速な経営判断の点で有利である。しかし、設立間もないスタートアップは、資金、人材、技術等の社内の経営資源に乏しいので、必要な経営資源を社会からタイムリーに取り込むことが肝要である。事業に必要な全ての活動を自社の経営資源で実施するには限界があり、ビジネスパートナーとの協業は必然性が高い。

この流動性の実現のために特許権の活用は重要である。第1の活用は技術の流動性の確保である。研究成果や新規技術等の技術情報は、そのままでは拡散して専有できない。専有するために秘匿すれば流動性がなくなる。しかし、特許権を取得すれば、特許制度によって特許権という財産権が確立されるので、実施許諾や権利譲渡という形態で技術情報の流動性が生まれる。大学発スタートアップが大学の研究成果から生まれた特許のライセンスをベースに設立される場合が多いのはこのためである。

特許権の第2の活用は、ステークホルダーに対するシグナリングである。設立間もないスタートアップは実績が乏しいため、固有の技術力や成長可能性に関する情報は社外の投資家、専門人材、ビジネスパートナーなどのステークホルダーには分かりにくく、その情報を得ようとすると手間や経費等のコストが高くつく。このようにスタートアップ社内と社外の情報の格差が大きく、いわゆる情報の非対称性が高い。これは、資金調達や優秀人材の確保、ビジネスパートナーとの協業には不利となる。これを克服するためには、スタートアップから社外に対する効果的なシグナリングが望まれる[4]。スタートアップが社外から導入した特許権、或いは、自社が出願した特許権は、特許法が定める発明情報の公開制度により客観性が高く、社外から認識しやすいシグナリングである。特に、スタートアップが自社で出願する特許は、その技術的な価値に加えて、経営の意思を提示する役割も果たしている。また、特許権によるシグナリングはIPOやM&Aでの企業価値の交渉力を高めるのにも有効である。

特許権の活用の第3は競争力の強化である。既存企業は、それまでの事業で獲得した顧客、サプライチェーン、製造ノウハウなどの様々の社内リソースを競争力に転化している。これらを十分に持たないスタートアップにとって、自社技術に関する特許権は自社の将来のビジネス領域に布石する重要な競争要因となる。

以上で説明したスタートアップ・エコシステムにおける特許権の活用を事業の局面に沿って整理すると次の7つの機能となる。

1）社外からの技術資産の導入
2）自社の技術資産の確保
3）資金調達の訴求力
4）優秀人材の呼び込み
5）ビジネスパートナーとの協業促進
6）イグジット時の企業価値評価の根拠

4　各地で頻繁に開催されるスタートアップのピッチはシグナリングを担っている。スタートアップが保有する特許権は発信の効果的なエビデンスとなり、シグナリング効果を高める。

7）他社競争力の構築

スタートアップ・エコシステムにおける知的財産権の活用をCOVID-19のmRNA[5]ワクチンの事例にみることができる。医薬品は少数の特許権で保護できるので、特許権の基礎的機能で収益確保できる事例と言われてきた。これは、低分子医薬の時代に製薬企業が自社で新薬を開発するビジネスモデルでは妥当であったと言えよう。しかし、近年、バイオ製薬の比重が大きくなり、創薬は成功確率が著しく低下して、さらなるハイリスク・ハイリターンとなった。そこで、新薬の開発はディープテック・スタートアップが担い、製薬企業は開発に成功したスタートアップを買収、或いは事業提携して商品化する形態が広がっている。COVID-19のmRNAワクチンはスタートアップ・エコシステムによって実現した最近の好事例であるので、ここで取り上げることとした。

創薬スタートアップであるModerna社とBioNTech社が非常に短期間で[6]mRNAワクチンを開発した功績は顕著である。パンデミックから世界を救う役割をmRNAワクチンが担った。しかし、この2社は、基礎技術であるmRNA修飾[7]による自然免疫系の排除技術と脂質ナノ粒子LNPによるドラッグデリバリー技術を社外から導入していた（上記の機能1））。前者は、Katalin Kariko博士とDrew Weissman博士[8]の発明に基づくPennsylvania大学の特許を特許ライセンスの形で導入している。自社でCOVID-19ウイルス対応のmRNAとその製造技術を開発することでワクチンの実用化がな

5　細胞核にあるDNAが持つ遺伝情報に基づいてタンパク質を合成する際に、DNAの遺伝情報を核の外に運ぶ役割をmRNAが担っている。DNAの遺伝情報のうちで、該当する個所の情報がmRNAに転写され、mRNAは核の外に出て、タンパク質合成に使われる。

6　COVID-19ウイルスの遺伝情報が公開されて、数日でワクチンの設計を行い、数週間で臨床研究に必要な量のワクチンを製造したと報道されている。

7　mRNAを構成する塩基などの一部を変化させること

8　両博士は、この功績により2023年のノーベル生理学・医学賞を受賞した。ノーベル賞選考委員会は授賞理由について「2人の発見は、2020年初頭に始まったパンデミックで新型コロナウイルスに対して効果的なmRNAワクチンの開発に不可欠だった」として、両博士の研究について「mRNAが免疫システムにどう相互に作用するかについて私たちの理解を根本から変えた画期的な発見を通じて、2人は、現代における人類の健康に対する最大の脅威の1つだったパンデミックで前例のないスピードのワクチン開発に貢献した」と評価している。

された。両社とも、新たに開発したmRNAワクチンやその製造に関する特許を出願し（機能2））、後続する創薬企業に対する参入障壁とした（機能7））。BioNTech社はPfizer社というビジネスパートナーと事業提携してワクチンを商用化したが、Pfizer社が資金を提供したのはBioNTech社が特許（その時点では出願段階であったが）を保有していたからと言えよう（機能5））。【詳細はColumn 02を参照】

このようにスタートアップ・エコシステムが機能するには特許権が重要な役割を果たしており、それが技術、資金、人材の流動性やビジネスパートナーとの協業、イグジットにおける交渉力を高めている。

スタートアップ・エコシステムでの特許権の機能が効果的に働くためには、アカデミアが創出する発明と特許権の質が重要となる。特に、大学単独の権利であることが特許権の流動性には必須である。しかしながら、国内の多くの大学では特許出願に充てる予算が少ないために、その費用獲得を目的として少なくない有益な特許が企業と共同で出願されている。企業と共有になった特許権の流動性は低下する。大学の出願予算を拡充して、大学の単独発明は大学独自の権利とすることがイノベーション創出の点からも望まれる。

COLUMN 02　新型コロナウイルスのmRNAワクチン実現における特許の機能

1. 新型コロナウイルスとmRNAワクチンの登場

新型コロナウイルス（COVID-19）は、短期間に全世界に感染が拡大して世界の経済や社会に大きなダメージを与えた。パンデミック状態は終結したが、現在（本書執筆中の2023年10月）も多数の新規発症者を出している。感染被害を抑止するために大規模なワクチン接種が実施された。最も注目されているワクチンは、主にドイツのBioNTech社が開発してPfizer社が商用化した「BNT1622」と米国のModerna社の「mRNA-1273」の2つのmRNAワクチンである。不活化ワクチンなど従来のワクチン開発手法は開発に年単位の期間を要するが、これらのmRNAワクチンでは開発自体は数週間で終えて臨床研究に進んでおり、mRNAを用いた新たな創薬技術のインパクトの大きさを印象づけた。

BioNTech社は2008年に、Moderan社は2010年に創業した創薬スタートアップである。スタートアップ・エコシステムにおける特許権の機能の事例として、2社によるmRNAワクチン開発で特許権が果たした役割を考察しよう。

2. mRNAワクチンの仕組み

mRNAワクチンとは、ウイルスがヒトの細胞に侵入するときに細胞にとりつくスパイク（突起）と呼ばれる糖タンパクの設計情報（mRNA）をヒトの体内に投与するワクチンである。そもそもmRNAとは、新しい細胞を生成するためにDNAの遺伝情報をコピーした分子であり、細胞を構成するタンパク質を合成する鋳型になる。ウイルスのスパイクの遺伝情報をコードしたmRNAを投与すると、スパイクを構成するタンパク質が生成される。スパイクタンパク質はヒトにとって異物であるため、これに対する抗体が生成され、また、ウイルスに感染した細胞を殺すT細胞が活性化される。このような免疫反応によりウイルスの感染力を低下させるのがmRNAワクチンの仕組みである。従来のワクチンは不活化したウイルスやその断片を抗原として体内に投与して抗体を作らせるものなので、安定で安全なワクチンを作るまでに多大な手間と時間を要する。これに対してmRNAワクチンは、ウイルスのスパイクに関する比較的簡単な遺伝情報に基づいて合成すればよいので、原理的に開発が速い。

1990年にはmRNAワクチンの可能性に言及した論文が発表されている。しかし、mRNAワクチンが実現するには、2つの基礎技術の確立が必要であった。

第1の基礎技術は、Katalin Kariko博士とDrew Weissman博士が見出したmRNAの修飾である。mRNAをそのまま体内に投与すると身体の自然免疫系がこれを異物と認識して炎症反応を起こすので、このままでは利用できない。K. Kariko博士とD. Weissman博士はmRNAにわずかな細工（RNA修飾）を行うことで、この免疫系をすり抜けて炎症を回避する手法を考案した[9]。これは、博

9　mRNAを体内に投与すると炎症反応を起こすのはmRNAの純度が低いことが要因であり、高純度のmRNAを用いれば、mRNAの修飾は不要とする見解も存在する。この見解に基づいたワクチン開発の試みもあり、現時点では議論に決着はついていない。(Dolgin 2021)　また、名古屋大学理学研究科の阿部洋教授らのチームは、独自の製造方法で98～99%という高純度のmRNAを製造することに成功し、製造されたmRNAは体内での炎症反応が弱いとの報告が*Nature Communication* 11, May, 2023に掲載された（Inagaki, 2023)。この技術を用いてス

士の 2005 年、2008 年の論文で発表されている。両博士は、この功績により 2023 年のノーベル生理学・医学賞を受賞した。

第 2 の基礎技術は、脂質ナノ粒子（LNP, Lipid Nano Particle）である。mRNA は極めて不安定な物質であり、ヒトの体内には mRNA を分解する酵素が存在するので体内に投与しても直ぐに分解されてしまう。またヒトの細胞膜を透過することができないとされている。従って、ヒトへの投与には mRNA を守りながら運ぶ手段（Drug Delivery System, DDS）が必要となる。mRNA ワクチンで採用された DDS は、脂質ナノ粒子（LNP, Lipid Nano Particle）で mRNA を包んで細胞内に導入する方法である。LNP には組成や作成方法による多数の種類があり、その種類の違いによってワクチンの保管条件（冷蔵温度等）に違いが出る。

3. mRNA ワクチンと特許の関係

これら 2 つの基礎技術に対応する基本特許を NGB 株式会社 IP 総研の呉礼（Wu, Li）氏が分析して論文[10]を公開しているので以下に引用する。

「米国証券取引委員会（SEC）への提出資料や各社のニュースリリースなど非特許情報を参照して調査したところ、米 Pennsylvania 大学の米国特許 US 8,278,036 B2（以下、036 特許と記す）、カナダ Arbutus 社の米国特許 US 8,058,069B（以下、069 特許と記す）がそれぞれ、mRNA や LNP に関する基本特許と考えます。なお、この調査は網羅性を保証するものではないことをご了承ください」

呉礼氏の論文に記載されたそれぞれの特許の概要を表 Column 02-1、表 Column 02-2 に示す。

また、Mario Gavira は、米国証券取引委員会（SEC）に提出された特許ライセンス契約書をもとに、COVID-19 の mRNA ワクチンの背景にある特許の複雑な関係を分析した。それを図示したのが、図 Column 02-1 である。大きな丸は企業、その周りの小さな丸は特許（または特許群）を意味する。線は企業間の契約

タートアップが設立されている。

10 呉礼（2023）「特許の視点からみた新型コロナウイルス mRNA ワクチン」https://www.ngb.co.jp/resource/news/1845/（アクセス日：2023 年 10 月 6 日）

を表す。これをみると、mRNA 修飾に関する K.Kariko 博士と D. Weissman 博士の技術を BiONTech 社、Moderna 社ともに Cellscript 社から導入している。

BiONTech 社は Arbutus 社の LNP 技術を、Arbutus 社の関連会社である Genevant Science GmbH 経由で特許ライセンスを受けていることが分かる。Moderna 社が導入した LNP 技術に関しては係争中なので本書での言及は控える。

以上をまとめると、BiONTech 社と Moderna 社は mRNA ワクチンの基礎技術を特許のライセンスを受けることで導入し、これを用いてワクチン開発に成功した。

表 Column 02-1　mRNA 修飾に関する 036 特許の概要

特許番号	**US 8, 278, 036 B2**
発明者	Katalin Kariko, Rydal, PA (US); Drew Weissman, Wynnewood, PA (US)
権利者	The Trustees of the University of Pennsylvania, Philadelphia, PA (US)
出願日	2006-08-21
仮出願	2005-08-23 (US60/710164P)
満了日	2027-05-24 (調整後)
Claim 1	A method for inducing a mammalian cell to produce a protein of interest comprising: contacting said mammalian cell with in vitro-synthesized modified RNA encoding a protein of interest, wherein said in vitro-synthesized modified RNA comprises the modified nucleoside *pseudouridine*.

出所：呉礼 (2023)「特許の視点からみた新型コロナウイルス mRNA ワクチン」
https://www.ngb.co.jp/resource/news/1845/ (アクセス日：2023 年 10 月 6 日)

表 Column 02-2　LNP に関する 069 特許の概要

特許番号	**US 8, 058, 069B2**
発明者	Edward Yaworski, Maple Ridge (CA); Kieu Lam, Surrey (CA); Lloyd Jeffs, Delta (CA); Lorne Palmer, Vancouver (CA); Ian MacLachlan, Mission (CA
権利者	ARBUTUS BIOPHARMA CORPORATION

出願日	2009-04-15
仮出願	2008-04-15（US61/045228P）
満了日	2029-04-15（Anticipated）
Claim 1	A nucleic acid-lipid particle comprising: (a) a nucleic acid; (b) a cationic lipid comprising from 50 mol % to 65 mol % of the total lipid present in the particle; (c) a non-cationic lipid comprising a mixture of a phospholipid and cholesterol or a derivative thereof, wherein the phospholipid comprises from 4 mol % to 10 mol % of the total lipid present in the particle and the cholesterol or derivative thereof comprises from 30 mol % to 40 mol % of the total lipid present in the particle; and (d) a conjugated lipid that inhibits aggregation of particles comprising from 0.5 mol % to 2 mol % of the total lipid present in the particle

出所：呉礼（2023）「特許の視点からみた新型コロナウイルス mRNA ワクチン」
https://www.ngb.co.jp/resource/news/1845/（アクセス日：2023 年 10 月 6 日）

図 Column 02-1　mRNA ワクチン関連特許のネットワーク分析

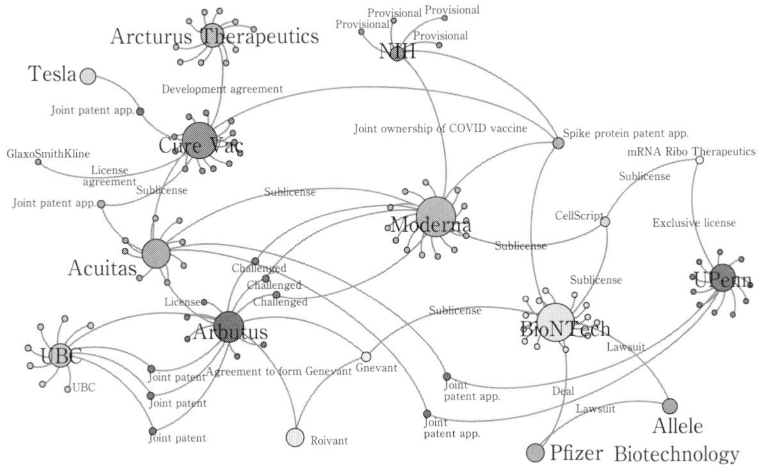

出所：Gavilia（2021）に掲載された図を転記

3.2　公的研究開発機関を介した技術開発リソースと開発成果のシェアリング

7つのスキームのうち、他の6つのスキームは実行主体が企業であるが、第2のスキームは企業から委託を受けて、或いは共同して研究開発を行う公的研究開発機関の知的財産マネジメントである。

今日では、大学や公的研究開発機関は企業の委託を受けて研究開発を行っており、企業からみてオープンイノベーションの重要なパートナーとなっている。特に企業内の技術シーズが十分ではない場合には、公的研究開発機関に委託した技術開発が企業の競争力に大きく貢献している。この委託研究において、以下の1)～4）に示す知的財産マネジメントは、公的研究開発機関の開発リソースと開発成果をシェアリングすることによって、委託元企業と産業界全体の研究開発の投資効率と開発速度を高め、引いては国全体の収益力に貢献すると考えられる。

1）公的研究開発機関の特許権は、より多くの企業にライセンスすることを原則とする。

2）公的研究開発機関の職員による発明は、公的研究開発機関の単独特許権とする。これは、企業からの委託研究で創出された特許であっても同様である。公的研究開発機関の職員と委託元企業の職員の両者が発明者の場合は、共同で出願し、共有特許権とする。

3）企業Ａからの委託研究で創出され、公的研究開発機関の職員が発明者である特許ａは、公的研究開発機関の特許権となり、企業Ａにライセンスされる。ただし、ライセンスする範囲は原則として委託研究の範囲に限定される。公的研究開発機関は他の分野では他社にライセンスすることができる。

4）企業Ｂからの委託研究の成果を事業化する際に特許ａが有効である場合、企業Ａとのライセンス契約に反しないならば、企業Ｂにライセンス可能である。これにより、一度創出された特許権は、複数企業での実施が可能となる。

上記の公的研究開発機関が我が国の各々の地方自治体傘下の公設試験研究機関ほどの規模であれば、インパクトは大きくないかもしれない。しかし、以下の事例で紹介するドイツのフラウンホーファー研究機構の規模と研究領域の範囲の場合には効果が大きく効率的にイノベーションを創出するシステムとして機能していると考えられる。

ドイツのフラウンホーファー研究機構は、大学や公的研究開発機関の成果を産業界へ技術移転するための機関として設立された。現在ドイツ全土で 76 か所にフラウンホーファー研究機構の研究所があり、各研究所は、応用科学系大学のキャンパスの中かキャンパスに隣接して設置されている。総職員は約 29,000 人で、これに隣接する大学の大学院生 7,800 人が加わる。年間予算は 28 億ユーロ（約 3,600 億円）の規模である。ドイツ産業の特徴は大企業の数は少ないがグローバルに活躍する中堅企業が多数存在してドイツ経済を牽引している。中堅企業は年間 7,000～8,000 件の研究をフラウンホーファー研究機構に委託しており、フラウンホーファー研究機構が中堅企業の共用研究所のような役割を担っている。また、企業からの委託研究費に連動して連邦政府と州政府からフラウンホーファー研究機構の各研究所に資金が供与され[11]、その使途は各研究所の裁量に任されている。これはフラウンホーファー研究機構の研究所が企業からの委託研究を受ける強いインセンティブとなっている。また、フラウンホーファー研究機構が独自に行う基礎的研究においても、将来の委託研究を呼び込むテーマを設定する動機が働く。この資金の仕組みは「フラウンホーファーモデル」と呼ばれている。

さらに、企業からの委託研究の内容や成果は企業情報として機密管理され、外部に開示されることはない。このため、企業は事業競争に係る機微な研究であってもフラウンホーファー研究所に委託しており、これがフラウンホーファー研究機構が成功した要因の 1 つである。【詳細は Column 03 で説明】

11　同様の方式が、日本政府が進める国際卓越研究大学への助成の方針でも採用されている。「国際卓越研究大学研究等体制強化助成の実施に関する方針」（2022 年 11 月発表）によると、研究等体制強化促進分の助成金の額は、大学が外部から得た資金（公的資金を除く）に連動するとしている。https://www.jst.go.jp/report/2022/221115/221115.pdf（アクセス日：2023 年 12 月 23 日）

本スキームでは、特定企業からの委託研究の結果生まれた特許権であっても、前述の1）～4）と同様の方針で運用している。この方針は、フラウンホーファー研究機構が公表している委託研究の契約書雛型からも分かる[12]。その結果、研究成果は委託元企業の事業に活用されるが、その企業へのライセンス契約に反しない範囲（例えば、実施許諾する製品の範囲等）であれば、他の企業でも利用できる。例えば、事業の分野が異なり市場で競合することがない企業で活用される。また、委託元企業からみても、他社の委託研究で創出された研究成果を利用できるので、複数企業で類似の研究開発を繰り返し実施する重複投資が回避され、研究開発の投資効率が有利になり、産業界全体として収益力が高まる。統計データによると、ドイツの１人当たりの年間労働時間は我が国と比較して少なく（1,371時間/1,719時間）、１人当たりの労働生産性は我が国と比較して格段に高い（US＄66.6/US＄45.5）。その背景には、このような社会システムがあるとの指摘もある。

フラウンホーファー研究機構における特許権の活用は特許権の基礎的機能がベースにあるが、その枠を越えてフラウンホーファー研究機構の研究開発リソースとその成果をドイツ全体の中小企業群がシェアリングする構図となっている。それは、効率的なイノベーション創出に貢献していると言えよう。

フラウンホーファー研究機構の成果は雑誌でもしばしば紹介されるなど[13]、国内でも広く知られている。しかし、上記の資金に関するフラウンホーファーモデル、企業の委託内容が機密管理されること、隣接する大学との協働関係、及び、知的財産マネジメントに関する本スキームは、必ずしも広く認識されていないかもしれない。

国内でもフラウンホーファー研究機構と類似の技術移転機関を設ける議論もあるが、進展はない模様である。

---

12 “General Terms and Conditions for the Performance of Research and Development contracted to Fraunhofer-Gesellschaft” https://www.isc.fraunhofer.de/en/general_terms_and_conditions.html（アクセス日：2023年10月6日）

13 『日経ものづくり』は2018年7月号で「独フラウンホーファーの研究力」を26ページの特集で紹介している。

COLUMN 03 ｜ フラウンホーファー研究機構[14]

ドイツのフラウンホーファー研究機構は傘下に76か所の研究所を持つ応用研究機関で、産学連携や技術移転機関の成功例として著名である。ビジネス誌等で紹介されている。我が国では、大学の産学連携や自治体の公設試験研究機関や産業技術総合研究所がこれに近い機能と言えよう。しかし、実際には国内のどの機関とも異なる以下に記す特徴を持っている。

1．歴史と実績

1949年に設立されたフラウンホーファー研究機構は、ドイツの公的なイノベーションシステムの中で応用研究や技術移転を担う機関として位置づけられている[15]。東西ドイツ統一後の不況の克服で顕著な成果を収めて成長し、現在は、ドイツ全土に76か所の研究所、アメリカに6か所の研究センター、アジアに3か所の研究センターを持つ欧州最大の応用研究機関である。日本には日本代表部が置かれ、日本企業からの委託研究の窓口になっている。図Column 03-1に示すように1990年代から規模を拡大して、現在は人員29,000人（さらに、これに隣接する大学の大学院生7,800人が加わる）、年間予算は€28億（約3,600億円）の規模である。

主に中小企業からの委託を受けて年間約7,000〜8,000件の委託研究プロジェクトを実施している。

14　本コラムはフラウンホーファー日本代表部からご提供いただいた情報やデータをもとに執筆した。

15　フラウンホーファー日本代表部の資料によると、マックスプランク研究所は基礎研究を、ライプニッツ協会は知識・応用指向の基礎研究を、ヘルムホルツ協会は研究プログラム・研究インフラとの連携を、フラウンホーファー研究機構は応用研究を担うとされている。

図 Column 03-1　フラウンホーファー研究機構の成長

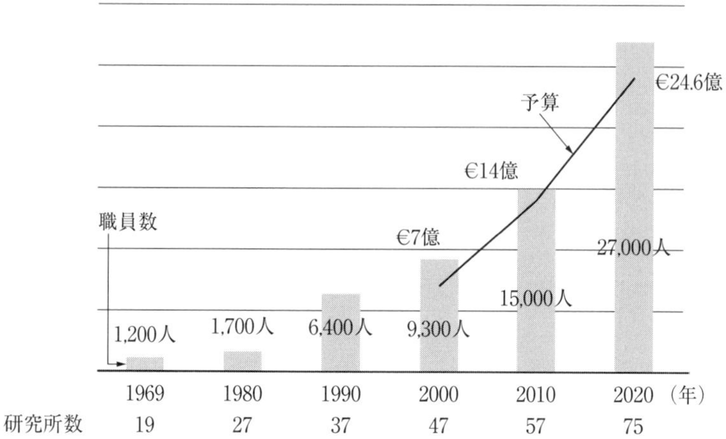

出所　フラウンホーファー研究機構が公開しているアニュアルレポート[16]と当機構の設立70周年に開設されたサイト[17]に掲載されたデータをもとに科学技術振興機構研究開発戦略センターが作成した

2. 組織や運営の特徴

フラウンホーファー研究機構は、日本の公的研究開発機関、地方自治体の公設試験研究機関や大学の産学連携と類似点もあるが、次のような際立った特徴がある。

・全国組織：ドイツ全土に76か所あるフラウンホーファー研究機構の研究所は、それぞれ専門分野を持ち、例えば、建築物理研究所や応用情報技術研究所などがある。これらの研究所はバラバラに活動するのではなく、企業から持ち込まれた委託研究の案件情報はフラウンホーファー研究機構内で共有され、最適の研究所が担当し、必要に応じて研究所を跨ぐ横断プロジェクトが実施される。情報の共有やプロジェクト組成を調整する組織が設置されている。

16　https://www.fraunhofer.de/content/dam/zv/en/Publications/fraunhofer-annual-report-2020_web.pdf（アクセス日：2023年11月17日）
17　https://www.fraunhofer.de/en/about-fraunhofer/profile-structure/chronicles/fraunhofer-chronicle.html（アクセス日：2023年11月17日）

・機密保持：企業からの委託研究の内容や成果は機密情報として管理し外部に公開されない。なお、筆者がフラウンホーファー研究機構の成果事例を日本代表部に問い合わせたところ、「機密情報なのでお伝えできない」との回答であった[18]。このように、企業機密に属する研究でも企業が委託している。日本では機密保持のために公的研究開発機関に委託せず、企業内で行う性格の研究開発であっても、フラウンホーファー研究機構に委託している。

我が国の大学の産学連携では、大学と企業の共同研究に公的資金を使う場合には、研究テーマや研究成果の概要を公開することになっている。これは公的資金を利用する時の原則に沿った措置である。これに対して、以下に記すようにフラウンホーファー研究機構にも公的資金が投入されているが、「フラウンホーファーモデル」と呼ばれる仕組みにより企業機密が開示されることはない。

・研究のダム：企業から委託される内容や研究成果は企業ごとに異なるが、その基礎にある共通基盤技術はフラウンホーファー研究機構に蓄積され、各社の委託研究で利用される。フラウンホーファー研究機構はあたかも、中小企業全体の共用ラボのように機能して研究のダムとなっている。従って個々の企業が独自の社内リソースを用いて研究開発するよりも、短期間に効率よく研究開発できる。本文 3.2 で述べたフラウンホーファー研究機構の知的財産マネジメントは共用ラボという役割の円滑な実施を支えている。

・予算の仕組み：1973 年に始まった「フラウンホーファーモデル」と呼ばれる独特の資金の流れの仕組みがある。企業の委託研究費がフラウンホーファー研究機構の収入となるが、前年度の企業からの委託研究費総額に連動して連邦政府や州政府から支給される運営費の増減が決まる[19]。その使途は、フラウンホーファー研究機構の自由裁量に任され、当該委託研究のために使っても、将来の委託研究に備えた基礎的研究に使ってもよい。このような裁量権があるの

18　ただし、研究成果の非公開には例外がある。毎年、フラウンホーファー研究機構の優れた研究成果に対して賞（Joseph von Fraunhofer Prize）を授与しており、受賞した研究の概要は公開されている。

19　企業からの委託研究費収入額と連邦政府・州政府からの公的資金額の数値を対応づける表があり、その表の数値に沿って政府資金額が決まる。

で、より多くの委託研究を受託するモチベーションが働き、それがより多くの政府資金につながるという好循環を生んでいる。フラウンホーファー研究機構は独自に行う基礎的研究も行っており、それが企業の要望で行う委託研究の基盤になっているが、「フラウンホーファーモデル」は独自研究を企画、実施する際に、将来の委託研究の増加につながる研究となることを促している。

・大学との連携：各研究所は各地の応用科学系大学のキャンパスの構内、或いは、キャンパスに隣接して設置されており、大学と緊密に連携・協働している。研究所の所長は大学教授が兼務し、大学の博士後期課程学生がフラウンホーファー研究機構で企業の委託研究と博士学位研究を並行して実施している。また、フラウンホーファー研究機構の研究所は大学と各種のプロジェクトを通じて大学の研究成果を取り込んでいる。

・人材流動性：フラウンホーファー研究機構で企業の委託研究を行った大学院生は、その企業に就職する場合が多い。企業が委託した研究の成果と担当した人材がセットで移動する人材流動性は効率的な技術移転を実現している。また、大学院生と企業の双方にとって時間をかけて相手を見極めることができ、企業が優秀人材を獲得するチャンネルとなっている。また、博士人材の円滑な移動が実現している。

このようにフラウンホーファー研究機構は博士課程学生が産業界で活躍できるスキルを育成している。近年、我が国でも学生が企業で行うインターンシップが増加しているが、フラウンホーファー研究機構における博士課程学生は、長期間のインターンシップ状態にあるとみなすこともできる。

3. 生産性の高いイノベーションシステム

フラウンホーファー研究機構は主に中小企業へ技術移転を行う機関であることから、一見、弱者支援の機関のようにみえる。しかし、中小企業が多いドイツ経済の特性を生かした高効率なイノベーションシステムを形成している。

例えば、単一で事業規模が大きい自動車産業などでは企業の大規模化は必然性が高い。エンジン等の基幹技術に多額の開発費用を要すること、製造設備が大規模であること、車体のプラットフォーム化等により生産・販売の規模の経済の効果が大きいことなどによる。一方、イノベーション創出においても大規模企業は、社内の技術資産が大きいために有利な側面がある。例えば、電気機器やデバイスなどの業界では、多様な製品や事業を包含してコングロマリット化した結果、大企業となっている場合が多いが、その理由の１つが継続的な研究開発に必要な資金と人材を社内に保持するためと考えられる。個々の事業や製品の技術の転換期には大規模な研究開発が必要となる。携帯電話網の技術標準の世代交代が事例である。このような研究開発が実施できる規模の人員、設備、予算を維持することは個別の事業体では厳しい。また、ある事業で開発した新規技術を他事業にも展開して研究開発投資の効率を上げたいという動機もコングロマリット化を促したと言える。しかし、コングロマリット化した大企業には弱点もある。経営環境の変化が大きく迅速な経営判断が必要な場合には、コングロマリット化した大企業よりも、機敏な経営判断を行いやすい専業企業が有利と考えられる。これは、我が国の半導体産業や携帯電話産業が遭遇した経験からも分かる。コングロマリット化した電機メーカ内にあった半導体事業や携帯電話事業は大きく後退した。一方、グローバル市場の競争で生き残った半導体メーカは専業企業が多い。国内に残った半導体分野の企業も、製造装置や素材などの専業企業である。

ドイツの中小企業とフラウンホーファー研究機構の関係は、フラウンホーファー研究機構が中小企業群の共有研究所のような機能を担うことで技術資産を蓄積し、変動が大きい研究開発をフラウンホーファー研究機構が担い、研究開発成果を産業界全体に提供している。これにより、各中小企業は規模の小ささによる弱点を回避でき、専業企業であるメリットを十分に発揮している。ドイツの中小企業は独自技術を持ち、グローバル競争力の高い企業が多いが、その背景には上記のようなイノベーションの社会システムがあると考えられる。

3.2 で説明したフラウンホーファー研究機構の知的財産マネジメントは、上記の生産性の高いイノベーションシステムを支えている。

3.3　必須特許群を特許権者間で相互利用

第３のスキームは、事業に必須な特許を複数の企業が保有し、この必須特許技術を特許権者間では相互に利用しあうが、競合他社には実施許諾しないスキームである。これにより必須特許権者企業以外の他社の市場参入を抑制して、結果的に必須特許権者企業による高い市場シェア獲得の可能性を高めている。

インクジェットプリンタの事例を挙げる。インクジェットプリンタは、パーソナル用途に適したカラープリンタとして広く普及した。Christensen (1997) では、インクジェットプリンタを破壊的イノベーションの例に挙げている。インクジェットプリンタの必須となる特許は30数件存在し、技術開発で先行したキヤノン、エプソン、ヒューレット・パッカードの3社が必須特許権を取得した。3社は公式に相互に実施許諾するか、或いは、非公式に実施を黙認した。一方、参入を目論んで技術開発したそれ以外の10社の企業には実施許諾しなかった。その結果、インクジェットプリンタ市場で、必須特許の権利満了に至るまでの長期間にわたり、キヤノン、エプソン、ヒューレット・パッカードの3社が非常に高い市場シェアを獲得した。パソコンやスマートフォン、テレビ受信機などの電子機器では、市場の成長に伴い多数の企業が参入する場合がほとんどである。しかし、大きな市場を形成したインクジェットプリンタ市場には多数の企業が参入を試みたが、キヤノン、エプソン、ヒューレット・パッカードの3社が長期間にわたり市場を寡占したのである。このような成功例は多くはないが、その背景には本スキームによる知的財産戦略がある。

事業に必須の特許を単独企業だけで保有することは特許権活用の理想であるが、複雑な構成要素で構成される製品では単独企業で必須特許を独占することは難しく、複数企業が保有する場合が多い。そして、相互に実施許諾する（クロスライセンス）ことにより、結果的に広範な企業群が市場参入可能な状況が生まれ、必須特許による競争力と収益力が失われる。このような特許権行使の効力が希釈される事態を回避するのが本スキームである。

本スキームでは特許権の基礎的機能がベースになっているが、相互にクロスライセンスした必須特許権企業は協調して他企業に対する参入障壁を構築する一方で、必須特許権企業の間では市場競争するという二重構造的な関係性となっている。本スキームの詳細は、第2章と第4章で詳細に議論する。

3.4　標準必須特許の実施許諾と収益獲得を両立

第４のスキームは、技術の国際標準化における標準必須特許の活用スキームである。

通信やネットワーク、記録媒体、機器接続などでは、データやプロトコルの互換性や相互接続性が必須であるため技術仕様の標準化は不可欠となっている。技術標準とはそもそも、技術仕様という知的財産の利用をオープンにすることである。技術標準の実装に必須な特許（標準必須特許）の扱いについてISO、ITU等の国際標準化機関はRAND条項（Reasonable And Non-Discriminatory 妥当で非差別的）というガイドラインを設けて、標準必須特許の権利者に対して、実施許諾を希望する企業に対して妥当な条件で無差別的に実施許諾することを求めている。実施許諾を義務づけることによって国際標準の技術的裏づけと社会実装が保証され、これが国際標準の普及を支えているわけである。また、技術標準に準拠した製品は標準必須特許群を実施していることが自動的に明白になるので、特許権の実施を検証する作業、いわゆる「侵害検証」が不要となる。この点は権利行使にとって有利である。しかし、実施許諾を義務づける国際的なRAND条項のため、標準必須特許の活用による収益獲得は難しいとの見解も少なくない。

国際標準となる技術仕様の開発や対応する特許権の取得には、多額の先行投資が必要であり、それに見合う収益がないならば国際標準化に対するインセンティブが働かず、イノベーションは継続しない。この経営問題への解決策の１つは広く認知されている「オープン＆クローズ戦略」であり、実施許諾する（オープンにする）標準必須特許とは別に実施許諾しない（クローズにする）重要特許を取得して参入障壁を構築して収益を確保する戦略である。これとは異なる解決策が本節で述べる第４のスキームである。

第４のスキームとは、標準必須特許を保有する特許権者は、RAND条項に従って標準必須特許を他社に実施許諾して特許ロイヤリティーを求めるが、必須特許権者相互にはクロスライセンスを行うことで特許ロイヤリティーの負担を回避するというスキームである。製品価格に占める特許ロイヤリティー負担割合が大きいと特許ロイヤリティーを負担する企業の価格競争力が低下して、特許ロイヤリティー負担を回避した標準必須特許権者企業は、結果的に市場で優位性を確保する。

事例を用いて説明する。パソコンからDVDへのデータの記録・読み出しや、映像コンテンツの再生には、DVDにアクセスする機器であるDVDドライブが必要であり、パソコンの普及に伴い年間3億台を超す規模の大きな市場となった。DVDドライブの特許ロイヤリティーはドライブごとの定額で定めていたため、ドライブの単価が低下すると製品単価に占める特許ロイヤリティーの比率が上昇して50％以上となった。しかし、必須特許権者は特許ロイヤリティーの値下げをしなかったために、特許ロイヤリティーを支払いつつ事業を継続することは困難となり、標準必須特許権者企業以外の企業は市場から撤退し、標準必須特許権者企業が市場を寡占した。

本スキームは標準必須特許を公平にライセンスしているので、一見、特許権の基礎的機能の実施にみえる。しかし、DVD標準必須特許のライセンスプールはロイヤリティーを維持することで必須特許権者以外の企業の市場退場を促した。これは、一種のアライアンス戦略となっている。

本スキームの詳細は、本章の4.で詳細に議論する。

3.5 ライセンサーの立場を事業交渉の梃子に利用

特許の実施許諾を受けたい他社に対して実施許諾する側の特許権者は強い立場に立つことができる。この強い立場を利用して他社との事業交渉を有利にするのが第5のスキームである。

事例を使って説明する。記録型DVDの記録材料を開発した素材メーカは、当該素材の特許権の取得と平行して、記録型DVDメディアの製造技術も開発してその特許も取得し、製造装置自体も開発した。記録型DVDメディアの製造事業に参入したい海外企業は、この製造技術特許のライセンスを受ける必要があり、素材メーカは特許ライセンサーの立場にあることを用いて、素材とDVD製造装置の販売交渉を有利に進めた。これにより、素材メーカは当該素材とDVD製造装置の両者で高い収益を得た。

第2の事例はQualcomm社のモバイル通信LSIである。（Qualcomm社の他の事例は3.6でも用いるが、本事例はこれとは異なる）Qualcomm社は3G（第3世代携帯電話）標準必須特許の約半数を保有していたために、携帯電話メーカにとってはQualcomm社との特許ライセンス契約の締結は事業に不可欠であった。Qualcomm社は自社のモバイル通信LSI（商品名Snapdragon）を採用した携帯電話メーカには、3G標準必須特許の特許ロイヤリティーを値引きした。また、Qualcomm社から3G標準必須特許のライセンスを受けた企業の中には自らも3G必須特許を保有する企業もあった。Qualcomm社は、それらの企業に対して、Snapdragonを採用した他企業に権利行使しないことを求めた。こうしてSnapdragonを採用する携帯電話製造企業は、二重の意味で有利となった。これはQualcomm社のSnapdragon販売拡大の後押しとなり、モバイル通信LSI市場で高いシェアを獲得して3G携帯電話端末のプラットフォーマーの地位を確立した。

第3の事例は、GSM携帯電話でMotorola社が基地局事業に参入した際の手法である。GSMは1988年から始まった欧州発の携帯電話の技術標準であり、欧州域内の通信機器製造事業者が有利となるように標準化が進められた。その結果、欧州域外の企業が基地局や基幹ネットワークに参入することが困難であった。具体的には公開された標準化文書だけでは実際に稼働する基地局や基地局制御装置の製造は困難であり、標準化文書のパラメータ解釈と相互接続試験及び実装に関する営業秘密、そして関連する特許などの広義の知的財産が必要であった。この広義の知的財産は、標準化を進めた欧州域内の少数の企業が専有したので、欧州域外の企業は参入できなかった。これに対して、米国企業であるMotorola社はGSM標準必須特許を多数取得して対抗した。Motorola社は欧州域内の有力な通信機器製造事業者4社に対して標準必須特許のクロスライセンス契約を締結する見返りとして、基地局（BTS）と基地局制御装置（BSC）に関する広義の知的財産の開示を受けた。その結果、Motorola社は欧州のGSM基地局に参入することができ、Motorola社と欧州有力企業4社の合計5社でGSM市場を専有した。第3の事例の具体内容は本書第5章で詳しく議論する。Motorola社とGSMの事例は携帯電話ビジネスにとって教訓の多い事案であるので、本書は独立した章を別途設け詳細に取り上げることとした。

ところで、本スキームのような特許権の活用方法は各国の競争法に反するのではないかとの懸念がある。この問題に関する一般的な議論は本書の範囲を超えるが、ここでは第2の事例で挙げたQualcomm社の行為に対する米国FTC[20]（Federal Trade Commission）とQualcomm社の訴訟を紹介する。FTCはQualcomm社を競争法違反で提訴して長く法廷で論戦が展開された。第一審の地方裁判所ではFTCが勝訴し、第二審の控訴審裁判ではQualcomm社が勝訴し、2017年に最高裁判所はFTCの訴えを退ける判決を行い、最終的に、Qualcomm社の行為は競争法に違反しないとの判断が確定した。

最初のDVDの事例は派手さには乏しいかも知れないが、素材メーカにとっては有益な戦略スキームと言える。従来にない機能、性能を発揮する新規素材を開発した場合、その市場が形成されるには、その新規素材の用途（例えば、デバイス）と工法（製造方法、廃棄方法）がないと新規素材を購入する顧客の登場や市場の成長は難しい。素材メーカがデバイスやその工法の開発や特許権取得を行うことは、新規素材の採用促進に活用できるので効果的な事業戦略となろう。

このように、本スキームは、知的財産権ライセンスと権利者が別途行っている本来事業が連動して本来事業の競争力や交渉力を高めているのである。

3.6　自社の有利となる特許ライセンス先の選択・変更

特許制度によると、特許技術を実施している製品・サービスに対して、それを許諾するライセンス契約は製品・サービスのバリューチェーンを構成するどの企業と締結するかは選択が可能であり、何れかの企業とライセンス契約を締結すれば良い。そして、同じ特許に対して複数企業からロイヤリティーを徴収することはできない。着目すべきは、バリューチェーン上のどの企業に実施許諾するかで特許権企業の優位性や収益性が異なる点である。

事例で説明する。デジタル放送の標準必須特許の大部分は技術的にはテレ

20　Federal Trade Commission（略称：FTC、邦訳：連邦取引委員会）は、米国の公正な取引を監督・監視する連邦政府の機関である。米国の競争法にあたるシャーマン法やクレイトン法などに基づき、商業活動に関わる不公正な競争手段と、商業活動に関わる不公正または欺瞞的な行為または慣行を、個人・団体・または法人が行わないようにするための権限と責務を与えられている。ここで紹介したように、FTCは競争法に基づいて、しばしば企業を提訴しており、その判決は大きな影響を与えている。

ビ受像器や録画機内のLSIが実施するが、特許を実施許諾する対象はLSIメーカでもテレビ受信機の流通業者でもなく、機器メーカに対して特許ライセンス契約を締結している。これは、各国の特許法が特許権の消尽の法理論に立脚しており、その結果、機器メーカかLSIメーカか流通業者に重複して特許ロイヤリティーを求めることはできないが、何れがロイヤリティーの支払いをするかは当事者間に任されているためである。特許ライセンスをLSIメーカや流通業者ではなく、機器メーカに対して行うのは、この契約形態の方が実施企業を補足しやすいこと、及びLSIより高額な受信機のメーカと契約することで、より高額のロイヤリティーを徴収できるからだ。このように、自社に有利となり収益を獲得する契約関係を形成するのが第6のスキームである。

第2の事例を説明する。(3.5で述べたQualcomm社の事例とは別の事例である）Qualcomm社は3G（第3世代携帯電話）標準必須特許の特許ライセンスを当初はモバイル通信LSIメーカを対象に行っていたが、その契約を解消して、携帯電話メーカへの実施許諾に切り替えた。これにより、3Gの特許ロイヤリティーは、モバイル通信LSIメーカではなく携帯電話メーカが負担する商慣習が形成された。この関係性の変更によって、モバイル通信LSI事業を行うが携帯電話事業を行わないQualcomm社に著しく有利なライセンス関係が形成された。

携帯電話事業を行う企業の中で3G標準必須特許を保有する企業は、他の同様の企業との間ではクロスライセンスを行うことで3G標準必須特許のロイヤリティー支払負担を削減できた。しかし、携帯電話事業を行わないQualcomm社とはクロスライセンスによる支払負担の削減ができず、その結果、Qualcomm社が強い交渉力を獲得した。この関係性はQualcomm社のプラットフォームビジネスの成功に大きく貢献した。Qualcomm社がそれまでモバイル通信LSIメーカと締結していたライセンス契約を解消するには、ライセンシーとの訴訟が発生したが、そのコストを支払ってでもプラットフォームビジネスに有利な契約関係を再構築したQualcomm社の戦略は極めて効果的であったと言えよう。

第3の事例は、ネットワークに接続する自動車、コネクティッド・カーである。自動車のソフトウェアを随時アップデートするためにも、自動運転のためにも、自動車の移動通信機能は必須であり、比較的近い将来にこのようなコネクティッド・カーが相当数になると予測されている。移動する自動車がネットワーク接続に用いるモバイル通信の特許のライセンス契約先を自動車に搭載する通信機器を供給するメーカとするか自動車メーカとするかで、自動車メーカの特許ロイヤリティー負担が大きく異なる。ライセンサーの立場からは、特許権実施者を捕捉しやすく、より高額のロイヤリティーが期待できる自動車メーカとの契約が有利と思われる。自動車産業と特許権者との間では様々な議論や訴訟があった。しかし、4G及び5Gモバイル通信特許権の契約先を自動車メーカとすることで、自動車メーカとの合意が進んでいると報道されている。

このように、特許ライセンス自体は特許権の基礎的機能であるが、ライセンス先の選択は経営戦略に関わる事項であり、高度な特許権活用のスキームである。

3.7 特許権行使の効力を最大化する「企業の範囲」の設定

「企業の範囲[21]」の設定は経営戦略の根幹に係る課題である。例えば、製品分野の設定では製品間のシナジー効果や範囲の経済が働くような事業分野の設定が課題となろう。企業活動に必要な諸々の業務の内で何を自社内で実施し何を社外に切り出すかは、経営効率を左右するだけでなく、企業のコアコンピタンス形成に関わる問題である。例えば、Apple社は製品の企画、開発にリソースを集中し、製品製造は鴻海精密工業等のEMS（Electronics Manufacturing Service）に委託することで独自のコアコンピタンスを高めた。なお、ここでは「企業の範囲」と「事業の範囲」の2つの用語を意図的に使い分けている。「事業の範囲」とは、製品やサービスの製造・販売など実ビジネスを行う範囲であり、特許権実施の対象となる範囲と同等である。「企業の範囲」とは、製品やサービスの製造・販売などは行わないが研究開発や特許権の取得を行う範囲を含む。「事業の範囲」は「企業の範囲」に含

21　企業が商品やサービスの生産・販売など企業活動を行う際のすべての業務を行っている範囲をいう。直接商品を生産しない、研究や調査も含まれる。

まれるが、「企業の範囲」には入るが「事業の範囲」には入らない領域が存在する場合がある。

このため、「企業の範囲」の問題は経済学や経営学の重要な論点であり続けており、例えば、Cusumano and Gawer（2002）が、プラットフォームリーダとなる梃子の1つに「企業の範囲」を挙げている。プラットフォームビジネスでは「企業の範囲」の設定はプラットフォーマーの事業領域とこれに対する補完事業者の事業領域を決めることであり、プラットフォーマーの優位性が左右される重要な戦略事項である。

特許権の活用では、「企業の範囲」の設定や変更は上記のようなプラットフォームビジネスとは別の意味で重要な効力を生む。その効力には以下に述べる2つの種類がある。

「企業の範囲」の設定の第1の効力を述べる。2.で述べたように、特許権行使の効力は特許権企業の「事業の範囲」と権利行使対象の相手企業の「事業の範囲」の関係性に左右される。特許権者の「企業の範囲」が権利行使対象企業の特許権の対象外であると、相手企業から権利行使されることがないので、特許権企業による権利行使の効力が大きく高まる。特許権の効力を最大化するように「企業の範囲」を設定し、それで得た特許権の効力を用いて事業の優位性を図るスキームが第7のスキームの第1の効力である。

よく知られた事例を用いて説明する。（3.5、3.6で述べたQualcomm社の事例とは別の事例である）Qualcomm社は自社で技術開発したモバイル通信の独自のCDMA方式[22]を実用化するために、基地局、携帯電話端末、モバイル通信LSI等のハード事業に参入したが、これらは赤字事業となりハード事業からの撤退を判断した。その時、業界内にはQualcomm社は特許ライセンス事業に集約するとの予測もあったが、その予測と異なり基地局や携

22　CDMAとはDivision Multiple Access符号分割多元接続。利用できる電波帯域が制限されるモバイル通信では、同じ帯域でより多くの情報量を通信できる多重化技術がコア技術となる。CDMAは時分割多重TDMAや周波数多重FDMAに対して通信量で有利であるが、技術が複雑であり、当時は携帯電話のような小型の通信端末で実装することは困難と考えられており、Qualcomm社が開発した方式を採用する機器メーカが登場しなかった。通信方式の開発会社として発足したQualcomm社であるが、自社が開発した独自のCDMA方式の商用可能性を示すために携帯電話端末や通信LSI等の機器製造に参入した。

帯電話端末からは撤退したが、特許ライセンスとモバイル通信LSIの事業を残した。携帯電話端末事業から撤退したことで、他社から3G標準必須特許が権利行使されないので、Qualcomm社は他社に対する自社3G標準必須特許のライセンス交渉で一層有利になった。

「企業の範囲」の設定の第2の効力を述べる。自社が保有する特許の実施権は支配権を持つ子会社（51％以上の持ち株比率）にも及ぶとされている。また、企業が特許ライセンス契約を締結して実施許諾を受ける場合、その実施権は支配権のある子会社にも及ぶとの条項がつけられる場合が多い。これは特定事業を独立会社にするとか、子会社を設立するといった会社運営方法に対応した仕組みである。この仕組みを利用して、自社の特許権や特許実施権と他社のリソースを統合した事業を形成することができる。これは「企業の範囲」の変更となるが、収益力を高めるような「企業の範囲」の設定があり得る。

事例で説明する。DVDドライブでは、DVD標準必須特許の幾つかの有力特許権者企業は、韓国や台湾企業と合弁でDVDドライブを製造する子会社を設立し、その持ち株比率を51％とした。実質的な製造は韓国、台湾メーカが担ったが、親会社である標準必須特許の有力特許権者企業が製造子会社設立前に締結していたクロスライセンス契約の子会社条項が適用されたので、製造子会社は特許ロイヤリティー支払いを回避できた。もし、出資比率が50％以下であり、親会社が既に契約していたクロスライセンス契約による実施権が及ばず、新規にライセンス交渉を行うとすると、特許ロイヤリティー支払を回避することは難しい。この手法により、有力特許権者が許諾を受けた特許実施権及び自社の特許権という資源と、韓国、台湾メーカの低コスト生産能力の資源を統合できるように、製造子会社の「企業の範囲」を設定した。このスキームは低価格化が進んだDVDドライブ事業の展開に大きく貢献した。詳細は第3章で考察する。

「企業の範囲」の設定や変更は経営戦略に関わる事項であり、知財マネジメントの範疇を超えた、より高いレベルのマネジメントによって、第7のスキームは効力を創出している。

3.8　７つのスキームのステークホルダー間の関係性

前節までに述べた「特許権の高度な活用」の７つのスキームを横断的にみると、ステークホルダーの種類でも関係性の種類でも多様であることが分かる。

特許権の基礎的機能のステークホルダーは、特許権者、特許権で排他される他社、実施許諾されるか実施権や特許権を譲渡される他社の３種類だけであり、関係性も独占排他、実施許諾、及び特許権の譲渡の３種類に留まる。７つのスキームに登場するステークホルダーには大学、公的研究開発機関、投資家、社外人材、同盟企業、バリューチェーン上の企業など多彩である。また、関係性も資金調達、人材の誘引、ライセンス契約と商品取引の二重関係、アライアンスと競争の二重関係、技術移転、研究成果の共有などが含まれて多彩である。

また、「特許権の高度な活用」では、ステークホルダーの関係性を意図的に構築したり変更する点も重要な特徴であり、それによって、競争優位や収益力を発生させている。このようなステークホルダー間の関係性の形成を伴うので、経営戦略、事業戦略と統合した知的財産マネジメントが必要となる。

4.　事例による踏み込んだ考察

前節では、ステークホルダー間の関係性に着目して、特許権を活用してイノベーションを収益化する７つのスキームを説明した。本節はこの中の、第3~5のスキームについて事例を用いて詳細に議論する。第２章ではインクジェットプリンタの事例を、第３章ではDVDドライブの事例を、第４章では白色LEDの事例を、第５章ではGSM携帯電話の事例を取り上げる。

4.1　「暗黙の知財同盟」戦略スキームの導入

前節で取り上げたスキームの内で、第3、第4のスキームは、筆者らが「暗黙の知的財産同盟」（以下、「暗黙の知財同盟」と呼ぶ）と名づけた知的財産活用のスキームの２つの実施形態と位置づけることができる。本書の以下で述べるように、暗黙の知財同盟は様々な分野で使用できるスキームであるが、これまでに報告はなく筆者らの研究によってはじめて解明されたものである。そこで、第2章〜4章で、事例を用いて暗黙の知財同盟を詳しく説明する。その準備として本節では暗黙の知財同盟の基本概念を説明する。

本書が提唱する暗黙の知財同盟は、必須特許を確保した特許権企業が高い特許力があるにも関わらず十分な収益を獲得できない場合に、これを解決するための特許権活用に関する戦略スキームであり、製品やサービスの実装に必須な特許権を保有する複数企業が歩調を合わせて、次の2項目を行い競合他社の市場参入障壁を構築するスキームである。

1）必須特許権企業が相互には実施許諾するか、或いは、相手の実施を容認する。
2）競合他社には実施許諾しない、或いは、実施許諾しても特許ロイヤリティーを高額に設定して競合他社の事業継続を困難とする。

競合他社には実施許諾しない場合が、3.3で取り上げた第3のスキームであり、高額の特許ロイヤリティーを求める場合が3.4で取り上げた第4のスキームである。

1）の状態のことを本書ではクロスライセンス状態と呼ぶこととする。明示的にクロスライセンスしている場合、及び、外形的には競合関係にあっても実質的に相互に自社の必須特許の実施を明示的な合意なしに容認する場合の両者を含む形態がクロスライセンス状態である。

電子機器のような積層技術型製品で必須特許が多数存在して単独企業では全ての必須特許権を専有できない場合でも、暗黙の知財同盟によって必須特許権者が集団で必須特許を専有することができ、これにより競合他社に対する参入障壁を構築できる。

必須特許権企業がこのスキームを明示的に合意してアライアンスを形成する必要はなく、成り行きで形成されれば十分である。また、外形的には特許訴訟を提訴するとか、市場で激しく競争していても、結果的に必須特許権企業の間で自社の必須特許の実施を容認すれば暗黙の知財同盟が形成される。

明示的な合意は競争法に抵触する可能性がある。暗黙の知財同盟は、その形成過程から流動的であり、必須特許権企業の方針や経営環境の変化で自然に解消される場合もある。

暗黙の知財同盟が参入障壁を構築したいのは競合他社に対してであり、必須特許権企業の事業を補完して必須特許権企業に有益となる企業には、特許権を実施許諾する形態もあり得る。このように必須特許をライセンスする企業を暗黙の知財同盟の補完業者と呼ぶこととする。補完業者という呼称は、経済学や経営学で用いる用語である。Cusumano and Gawer（2002）のプラットフォーム戦略の補完業者はプラットフォーマーの戦略の成立に必要でありプラットフォーマーの事業を補完する企業である。暗黙の知財同盟の補完業者も同盟を形成する必須特許権者の事業を補完する役割を果たしている。

暗黙の知財同盟を構成する各社は同盟外の競合他社の市場参入を阻む点では協調しているが、同盟企業間の市場競争は継続している。即ち、協調と競争の二面性が併存する関係にある。このため暗黙の知財同盟が実施されてもイノベーションが阻害されることなく、イノベーションの進展は継続される点に特徴がある。この点は、第 6 章で詳細に議論する。

4.2　暗黙の知財同盟の事例

本書の第 2～4 章で、暗黙の知財同盟の 3 つの事例、インクジェットプリンタ、DVD ドライブ、白色 LED を議論する。

3 つの事例は、当該市場の特性や必須特許権企業の特性を反映して、それぞれの個性がある。インクジェットプリンタと白色 LED では、必須特許権者は相互にクロスライセンス状態であるが競合他社には実施許諾しないことで市場を寡占した。インクジェットプリンタの場合は、必須特許権者がキヤノン、ヒューレット・パッカード、エプソンの 3 社と少なく、各社の事業環境が比較的類似であったため、安定的な暗黙の知財同盟が形成された。白色 LED では必須特許権者が日亜化学、豊田合成、Cree 社、Lumileds 社、Osram 社の 5 社であり、日亜化学と豊田合成、Cree 社が激しく特許侵害訴訟を争う過程を経て、5 社が個別にクロスライセンス契約を締結する形態に移行するといったダイナミックな変遷をたどった。

DVD ドライブは国際標準化における事例であり、国際標準化団体が求める知的財産ポリシーによって標準必須特許の実施許諾が義務づけられた。しかし、製品価格の急速な下落に伴い特許ロイヤリティーが製品単価に比して高額となり、それが標準必須特許を保有しない企業に対する障壁となって必須特許権者が市場を寡占した事例である。

4.3　暗黙の知財同盟の実践における課題

上記の3つの事例は実施された業界も時期も異なり、それぞれに特徴がある。3つの事例を対比することで暗黙の知財同盟の意義や特性の理解を深めて、この戦略を実践する際の課題や留意点を考察する。

例えば、筆者らは暗黙の知財同盟は各国の競争法に抵触するのではないかとの質問を受けることが多い。特許制度と競争法のバランスの議論でしばしば参照されるパチンコ機製造特許プール事件では、パチンコ機の製造に必要な特許権の権利者が特許プールを形成し、日本遊技機工業組合の組合員19社には実施許諾したが、新規参入を排除するために、19社以外には実施許諾を拒否した。この行為は独占禁止法の「排除」に該当すると判断された。

本書が提唱する暗黙の知財同盟と競争法の関係や暗黙の知財同盟の継続性など、実践にあたっての課題は各事例に共通する事項であるので、これらをまとめて第6章で詳細に議論する。

4.4　GSM 携帯電話における排他的企業連合

GSM 携帯電話は1988年に始まる欧州発の技術標準であるが、日本、韓国とツバルを除く全世界を席捲した第2世代携帯電話網の技術標準である。今日では同じ携帯端末で世界中のどの国でも通信できる国際ローミングが当たり前であるが、これはGSMから始まった。イノベーションの好事例である。またGSM 携帯電話の事例は本書が基軸とする視点「ステークホルダーとの関係性に着目した知的財産権活用」からみて興味深い事例である。そこで、以下に述べる3つの狙いからGSM 携帯電話の事例を議論する。

第1の狙いは、前述の暗黙の知財同盟と対比して類似性と相違点を理解することである。欧州の4社（Ericsson社、Nokia社、Siemens社、Alcatel社）と米国企業Motorola社の合計5社は知的財産を用いた緩やかな企業連合を形成し、これら5社がGSM市場を寡占した。5社の企業連合は、標準化文書のパラメータ解釈と相互接続試験及び実装に関する営業秘密、そして関連する特許の広義の知的財産を専有することで、GSMの無線アクセス網（基地局と基地局制御装置）とコアネットワーク市場の参入障壁を構築した。その結果、5社はGSMの携帯端末を含む市場の寡占に成功した。これら5社の企業連合は明示的な盟約を持たない緩やかな知的財産に基づく連合という点で、前述の暗黙の知財同盟と類似している。しかし、暗黙の知財同盟は必須特許を基礎にするアライアンスであり、必須特許権の取得には企業間アライアンスを必要とせず、また、特許技術は特許制度によって公開されている。一方、GSMの企業連合が基礎とする広義の知的財産は連合内のコンセンサスによって発生し、連合で専有することで排他的な効力が生まれた。このようにGSMの企業連合は、基礎となる知的財産が特許権以外の広義の知的財産である点で異なるが、複数企業が連携して他社に対する参入障壁を形成する点で暗黙の知財同盟とは類似している。

第2の狙いは、3.5で説明した「ライセンサーの立場を事業交渉の梃子に利用」するスキームの事例を議論することである。Motorola社は標準必須特許を活用して、このスキームを実践した。前述の広義の知的財産の企業連合は、当初は欧州の主要な携帯電話網メーカによって形成する目論見であり、アメリカ企業であるMotorola社は排除される流れであった。これに対してMotorola社は標準必須特許を多数取得して、これを実施許諾しない可能性を示唆することで強い交渉力を作り出し、これを梃子にして欧州企業から広義の知的財産の共有を受けた。このようにして、米国企業であるMotorola社は欧州企業の中に割って入ることに成功して、5社連合が生まれた。以上で述べたようにMotorola社の特許権の活用方法は、3.5で説明したライセンサーの立場を事業交渉の梃子に利用する事例の1つである。

第3の狙いは、携帯電話網ビジネスの知的財産戦略の教訓を汲み取ることにある。携帯電話網はビジネス規模や社会経済に与える影響が大きく、我が国が苦戦した5G携帯電話の教訓を踏まえて、6G開発を展望するにあたり

6G の知的財産戦略が論点となっている。詳細は第 5 章で説明するが、今日に至る携帯電話網の知的財産戦略の潮流は GSM で形成された。知的財産戦略の観点から GSM を考察する意義は大きい。

参考文献

Christensen, C. M. (1997), *The Innovator's Dilemma: When New Technologies Cause Great Firms to Fail*, Harvard Business School Press, pp. 115-4117.（玉田俊平太監修, 伊豆原弓訳（2001),『イノベーションのジレンマ 増補改訂版』翔泳社.）

Cusumano, M. A. and Gawer, A. (2002), *Platform Leadership*, Harvard Business School Press.（小林敏男訳（2005),『プラットフォーム・リーダーシップ：イノベーションを導く新しい経営戦略』有斐閣.）

Dolgin, Elie (2021), "The Tangled History of mRNA Vaccines", *Nature, 597,* (16), September, 2021, Springer.

Inagaki, M., etc. (2023), "Cap analogs with a hydrophobic photocleavable tag enable facile purification of fully capped mRNA with various cap structures", *Nature*, Communication 11, May, 2023, https://www.nature.com/articles/s41467-023-38244-8

（後藤吉正）

第2章

インクジェットプリンタにおける暗黙の知財同盟

1. はじめに

1.1 本章の概要

本章は、第1章4.1で提案した暗黙の知財同盟について、インクジェットプリンタの事例を用いて詳細に議論し、暗黙の知財同盟の成立過程と継続性、イノベーションの収益化への貢献を検証する。また、暗黙の知財同盟という知的財産マネジメントが経営戦略と統合して実施されたものであることを検証する。

インクジェットプリンタの事例を取り上げる意義は、インクジェットプリンタは必須特許が多数存在して知的財産権によるイノベーションの収益化が難しいと言われる電機製品であるが、少数企業による暗黙の知財同盟が成立していたと考えられるためである。電機製品市場では、特定の商品分野に多数の企業が参入している場合が多い。例えば、国内でスマートフォンを販売している主なメーカは20社、パソコンを販売するメーカは13社ある。国内テレビメーカは14社ある[1]。しかし、インクジェットプリンタではキヤノン、エプソン及びヒューレット・パッカードの3社が長期間にわたって市場を寡占してきた。

インクジェットプリンタの登場前は高画質カラー印刷ができる個人用プリンタはなかった。写真画質の印刷が可能なインクジェットプリンタは我々の生活を革新した破壊的イノベーションの典型的な事例である。インクジェッ

1　いずれも2022年秋時点のデータ

トプリンタはその後、低中速の業務用プリンタにも適応され、さらにインク液滴を吐出する技術は電子デバイスの製造方法など他分野にも展開され、幅広いイノベーションをもたらした。

第１章で述べたように、新規技術を開発しそれを実装した製品を上市した企業が開発投資に見合う収益を得られない事例がある。即ち、イノベーションが創出した価値をイノベーターが獲得できない事例がいくつかある。しかしながら、インクジェットプリンタでは、技術開発で先行して必須特許権を取得したキヤノン、エプソン及びヒューレット・パッカードは、暗黙の知財同盟によって潜在的な競合他社の参入を抑止して、イノベーションが創出した収益をこの３社（以下、同盟３社と記す）が獲得している。

キヤノンは知的財産マネジメントが優れているとの高い評価を得ている。そして、同社は商品市場で競争しているエプソンと明示的な合意なしに知的財産に関する実質的なアライアンスを行うことで、イノベーションの収益化を果たした。これもインクジェットプリンタの暗黙の知財同盟の興味深い点である。

ところで、本章で取り上げるインクジェットプリンタは技術と産業に顕著な影響をもたらしたので、多数の報告がされている。例えば、米山（1996）、岩井（1997）、宮崎（2002）、榊原・松本（2004）、浅井（2004）などがある。しかし、本章で考察する暗黙の知財同盟によるイノベーションの収益化について論じたものはない。

1.2　論点と本章の構成

本章は、インクジェットプリンタで暗黙の知財同盟がイノベーションの収益化を実現したことを検証するが、明快に検証を進めるために次の２つの論点を設定する。

論点１：インクジェットプリンタの事例において、暗黙の知財同盟がイノベーションの収益化を実現したか

論点２：暗黙の知財同盟によるイノベーションの収益化が継続した要因は何か

2社間のクロスライセンス契約は頻繁にみられる知的財産活動であり、自社特許の相手方による実施を相互に黙認する知財方針もしばしばみられる。これらの集積にすぎない知的財産戦略にもかかわらず、インクジェットプリンタの事例において、暗黙の知財同盟がイノベーションの収益化を実現したのかを問うのが論点1である。

論点2でイノベーションの収益化の継続に着目した理由は、必須特許実施権の専有状態が一旦、成立しても、その後に専有状態が綻びる危険性があるからである。そもそも特許制度は特許権が継続する期間を20年間と限定しているが、さらに、必須特許を代替する新規技術が開発されると従来は必須であった特許が必須特許でなくなる。知的財産戦略を実行する企業の事業が伸長すると、この市場に参入を目論む企業が登場して、新しい必須技術と対応する必須特許を取得することが想定される。必須特許実施権の専有による参入障壁に対する他企業の攻撃に対抗できたかを問うのが論点2である。

論点1は、次の4項目を明らかにすることで検証する。

1）同盟3社は必須特許を保有した。
2）同盟3社は、相互に必須特許の実施を正式に認めるか、あるいは、明示的な合意なしに実施を容認した。
3）同盟3社以外で、市場参入を試みたが、果たせなかった企業が存在する。
4）同盟3社が市場を寡占した。

ここで、1）2）は、同盟3社が必須特許に関する同盟関係、即ち暗黙の知財同盟を形成したことを示しており、3）4）は、暗黙の知財同盟がイノベーションの収益化を実現したことを示している。

論点2は、次の3項目を明らかにすることで検証する。

5）技術の進歩に応じて新たに生まれた必須特許を、同盟3社が取得した。
6）同盟3社以外は必須特許を取得できなかった。
7）必須特許の専有を継続するために同盟3社が意図的な対策を行った。

本章の以下の節では、上記の1）～7）について議論する。3.ではインクジェットプリンタ技術の開発の経緯を概観し、上記1）の背景を明らかにする。4.1では、上記1）2）を、4.2では上記3）4）を、そして、4.3では上記5）6）7）を検証する。

また、4.5では、インクジェットプリンタにおける暗黙の知財同盟の特徴を解説する。

2. 議論を進める手法

事例研究の手法としては関係者へのインタビューを用いる場合が多いが（Yin, 2009）、本章の議論は、主に公開・公刊されている各種の情報やデータをもとに議論を進める。インクジェットプリンタはイノベーションの成功事例であるため、開発や事業の関係者が論文、報告書やインタビューなど多様な形態で開発経緯や知的財産活動を発信している。この事情を踏まえて関係者の発信を活用することで、新規にインタビュー等を実施せずに検討を進めることができた。

特許に関する情報は公開特許を利用した。インクジェットプリンタの開発経過の考察には公刊された論文、報告書や開発当事者のインタビューが有効であった。特許権の活用の検討には関係当事者が執筆した論文を利用した。市場の規模やシェアは調査会社や報道機関が発行している統計データを用いた。特に、本章の事例研究では必須特許の特定が必要となるが、それは通常は容易ではない。そこで、必須特許の特定には、必須特許権者の企業で知財業務に携わった関係者が執筆した論文を利用した（加藤，2010）。各社の製品仕様や価格の推移は各社が公開している製品カタログ等のデータを用いて分析した。

またインクジェットプリンタ特許の出願件数と発明者数を企業間で比較するために国際特許分類（IPC）を利用した。インクジェットプリンタ特許を出願した企業のほとんどは日本企業であり、その出願行動を計測するには日本特許の調査が適している。しかし、暗黙の知財同盟を実行したヒューレット・パッカードは米国企業であり、その出願行動の把握には米国特許の調査が相応しい。そこで、日本特許と米国特許の両者を対象に調査するために国際特許分類（IPC）を用いた。

さらに、各社の特許出願が対象とする製品の考察には日本特許庁が特許調査のために付与しているＦタームを用いた[2]。Ｆタームにはテーマコードとしてインクジェットプリンタが設定されており（2C056，2C057）、Ｆタームの「観点」から特許発明が解決しようとする課題が分かるので今回の目的には適している（特許庁，2012）。Ｆタームが付与されるのは日本特許に限定されるが、考察の対象企業が日本企業であったのでＦタームを利用した。

なお、特許分析の対象からインクに関する特許を除外した。その理由は、インクジェット用インクに関する特許をプリンタ・メーカ以外に化学メーカや製紙メーカも多数出願しており、プリンタ・メーカの分析に用いるとノイズになる可能性が高いからである。特許庁が作成した平成 16 年度特許出願技術動向調査報告書「インクジェット用インク」は、上位出願人 10 社の中に、プリンタ・メーカではない王子製紙、三菱製紙、三菱化学を挙げている（特許庁，2005）。さらに、インクジェット用インクには、色素、添加剤や溶剤に関する技術も必要であり、これらの中にはインクジェット用インクに限定しない技術も含まれる可能性があり、インクジェット用インクに関する特許の網羅的な抽出は容易ではないと思われる。

インクジェットプリンタの事例で暗黙の知財同盟によるイノベーションの収益化を、その技術開発経緯に沿って検討した。インクを微小な液滴にして印刷媒体に直接吹き付けるインクジェット方式の原理は古くから知られており、1950 年代には本格的な技術開発が始まったが、1990 年代以降、一般消費者が個人用途で使用する代表的プリンタとなるまでには、3. で説明するように、2 段階の技術開発が必要であった。

本章は、原則として特許情報や公刊文献など公知情報をもとに記載する。しかし、知的財産戦略には社内情報を伴う場合が多く、通常はそれを知るこ

2　特許検索を効率的に行うために、さまざまな分類コードが各出願に付与されている。国際的に統一された分類コードである国際特許分類 International Patent Classification（略称 IPC）や、これをより詳しく分類するために日本特許庁が独自に付与している FI（File Index の略）がある。さらに検索効率を向上させる目的で、IPC や FI とは異なる軸で日本特許庁が編纂・付与しているのがＦタームである。

とは困難である。そこで、公知情報を根拠に推測を行った。この場合には、推測の根拠を示すとともに、推測と分かる表現で記述した。

以下の節の議論となる主要な特許の特許番号を本章末、参考文献の前に列記して、本文中では、(1)、(2) ……で示す。

3. インクジェットプリンタ技術開発の経緯

3.1 技術開発の経緯

この節は、インクジェットプリンタの技術開発経緯を客観的に述べる。

3.1.1 インクジェットプリンタの原型とその限界

インクを微小な液滴にして印刷媒体に直接吹きつけるインクジェット方式の原理は古くから知られており[3]、1950年代には本格的な技術開発が始まった。しかし、初期のインクジェットプリンタは、ポンプでインク液滴を連続的に吐出し、印刷しない箇所では空中を飛翔中の液滴を空気流や荷電で偏向させてガータで回収するという方式であった。この方式ではノズルごとに、空気流の噴出口や電荷を架電する電極と、軌道から外れたインク液滴を受け止めるガータが必要であるためプリンタは大型となった。さらに多数ノズルを設けてこれらを並行動作させることは困難であるため印刷速度は遅かった。

3.1.2 実用的インクジェットプリンタへの2つのブレイクスルー

前述のインクジェットプリンタの原型から、一般消費者が使用する代表的プリンタへと進化したのは1990年代以降である。インクジェットプリンタがこのような地位を獲得したのは、次の2つの技術が実用化されたことによる。第1に、常時インクを吐出するのではなく、印刷用紙上の印刷箇所だけにインク液滴を吐出するオンデマンド型インクジェット技術、第2に、プリンタヘッドの小面積に密集した多数ノズルからインク液滴を並行して吐出するマルチノズル技術である。マルチノズルによって印刷面の微小面積に複数

3　初期のインクジェットプリンタの歴史を藤井らが詳しく論じている。藤井（2012)、日本画像学会（2018a)

色のインク液滴を塗布することでカラー印刷が実現されるが、インク液滴を吐出する微小なメカニズムの発明によってマルチノズルが可能となった。オンデマンド型マルチノズルヘッドによって、インクジェットプリンタを特徴づける高速・カラー・高画質印刷への扉が開かれた。

オンデマンド型マルチノズルヘッドを可能にしたのがサーマル方式とピエゾ方式の２つのインクジェットヘッド方式である。それぞれ長所と短所があるが民生用プリンタでは総合的にみた優劣はなく、現在もこの２方式が採用されている。微細なインク流路内の壁面に設置した電気ヒータでインクを急激に加熱、沸騰させて発生した気泡の圧力でインクを吐出するインクジェットがサーマル方式でありキヤノンが原理特許を取得した。これに対して、電圧を加えると微小に変位するピエゾ（圧電）素子を微細なインク流路の壁面に沿って設置し、これを用いて流路容積を機械的に変動させてインクを吐出するインクジェットがピエゾ方式である。サーマル方式は電気ヒータ、ピエゾ方式はピエゾ素子という微小で独立駆動が可能なメカニズムでインク液滴を吐出できるので、オンデマンド型マルチノズルヘッドが可能となった。

現在のインクジェットプリンタへと進化する最初のオンデマンド型マルチノズルヘッドを実現したのはサーマル方式であるが、それ以降、1990年代に高画質カラーインクジェットの技術が完成の域に達するまでの期間を、松田の分類に従って第一世代、第二世代に分けて議論する（松田，2006）。

3.1.3　第一世代のインクジェットプリンタ

流路中のインクを加熱、沸騰させて発生した微小気泡でインク液滴を吐出させる原理をキヤノンが発見したのが1977年であり[4]、それに基づく原理特許が1977～1978年に出願された（1）～（4）。沸騰現象には核沸騰と膜沸騰があり、沸騰現象の形態が異なる。工業や日常生活で一般に広く利用されているのは核沸騰で、液体を加熱する壁面の任意の箇所から気泡がランダムに発

4　キヤノンの遠藤らがサーマル方式特許を出願する３日前に、リコーの小夫がサーマル方式特許を出願している。しかし、リコーの出願は冷却手段を構成要件としていた。冷却手段を構成要件としないキヤノンの出願はこれに抵触せず、キヤノンの特許が成立した。小夫は加熱後の冷却が必要と考えて冷却手段を構成要件に含めたと推測される。冷却手段はサーマル方式インクジェットに必須ではなかった。

生する。核沸騰における気泡発生は、加熱壁面の状態など加熱量以外の要因も影響するため発生する気泡の正確な制御は難しい。これに対して膜沸騰は核沸騰よりも遥かに高い加熱壁面温度で急速に加熱すると一気に気泡が発生し、発生した気泡が膜となって加熱壁面を覆って壁面と液体を一時的に隔離する沸騰現象である。この気泡の膜による断熱効果のために次の気泡の発生が抑制される。インクを加熱して発生する蒸気でインク液滴を吐出させるアイデアの先行例は存在するが、キヤノンは膜沸騰の特性が微小インク液滴の高周波吐出に適することを見出して、これを特許請求の範囲に明記した特許権を取得したことで、この発明がサーマル方式の原理特許になった。しかし、インクの沸騰による化学浸食やキャビテーションによるヘッド損傷など実用化を阻む様々な難問があり、それらを解決して第一世代の製品が登場する。ほぼ同時期に開発に着手したヒューレット・パッカードは、サーマル方式の最初の出願を1981年に行い (5)、1984年にはヒューレット・パッカード初のインクジェットプリンタ ThinkJet を発売した。キヤノンはパソコン用プリンタを1983年末に発売し、本格的なインクジェットプリンタ BJ-80 を1985年に発売した。

これに対してエプソンはピエゾ方式で開発を進め、平板型ピエゾインクジェットの最初の特許出願を1978年に (6)、積層ピエゾインクジェットプリンタに関する最初の特許出願を1983年に行い (7)、エプソン最初のインクジェットプリンタ IP-130K を1984年に発売した。このようにしてインクジェットプリンタを実用化した意義は大きいが、価格は、ThinkJet が約12万円、BJ-80 が約17万円、IP-130K が約50万円と高価であった。その主な理由は、複雑で微細な構造のインクジェットヘッドの製造が困難であったことによる。また、この時期はパソコンの出力にはドットインパクトプリンタやレーザービームプリンタが広く採用されており、インクジェットプリンタを必要とする潜在的な市場規模も小さかった。

3.1.4 第二世代のインクジェットプリンタ

この状況を打破してインクジェットプリンタの大規模市場を創出することを狙って、1987〜1990年頃にかけて全社的なプロジェクトが開始された。

キヤノンは、1987年にインクジェット事業を独立事業体化することを目指す全社規模の「Bプロジェクト」を組織した（岩井, 1997）。樹脂成型とエキシマレーザ技術により精密なインクジェットヘッドの低コスト大量生産に成功し、1990年に発売したBJ-10vは、印刷のドット密度が360dpiと高画質であるが低価格であったために急速に市場を拡大した。また、同じ年にヒューレット・パッカードが発売したDeskJet500は300dpiと同等の画質を確保した。

これに対してエプソンは、1989年にインクジェットプリンタのそれまでの開発方針を見直した。それまでのピエゾ方式プリンタヘッドがサーマル方式に比べて大きいことが欠点であったので、キヤノンに対抗できる小型ヘッドを開発するプロジェクト「緊急ヘッドプロジェクト（略称、KHプロジェクト）」を1990年に立ち上げた。開発の焦点は、インク吐出を駆動するピエゾ素子を小型化することであった（宮崎, 2002）。積層したシート状素子を焼結成形したピエゾ素子の採用によってヘッドを約1/10に小型化することに成功し、1993年に印刷密度360dpiのMJ-500を発売した。

小型・精密で安価なヘッド構造とその製造技術の他に、この時期の重要な技術革新はインク液滴の吐出制御技術である。微小なインク液滴の吐出が可能となっても、高精細・高画質カラー印刷を実現するには、吐出するインク液滴を安定したサイズと液滴量に制御し、これを正確な方向へ安定して吐出する技術が必要となる。フルカラー印刷は、異なる色の複数インク液滴を微細な同一エリアに塗布することで実現されるからである。これを可能にするのがインク液滴の制御技術である。ノズルから吐出された個々のインク液滴は、必ずしも形の揃った液滴とはならずに、液滴に引きずられてインクの尾を引く現象や、液滴が途中で複数個に分割する現象などのために、吐出するインク量と方向を正確に制御することが困難であった。キヤノンは、当時は先端的な技術であった流体力学の数値解析を駆使してノズル前後のインクの挙動を解析した。これにより沸騰で生ずる気泡の圧力とインク液滴の移動位置との関係に着目した吐出制御技術を開発し、1990〜1999年に出願した（8）（9）（10）。これは、液滴がノズルを離れた直後にノズル内の圧力が大気圧より低くなるように気泡の圧力を設定することで、余分なインクがノズルから飛び出さないようにしたものである。エプソンは吐出力を発生させるピエゾ素子を駆動する駆動電圧パルスに着目した吐出制御技術を開発し、1992年に特許出願した(11)。これは、駆動電圧パルスが終端するタイミングを工夫することで、所定のインク量が吐出された以降に、それ以上のインクがノズルを離れないようにピエゾ素子を駆動するものである。

こうしてフルカラープリンタが開発され、キヤノンは1992年にBJC-820を、エプソンは1994年にMJ-700V2Cを発売して、インクジェットプリンタは1990年代に急速に普及していった。MJ-700V2Cは720dpiの高画質でありながら10万円を切る普及価格を実現し、累計30万台を販売して、「お化け商品」と呼ばれるに至った。図2-1にインクジェットプリンタの国内出荷金額の推移を示す。図2-1が示すように、第二世代のインクジェット技術によってインクジェットプリンタ市場が創出され、1990年代の後半には国内だけでも4,000億円規模の市場に成長したことが分かる。

図2-1　インクジェットとドットインパクトプリンタ国内出荷金額推移

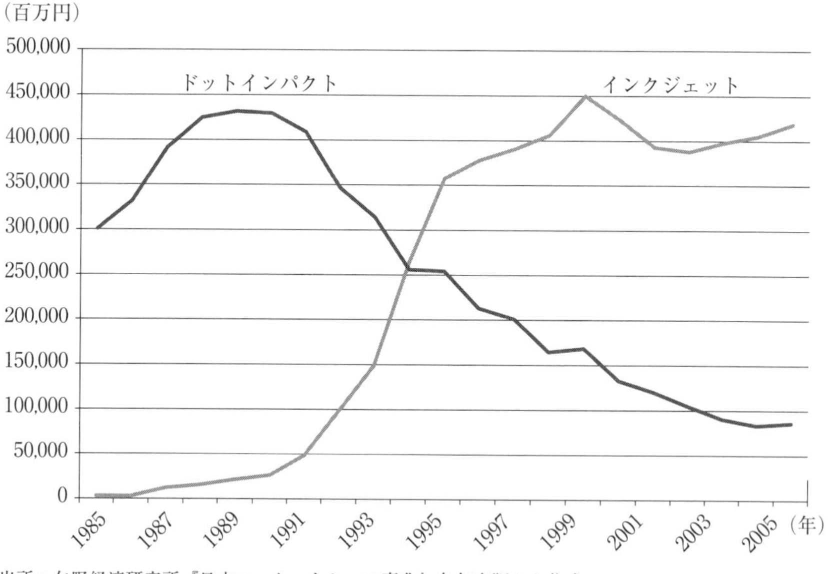

出所：矢野経済研究所『日本マーケットシェア事典』各年度版から作成

図 2-2　インクジェットプリンタの解像度の進化

キヤノン製品の解像度の進化

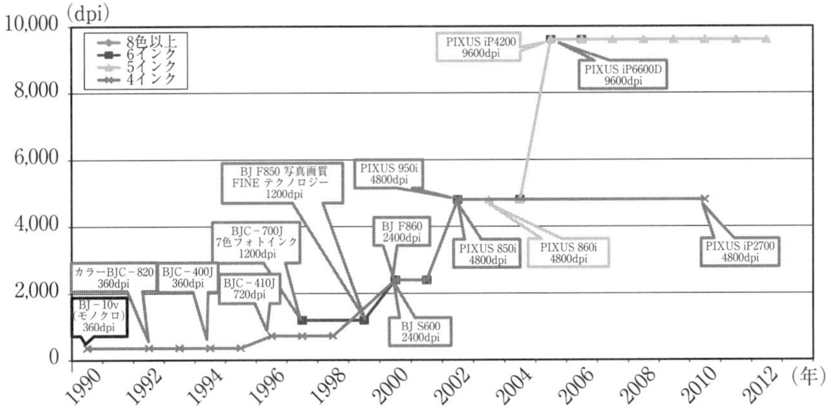

エプソン製品の解像度の進化

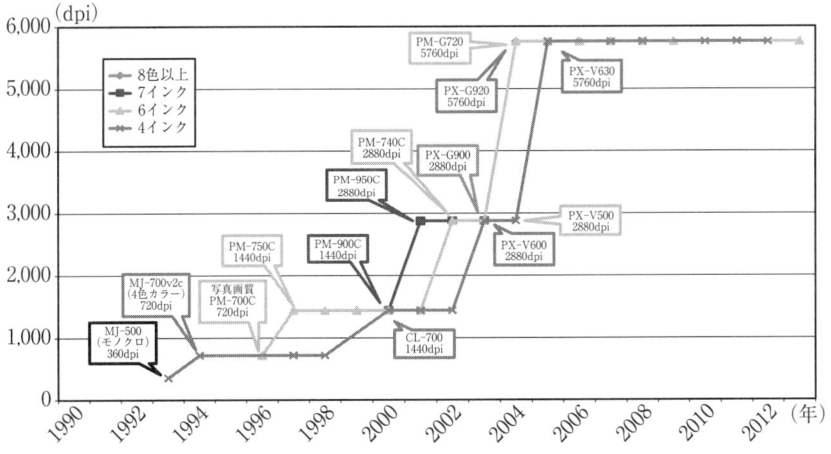

出所：各社ホームページに掲載された従来製品のカタログから作成
※プリンタの解像度にはヘッドの移動方向（横方向）と印刷用紙の送り方向（縦方向）の 2 方向があるが、ここでは前者の解像度を示した。

急速に普及した背景には、インクジェットプリンタの小型・低価格・高画質カラーという特性が発揮される個人用パソコンが広く普及し、さらにカラー画像を生成するアプリの普及という大きな需要の形成があった。例えば、個人による年賀状の印刷にはインクジェットプリンタが適しており、広範な普及を促した。図2-1は、ドットインパクトプリンタの出荷額推移も示す。1980年代にパソコン用プリンタとして普及したドットインパクトプリンタであるが、その印刷方式はカラー、高画質、低騒音という利用者ニーズに応えることが原理的に困難であり、これに取って替わってインクジェットプリンタが普及したことが分かる。

第二世代に至ってインクジェットプリンタ技術は完成の域に達する。第二世代のインクジェットプリンタの技術イノベーションの大きさを把握するために、図2-2にキヤノン、エプソンの製品の印刷解像度の増加を、図2-3にそれを支えたプリンタヘッドに実装されたノズル数の増加を示す（ヒューレット・パッカードも同様の傾向であったので図は割愛する）。ノズル数と解像度が共に劇的に増加したことが分かる。印刷解像度を高める有力なアプローチは吐出されるインク液滴微小化であり、1990年以降2ケタの微小化が進行して、今日では1pl（10^{-12}l）まで到達している（日本画像学会, 2018b）。しかし、インク液滴の微小化だけでは単位時間当たりの塗布面積が低下するので、印刷速度の低下を招く。これを補って印刷速度という商品性能を進化させるためには、ノズル数の増加が必要である。このように解像度とノズル数の増加はインクジェット技術が継続して進化したことを示している。

この技術イノベーションに支えられて、エプソンは1996年に「写真画質」を訴求するPM-700Cを発売し、キヤノンも1999年に新プリントヘッド「FINE」を開発して写真画質を達成した。こうして、当初はドットインパクトプリンタの代替えから始まったインクジェットプリンタは、個人用としては従来のどのプリント方式でも達成できなかった機能と性能を実現した。図2-2からも分かるように、2002年頃までは画質は毎年向上したが、2004年頃には画質競争はほぼ終息し、それ以降は商品としてのインクジェットプリンタはプリンタ単体の機能・性能の追求から、スキャナーや無線LANの搭

図 2-3　プリントヘッドのノズル数の増大

キヤノン製品のノズル数の進化

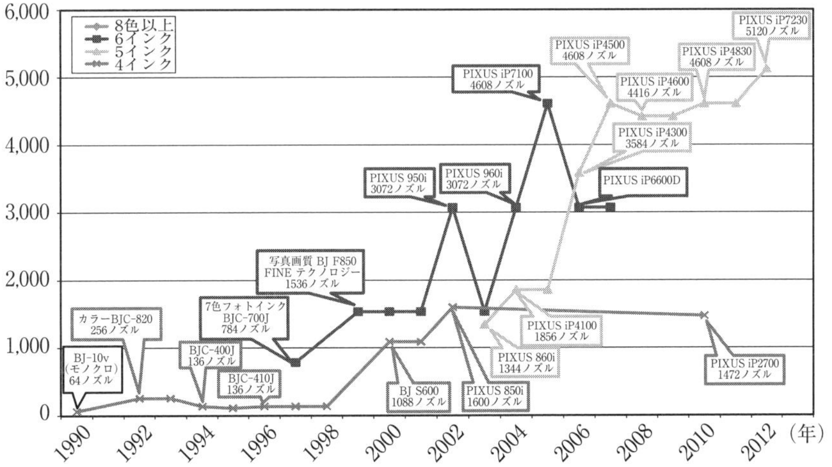

エプソン製品のノズル数の進化

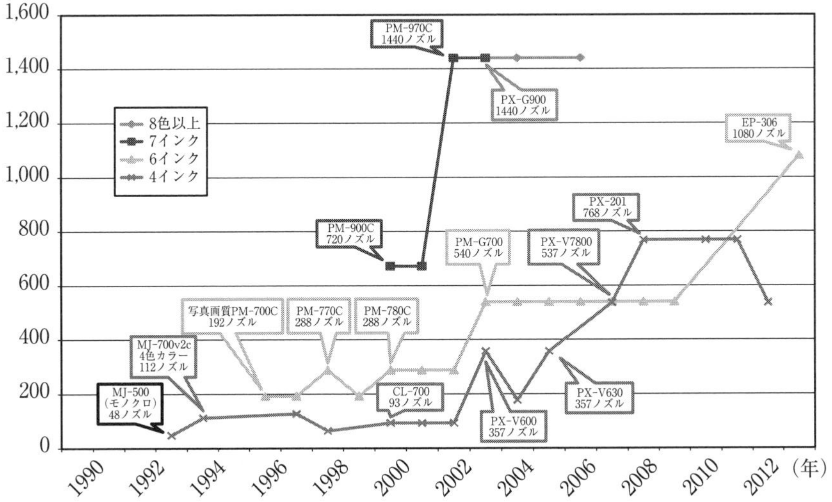

出所：各社ホームページに掲載された従来製品のカタログから作成

載など多機能化に製品開発競争の力点が移った（日経パソコン，2013)。

3.2　インクジェットプリンタの中核技術と必須特許

3.1 で開発経緯を記したインクジェットプリンタの中核技術は以下に分類される（但し、本書の議論には直接に関係しない印刷用紙を除く)。

①マルチノズルヘッドの構造
②インク液滴の吐出制御
③インクジェット用インク
④インク目詰まり防止

マルチノズルヘッドの構造とインク液滴の吐出制御がインクジェットプリンタの中核技術であることは、3.1 で詳細に述べた。

インクジェットプリンタのインクには、吐出までは高い流動性を保持し、吐出して印刷媒体に到達するまでの飛行中は安定したサイズの球形となり、印刷媒体に到達した後は速やかに乾燥するという、相反する特性が求められる。また、サーマル方式のインクには沸騰によって気泡を発生する機能も求められる。これらを満足させるのが③の技術であり、多数の重要特許が存在する（特許庁，2005)。

印刷箇所にのみインク液滴を吐出するオンデマンド型インクジェットでは、インク液滴を吐出しない時間帯がある。その時間帯にインクが乾燥して固形物となりノズルが目詰まりすると、正常な印刷ができない。これはインクジェットプリンタの実用化のためには解決が不可欠の技術課題であり、これを解決するのが④インク目詰まり防止技術である。ブラシなどでヘッドを物理的に清掃し、ブラシについた固形物を別のヘラで除去する機構、印刷開始前の予備的なインクの吐出、印刷停止中のノズル内インクの吸引、目詰まりしにくいインク組成などである。エプソンも目詰まり防止の特許を出願している（12)。このように民生品として実用に供するインクジェットプリンタの実装に必要な技術は複数領域に跨ることが分かる。

他社参入の障壁として機能する特許群を特定することは通常は容易ではな

い。その理由は参入を目論む企業が採用する技術方式や設計方針により必須特許となる特許群が異なるからである。そこで、インクジェットプリンタ特許業務に関わったキヤノン関係者が発表した論文が「知財障壁を構築した」、「長年、他社の事業参入を阻止する特許になった」特許の特許番号を開示している（加藤，2010）ので、これを参照して上記の①～④の分類に従って整理すると表2-1となる。この表2-1から分かるように、「知財障壁を構築した」特許群は、インクジェットプリンタの中核技術の全領域をカバーしており、参入障壁として機能していたことを物語っている。

表2-1　キヤノンのバブルジェット必須特許

特許の位置づけ	特許番号	特許発明の概要	出願年
バブルジェットの原理	特許 1389594	沸騰で発生した気泡でインク液滴を吐出するインクジェット	1977
	特許 1389595		1977
	特許 1396884	膜沸騰による気泡でインクを吐出するインクジェット	1978
	特許 1389608		1978
ヘッド構造	特許 1265874	気泡発生に伴う化学浸食やキャビテーションに耐えるヘッドの構造	1979
	特許 1918345		1983
	特許 1817038		1983
	特許 1425475		1984
	特公平 2-42669		1981
	特許 1389608 ☆	高周波で駆動するヒータ伝熱設計	1978
	特公昭 59-43312	ヒータ入力波形と吐出の周期	1982
	特公昭 62-59672 ★	高精度・高信頼性・長寿命・安価な多数ノズルヘッドの構造・製造方法	1980
	特公平 2-25335 ☆		1981
	特公昭 63-44067 ★		1981
	特公平 2-42670 ☆		1981
	特公平 2-24220 ☆		1981
	特公平 6-2414 ☆		1983
	特許 2659250 ☆		1989
	特許 2575205 ☆	インクタンクと一体化したヘッド	1989

（表 2-1 つづき）

インクの吐出制御方式：第二世代の原理特許 Bubble through Jet	特許 2783647	インク吐出前後のノズル内と大気の圧力差を制御してインク液滴径と吐出方向を高精度に制御する	1990
	特許 3957851		1997
	特許 3563999		1999
バブルジェット用インク	特許 1343229	バブルジェットプリンタ用インクの原理特許	1978
	特許 1413606		1978
	特許 1074027		1978
	特公昭 55-18751		1978
	特公昭 60-34993 ★	目詰まりが起き難いインクの構成	1980
	特公昭 58-6752 ★		1979
	特許 1926280	焦げつかないインク組成	1984
	特許 1926281		1984
	特許 1784015		1984
	特許 1928199		1984
目詰まり防止	特公平 4-64312 ★	予備的インク吐出モード	1984
	特公平 4-77670 ★	ヘッドの清掃手段を別部材で清掃	1985
	特許 2516901 ★	大気に連通後に行うキャップ吸引	1985

出所：加藤（2010）に従って表を作成

※加藤（2010）が「長年、他社の事業参入を阻止する特許になった」と明記した特許を☆で、さらに、その中でサーマル方式に限定されない特許を★で示す。

4. 暗黙の知財同盟によるイノベーションの収益化

本節では、キヤノン、エプソン及びヒューレット・パッカードによる暗黙の知財同盟がイノベーションの収益化を達成して、それが継続するスキームを構築したことを検討し、1.2 で設定した論点 1 と論点 2 に対する解を提示する。さらにキヤノン、エプソン及びヒューレット・パッカードの知的財産戦略の特徴について 4.4 から 4.6 で議論する。

4.1　暗黙の知財同盟の形成

同盟３社による暗黙の知財同盟の形成を検証するには、第１に同盟３社が必須特許を保有したこと、第２に同盟３社は相互に、自社の必須特許を相手企業が実施することを公式に許諾するか権利行使せずに容認していたこと、即ちクロスライセンス状態であったことを検証すれば良い。第１の条件が満たされていたことは3.2で述べたとおりである。そこで以下では、第２のクロスライセンス状態を検証する。

キヤノンとヒューレット・パッカードは、1983年にインクジェットプリンタに関する特許を対象にクロスライセンス契約を締結するとともに、インクジェットプリンタの共同開発を開始した。これは、双方の技術幹部が個人的に親密な関係であったことが背景にあったとは言え、インクジェットプリンタという全く新規な製品の技術開発と市場創出は単独企業では困難であり2社間の共同が必要と認識したからである。この経緯を（菅田，2009）が詳しく述べている。

キヤノンとエプソンがクロスライセンス契約を締結するのは、事業開始から長い期間を経た2008年であり、それまでは知的財産権を巡って両社は緊張関係にあった（加藤，2010）。しかし、キヤノンとエプソンは２社間では特許侵害訴訟等の権利行使をしていない。その一方で、２社の事業の脅威となる企業にインクジェットプリンタ特許を許諾せず、特許侵害する企業に対しては訴訟を複数回提訴している。このように３社間では、実質的なクロスライセンス状態にあった。明確な契約関係がないのにクロスライセンス状態となった理由は、双方が相手の特許を実施していたからであると考えられる。キヤノンとエプソンによる双方の特許の実施は直接的には分からないが、以下の背景状況から推測される。

エプソンが1978年６月12日に親出願を出願した特許（特許2605976）(13) をキヤノンが利用していた蓋然性が高い。このエプソン特許は複数のインク流路、ノズル及び共通のインク溜室を具備するマルチノズルサーマル方式インクジェットの特許であり、サーマル方式を採用するキヤノン製品の障害になったと推測される。その第１の理由は、共通インク溜室を具備するヘッド構造は技術的必然性が高いことである。図2-4にエプソン特許の明細

図 2-4　共通インク溜室を持つプリンタヘッドの構造

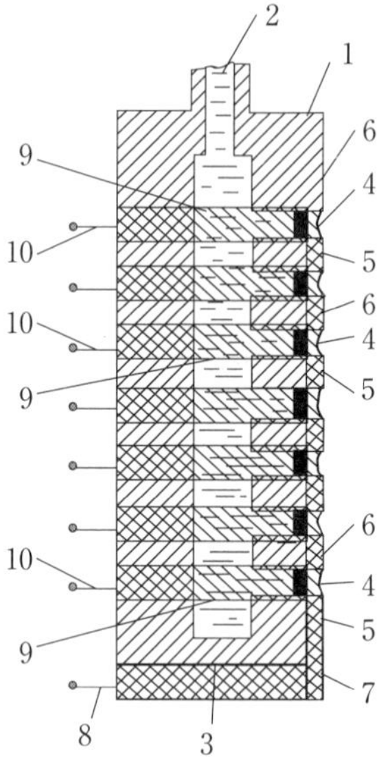

1. 基体
2. インク供給口
3. インク溜室
4. オリフィス
5. インク流路
6. 発熱体
7. 共通電極
8. リード線
9. 信号電極
10. リード線

出所：エプソン特許（特許 2605976）に掲載された図面を引用

書に掲載された共通インク溜室の図面を示す。プリンタヘッドの狭い面積に多数のインク流路及びノズルを実装できる現実的な構成は、プリンタヘッド内に共通のインク溜室を設けてこれに複数のインク流路を接続し、インクカートリッジとインク溜室の間をパイプでつなぐ構造である。この図面からもエプソン特許（特許 2605976）（13）はマルチノズルサーマル方式プリンタヘッドに必須の特許と理解される。

第 2 の理由は、共通インク溜室を持つマルチノズルヘッド構造の特許（14）をキヤノンが最初に出願するのは 1978 年 8 月 18 日であり、1978 年 6 月 12 日に出願したエプソン特許（特許 2605976）（13）の後願となる。キヤノンのサーマル方式インクジェットの最初の出願（1977 年 10 月 3 日出願）から 1978 年 8 月 18 日の出願（14）までに、インクジェットプリンタに関する出願と思われるキヤノン出願が約 20 件あるが、マルチノズルが共通インク溜室に接続する構成を開示したものは見当たらない。第 3 の理由は、本エプソン特許に対する特許異議申立が行われ、共通インク溜室はエプソン特許の権利範囲外であると主張している（15)。このことは、本エプソン特許が事業の障害であると判断した企業の存在を示唆している[5]。第4に、この異議申立にもかかわらず最終的にエプソン特許が登録されたことについて、キヤノン知財関係者が「クレームに疑念を残して…出願は特許として成立した」と記述して疑義を示し、このエプソン特許の存在が好ましくないとの見解を示している（加藤，2010)。以上からエプソンの特許2605976はキヤノンのインクジェットプリンタ製品にとって必須な特許であったことが強く推測される。

これに対して、このキヤノン知財関係者が「長い間、他社の事業参入を阻止する特許となった」として1980年以降に出願した14件の特許を挙げており（加藤，2010)、それらを表2-1の星印（☆と★）で示す。その中の7件は権利範囲をサーマル方式に限定しておらず、ピエゾ方式でも利用する特許である。この点から、キヤノンのこの7件の特許はエプソンにとっても必須特許であり、エプソンが実施していたと推測される。この7件の特許を表2-1の★で示す。

以上から、キヤノンがエプソン特許を実施していたこと、及びエプソンがキヤノン特許を実施していたことが推測される。即ち、キヤノンとエプソンは相互に相手特許を実施し、その状態を双方が黙認し、訴訟などの権利行使をしないで睨み合っている状態、即ち実質的なクロスライセンス状態にあったと推測される。また、エプソンとヒューレット・パッカードは、2005年にクロスライセンス契約を締結している。

このように、キヤノン、エプソン及びヒューレット・パッカードは、それぞれ2社間でクロスライセンス状態にあった。しかし、3社が同じ盟約に合意することや3社が単一の契約を締結することはなかった。

4.2　暗黙の知財同盟によるイノベーションの収益化

次に、インクジェットプリンタの事例において、論点1で提起した暗黙の

5　特許異議申立制度では申立は個人名義で行うことができる。当該特許を無効化したい企業名を伏せるために、その企業とは無関係の個人の名義で行う場合もある。

知財同盟がイノベーションの収益化を実現したことを検討する。パソコンやデジタルカメラの普及によって個人用に利用する高画質カラー印刷の需要が生まれ、これと同時期にインクジェット技術の完成度が高まったことで、インクジェットプリンタの市場が急速に拡大した。同盟3社以外にもインクジェットプリンタの技術開発と特許出願を行い、市場参入を試みた企業はあるが、同盟3社の優位性が確立し「他社が市場に参入するにはこれら3社からOEM供給を受けるしかない」状況となった（岩井，1997)。国内市場では、キヤノンとエプソンの市場シェアが特に高く、国内市場において図2-5に示すように1993～2003年を通じて、2社で80%を超える市場シェアを継続した。同盟3社以外の各社はインクジェットプリンタの収益を確認することは難しいが、同盟3社は大きな収益を得たと言える。

図2-5　インクジェットプリンタの市場シェアの推移

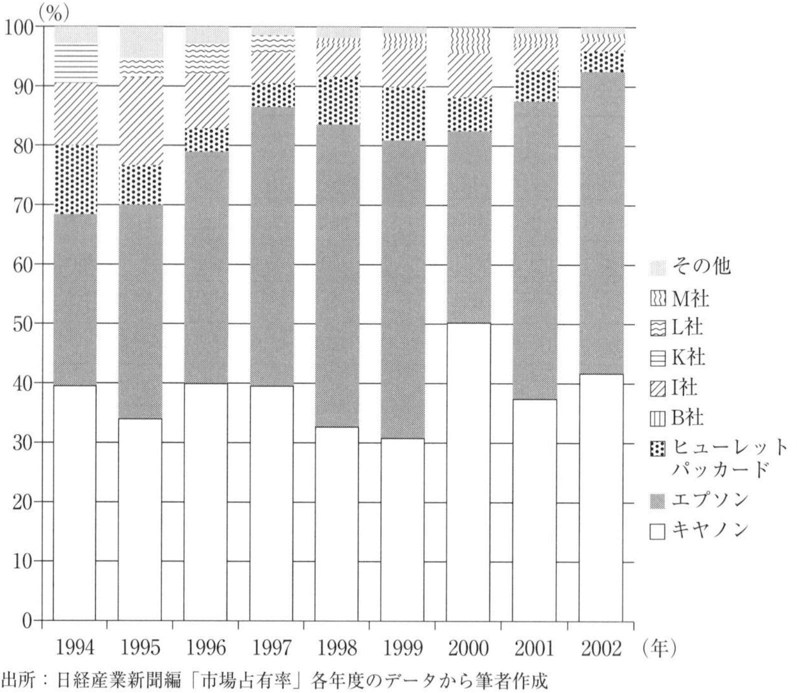

出所：日経産業新聞編「市場占有率」各年度のデータから筆者作成

その後、インクジェットプリンタ本体価格の大幅下落に対して、収益プロファイルをプリンタ本体からインクカートリッジにシフトしたことが高収益の要因との報告がある（榊原・松本，2004）。これは適切な分析であるが、インクカートリッジによる収益プロファイルはインクジェットプリンタ本体の3社の高い市場占有率が前提になっている。本体価格が大幅下落した段階でも暗黙の知財同盟がイノベーションの収益化を可能にした。

このように、キヤノン、ヒューレット・パッカード及びエプソンによる暗黙の知財同盟がイノベーションの収益化を実現したことは明瞭であるが、このことを次の（1）～（3）のステップに分けて、さらに詳細に確認する。

（1）市場参入に取り組んだ企業の存在
（2）市場参入取組の結果
（3）同盟3社のイノベーションの収益化

（1）市場参入に取り組んだ企業の存在

インクジェットプリンタ市場に対する個々の企業の市場参入意図の有無は直接的には分からないが、以下で述べるように公開されている特許出願から推測できる。まず、インクジェットプリンタの製品化に必要な技術を開発し、対応する特許を出願した企業の存在を確認する。表2-2にインクジェットプリンタの国内特許出願件数について同盟3社を含む上位13社とその1977～2010年までの日本特許出願件数を示す。同盟3社以外の企業10社は有力な電機・精密機械・事務機器メーカであり、インクジェットプリンタの市場参入に必要な技術的、経営的な潜在能力を持っており、多数の出願件数から市場参入を試みたことを窺わせる。この10社を以降では同盟外10社と呼ぶことにする。

多数のインクジェットプリンタ特許出願は、必ずしもプリンタ本体を技術開発したことを意味しない。インクジェット用の印刷用紙やインクを技術開発、事業化した企業も多数の特許出願を行った。そこで、同盟3社、同盟外10社、製紙メーカ及びインクメーカの出願傾向を対比することで、同盟外10社がインクジェットプリンタ本体を技術開発していたことを確認する。

表 2-2　インクジェットプリンタ出願件数上位 13 社

企業名称	出願件数累計（件）	発明者数累計（人）
キヤノン	21,063	14,363
エプソン	18,565	9,324
ヒューレット・パッカード（米国特許）	3,145	6,095
ヒューレット・パッカード（日本特許）	1,496	3,249
A 社	6,697	3,725
B 社	5,026	2,131
C 社	4,408	1,789
D 社	4,297	2,113
E 社	2,604	1,921
F 社	1,850	1,610
G 社	1,295	1,208
H 社	1,208	1,005
I 社	1,112	683
J 社	1,011	793

出所：筆者作成
※出願件数は日本特許の 1977～2010 年の累計。
　ヒューレット・パッカードは米国特許を併記した。

そのために、出願の技術領域についてＦタームを用いて分析する。同盟外 10 社のＦターム別の出願件数の傾向を調査したところ、10 社は類似の傾向であった。その中の A 社のグラフを図 2-6 に示す。同盟 3 社のＦターム別の出願件数の傾向を調査したところ、3 社は類似の傾向であった。その中のキヤノンのＦターム別出願件数を図 2-7 に示す。また、製紙メーカの出願件数の上位 3 社である、三菱製紙、王子製紙、日本製紙に関しても同様の調査を行い 3 社間で類似の傾向が確認できた。代表して三菱製紙のグラフを図 2-8 に示す。同様に、インクメーカの出願件数上位 2 社である東洋インキ製造と大日本インキ化学工業の傾向を調査して 2 社の類似の傾向が確認できた。代表して東洋インキ製造のグラフを図 2-9 に示す。

これらの図が示すＦターム別出願件数グラフの傾向から次の事項が分か

図 2-6　A 社のＦターム別出願件数

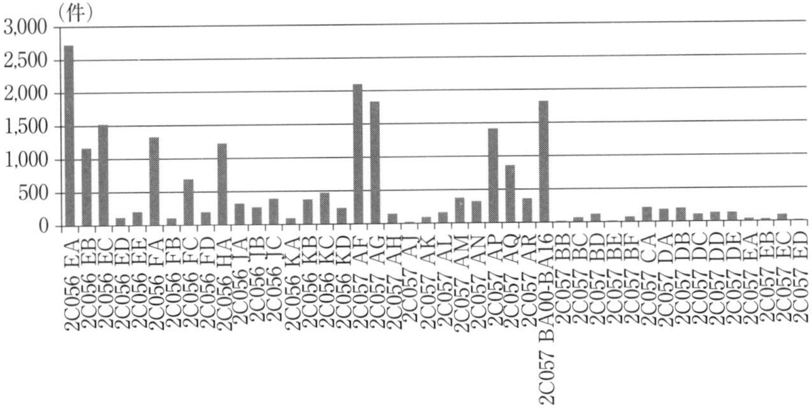

出所：筆者作成

図 2-7　キヤノンのＦターム別出願件数

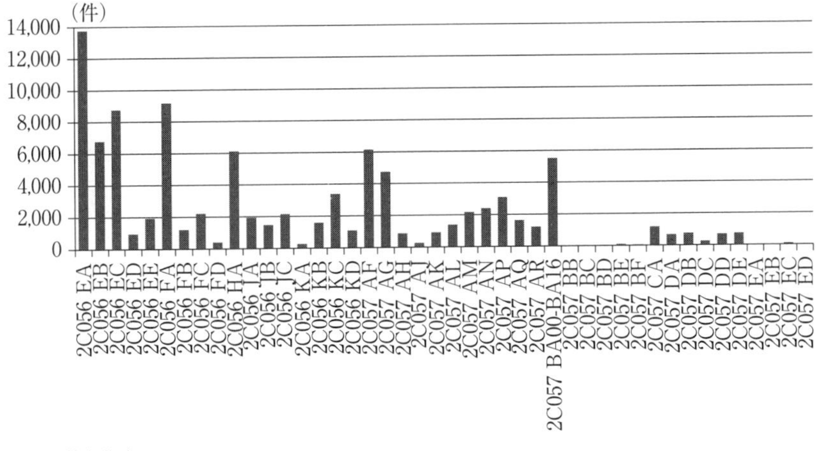

出所：筆者作成

る。まず、製紙メーカとインクメーカのＦターム別出願件数グラフは、プリンタを開発・製造した同盟３社の傾向とは大きく異なる。それは、印刷用紙や印刷インクの事業に必要な特許はインクや記録媒体に関するもので、Ｆタームでは 2C056FC に該当する。インクメーカの出願はこれ以外に、紙媒

図 2-8　三菱製紙のＦターム別出願件数

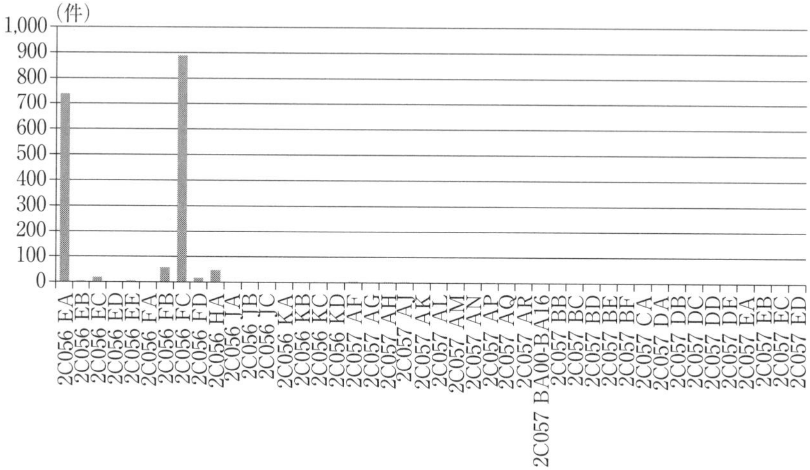

出所：筆者作成

図 2-9　東洋インキ製造のＦターム別出願件数

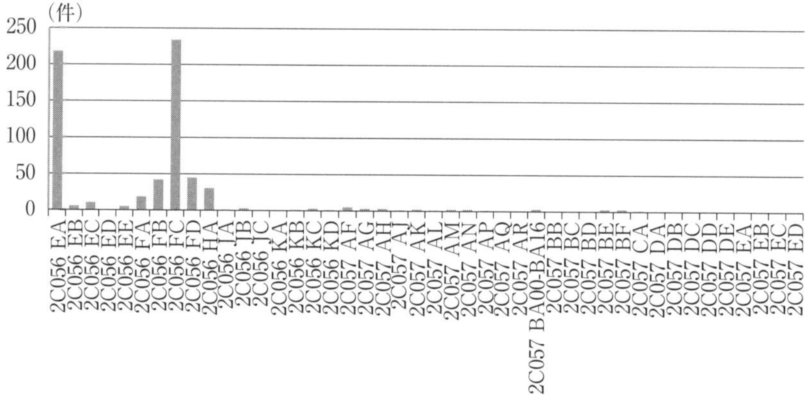

出所：筆者作成

体以外の媒体に関する特許（Ｆターム：2C056FB）等も含む。これに対してプリンタ本体の製品化には、インクジェットに関連する広範な領域の特許が必要であり、例えば、ヘッド形式（Ｆターム：2C056FA）、ヘッド・用紙送り・キャリッジの構造（Ｆターム：2C056HA）、ヘッド部の清掃（Ｆターム：2C056JB)、ヘッドの構造（Fターム：2C057AP）などの特許が必要であり、同盟3社はこれらを出願している。

同盟外10社のA社のFターム別出願件数グラフ図2-6は製紙メーカ・インクメーカの出願傾向とは著しく異なるが、同盟3社とは出願傾向が同じであることを示している。例えば、ヘッド・用紙送り・キャリッジの構造（Fターム：2C056HA）に該当する多数の特許出願は、プリンタ本体の製品化を目的とする技術開発を強く示唆している。このことから、同盟外10社がインクジェットプリンタ本体の製品化や事業化に必要な技術を開発したと推測される。

次に、同盟外10社の研究開発投資の規模を考察し、その研究開発が事業化を想定した研究開発であったことを検討する。図2-10に同盟外10社の中で事業撤退したI社を除く9社を代表して3社の毎年の出願件数と発明者数の推移を示す。ここで、毎年の発明者数とは、その年の特許出願明細書に登場する全ての発明者個人を特定し、同一発明者の重複を除いた人員数であり、その年に特許出願された発明に貢献した人員数を示すものである。図2-10からは、同盟外10社も継続的にインクジェットプリンタの技術開発を進めていたことが分かる。図2-11には同盟3社の内キャノンとエプソンの出願件数と発明者数の推移を示す。同盟3社と同盟外10社の1977～2010年までの発明者数の累計を表2-2に示す。

一般的に、発明を創出するには、一定程度の期間の技術開発業務の継続が必要であることから、各年の発明者数はその年に技術開発に従事した技術者の概数を示すと考えることができる。但し、その年に発明しない技術者も存在するので少なめの概数である。そこで、本章ではその年の発明者数をその年に投入された開発人員の工数（人年）の概算値とみなすこととする。表2-2に示す発明者数の累計と図2-10に示す発明者数の推移から、同盟外10社は、10年以上の期間にわたって、総計500～3,500人年規模の工数をインクジェットプリンタの技術開発に投じたことが分かる。この規模の研究開発は、基礎研究やフィジビリティースタディーの段階を越えており、インクジェットプリンタ製品市場への参入を目論んで行った開発規模とみなすことができる。

図 2-10　同盟外 10 社の特許出願件数と発明者数の推移

(1) A 社

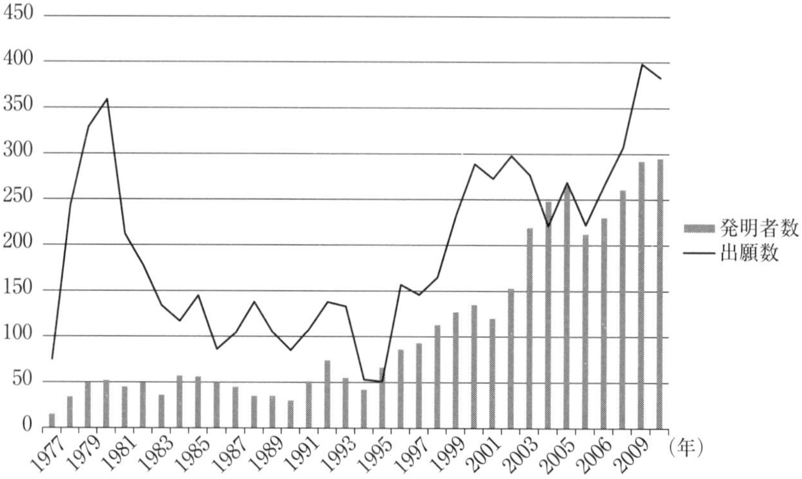

(2) B 社

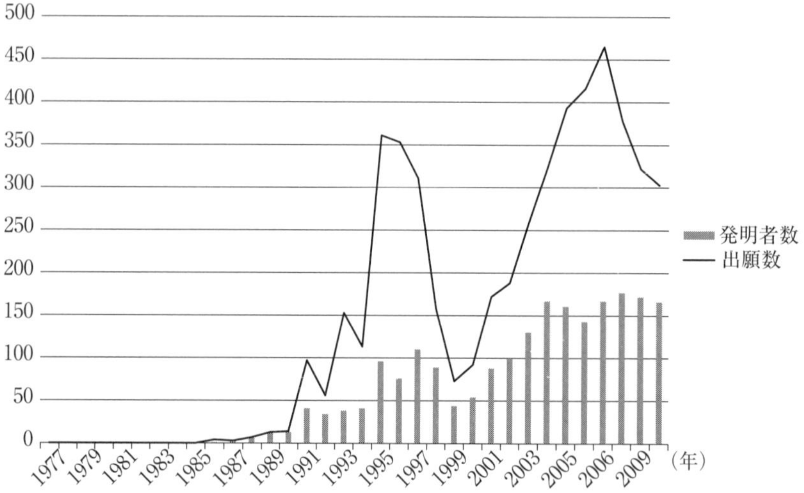

（図 2-10　つづき）

(3) D社

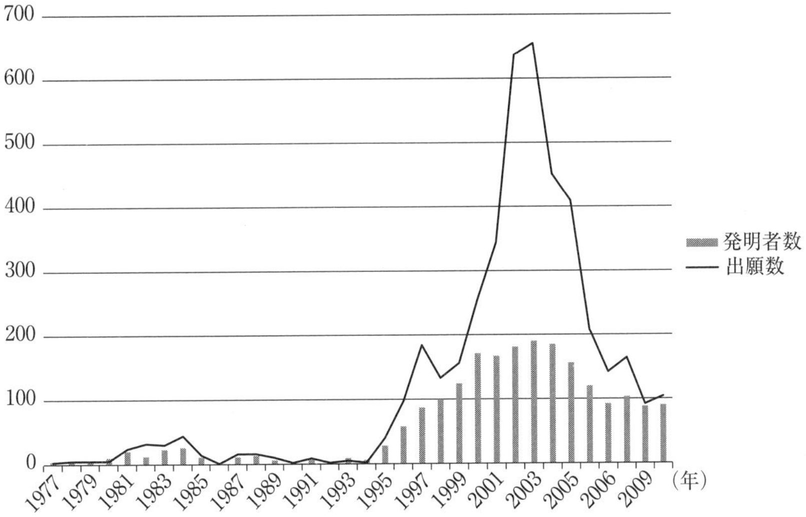

出所：筆者作成

以上で述べたように、同盟外10社はインクジェットプリンタ本体の技術開発を行い、その開発規模は製品開発に必要な規模であることから、これらの企業は、インクジェットプリンタ本体の市場参入を目論んで研究開発したこと、即ち市場参入に取り組んだことが推測される。

(2) 市場参入取組の結果

次に同盟外10社の市場参入の取組の結果を検討する。即ち、キヤノン知財関係者は、同社が出願した特許は「長い間、他社の事業参入を阻止する特許となった」と述べている（加藤, 2010）が、同盟3社の特許群が同盟外10社の市場参入を阻んだことを検討する。

同盟外10社の市場参入の概況を表2-3に示した。この内、I社とB社の市場参入は図2-5の市場シェア推移から分かる。他の8社に関する記載は各社のホームページやプレスリリースをもとに作成した。このように同盟外

図2-11　キヤノンとエプソンの出願件数と発明者数の推移

(1) キヤノン

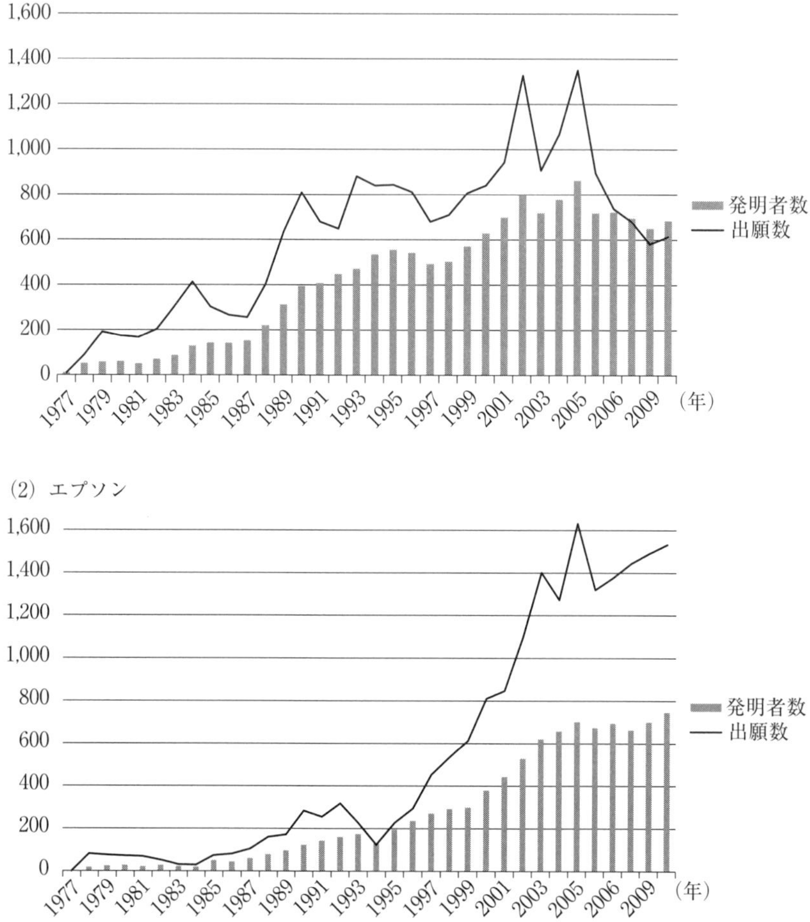

出所：筆者作成

10社は、何等かの意味でインクジェットプリンタ関連市場に参入していることが分かる。これは、前述の「長い間、他社の事業参入を阻止する特許となった」と一見すると矛盾する。そこで、以下でこの点をさらに検討する。

まず、I社とB社は同盟3社の脅威となっていない。I社は一定の市場

表 2-3　同盟外 10 社の市場参入結果

企業名	市場参入結果
A 社	2004 年に業務用プリンタに参入。2013 年に家庭用プリンタに参入
B 社	1992 年個人用インクジェットプリンタの発売を開始。市場シェアは一桁台で経過
C 社	2007 年に業務用インクジェットプリンタ事業化
D 社	産業用（テキスタイル印刷用）とプリンタヘッドに参入
E 社	C 社に同じ
F 社	2001 年非 PC 向け・産業用インクジェットプリンタに参入を表明
G 社	2000 年、E 社の技術を採用して、個人用インクジェットプリンタに参入した。
H 社	産業用インクジェットプリンタヘッド、及び製造装置に参入した。
I 社	最大時には 6% 程度の国内市場シェアを獲得するが、その後撤退
J 社	2003 年、サーマル方式のライン型インクジェットプリンタの開発を発表した。

出所：各社のプレリリースなどをもとに筆者作成

シェアを獲得したが、2002 年にシェアが 1.6% となりそれ以降は統計データに現れず、撤退したと思われる。また、B 社は市場に留まっているがそのシェアは一桁台と低く、同盟 3 社の事業に影響を与える程ではない。B 社は、同盟 3 社のインクジェット方式とは全く別の技術方式を用いて市場参入する方針を選択し、そのために海外企業から技術導入する必要があり、多大な労力を要したことが報告されている（青木，2011）。

A 社、D 社、F 社及び H 社は、産業用、非 PC 用インクジェットプリンタ、或いは、プリンタ本体ではなくプリンタヘッドに参入しているが、その市場の規模は小さく、同盟 3 社が主たる市場とする個人用高画質カラープリンタ市場とは別の市場であり、同盟 3 社の脅威とはなっていない。

また、A 社は 2013 年に、G 社は E 社と C 社と技術提携して 2000 年に、J 社は 2003 年に、個人用インクジェットプリンタに参入しているが、図 2-5 に示すように、同盟 3 社を脅かす程の市場シェアを獲得していない。さらに着目すべきは、A 社、G 社（及び E 社、C 社）、J 社の参入タイミングが 2000 年以降になっていることである。インクジェットプリンタ本体価格の低価格化が進んだ結果、図2-2が示すように2004年前後には、金額ベースの市場規模が頭打ちになった。3.1で述べたように2002年頃には画質競争は終息して、プリンタ本体の進化は減速する。そしてインクジェットの利益の源泉はインクカートリッジに移行していく（榊原・松本，2004）。この点は、市場においてプリンタ本体の価格と比較して、インクカートリッジの価格が高額であることからも理解できる。消耗品であるインクカートリッジは、既に販売されたプリンタも消費するので、それまでにプリンタ本体の高シェアを継続してきた同盟3社が収益性で有利となる。この段階に至って同盟3社以外の企業が新規に市場参入しても、同盟3社に対する競争力を確立することは難しい。これが、2000年以降に個人用プリンタ市場に参入したA社、G社、J社が十分な市場シェアを獲得できなかった主要な原因と考えられる。

しかし、図2-10に示した特許出願数と発明者数の推移から分かるように、A社、G社（及びE社、C社）、J社は1990年初頭までにはインクジェットプリンタの技術開発に着手し、1990年代中頃には開発を強化している。それにもかかわらず、A社、G社（及びE社、C社）、J社は高い収益性が期待できる市場の成長期には市場参入せず、収益性が減退してから市場参入している。

以上の検討から、同盟外10社は相当の技術開発投資を行って市場参入したが、その結果は次のいずれかとなった。

①市場参入したが市場撤退した、或いは市場シェアが低い
②市場規模の小さい産業用や非PC用プリンタ市場に参入
③市場シェアと収益の獲得に不利な段階になった後で市場参入

キヤノン知財関係者が「長い間、他社の事業参入を阻止する特許となった」（加藤，2010）と表明しているが、同盟3社とそれ以外の企業の間での特許ライセンス交渉や実施許諾契約などの権利行使の実情は各社の社内情報に属する事項であり、公開情報から判断することは難しい。しかし、これまでの考察から、同盟3社は特許によって3社の収益を脅かすような「他社の

事業参入を阻止した」と推測して差し支えない。

(3) 同盟3社のイノベーションの収益化

以上（1）（2）から、同盟外10社の市場参入の取組にも関わらず、同盟3社は図2-5で示す高い市場シェアを獲得したことが分かった。しかし、市場シェアを獲得するための投資が市場シェアと比較して過大であるならば、イノベーションの収益化を達成したとは言い難い。そこで、ここでは同盟3社の研究開発の投資規模について検討する。

同盟3社の出願件数シェアと発明者数シェアの推移を、図2-12、図2-13に示す。この図は、同盟3社と同盟外10社の合計13社の出願件数の合計と発明者数の合計に対する同盟3社のシェアを示す[6]。時期により変動はあるが、同盟3社の出願シェアは、概ね50〜70%であり、総合計でも58%である。発明者数シェアは概ね50〜70%で推移し、総合計で61%である。出願件数は研究開発予算と、発明者数は研究開発に従事する技術者数と強い相関関係があり、それぞれの数値はインクジェットプリンタの開発を進めた企業全体の開発投資の中における同盟3社の比重の概数とみなすことができる。これに対して、図2-5で示す同盟3社の製品市場シェアは80〜90%であり、どの年をとっても、出願件数や発明者数のシェアよりも明らかに高い。即ち、研究開発投資と比較して高い市場シェアを獲得したことが分かる。

以上の考察から、同盟3社は高画質インクジェットプリンタにおいて、暗黙の知財同盟によってイノベーションの収益化を達成したことが明らかである。これで論点1に対する解が得られた。

4.3　イノベーションの収益化の継続を支えた要因

3.で述べたインクジェットプリンタの開発経緯から、論点2で提起したイノベーションの収益化の継続を支えた要因を以下に考察する。ここで取り上げた4つの要因以外にもイノベーションの収益化の継続を支えた要因は考え

6　インクジェットプリンタに関する特許はこれ以外にも、製紙メーカなど多数の企業からも出願されている。しかし、同盟3社の開発投資を議論するには、プリンタ自体の開発を進め、市場参入を目論んだ企業とのシェアを議論するのが適切と考えられ、このデータを用いた。

図 2-12　同盟 3 社の特許出願シェア推移

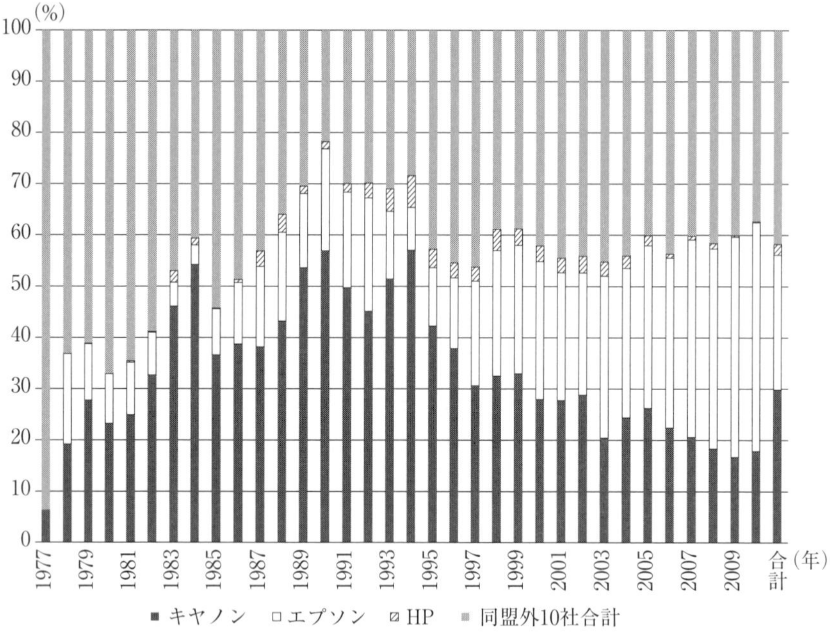

出所：筆者作成

図 2-13　同盟 3 社の発明人口シェア

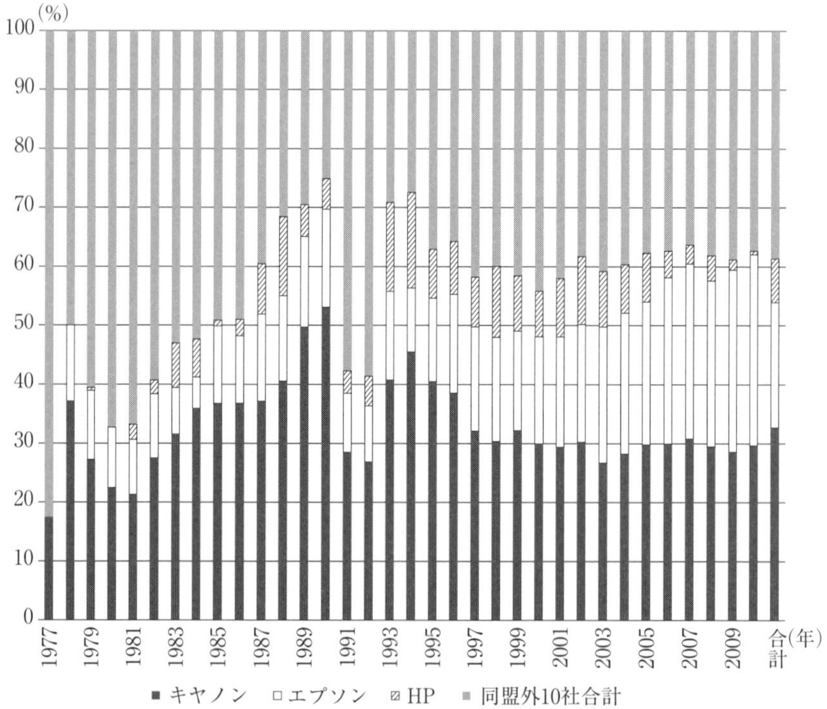

出所：筆者作成

られるが、それらの中で中核となる必須特許の実施権の専有を継続させるために必要であった主要な4つの要因を検討する。

4つの要因とは、下記のとおりである。

(1) 類似の特許活用方針

(2) 必須特許の継続的取得

(3) 他社による必須特許取得の抑止

(4) 特許侵害品の生産の抑止

(1) 類似の特許権活用方針

インクジェットプリンタで暗黙の知財同盟を形成した企業はキヤノン、エプソン及びヒューレット・パッカードの3社であった。これらの企業はプリンタの製造・販売の事業で収益を追求した。また、インクジェットプリンタ事業がこれら3社において基幹的事業の1つであり、研究開発費などの経営資源をこの事業に重点的に投資した。ヒューレット・パッカードは、サーバ、パソコンなどIT関連の多様な製品を事業とするが、インクジェットプリンタを専業とする独立した組織部門を設置した（Christensen, 1997）。

このように、同盟3社はインクジェットプリンタに関する事業構造が類似であることが背景にあって、必須特許によって他社参入障壁を形成し、自らはインクジェットプリンタ製品の事業で収益を追求するという特許権活用の方針が類似であった。もし、3社の中の1社でもインクジェットプリンタの製造販売ではなく、特許ライセンス収入を事業収益の主軸としたならば、3社以外に事業参入する企業が次々と登場し、必須特許群による他社参入障壁は構築できず、クロスライセンス状態は機能しなくなる。

以上の考察から分かるように、暗黙の知財同盟を形成した3社の特許権活用の方針が類似であることが主要な要因の1つである。

(2) 必須特許の継続的取得

同盟3社は、インクジェットプリンタの製品化開発を始めた最初期の段階で必須特許権者であったが、その後も、新規の必須特許を積極的に取得して必須特許権者の地位を継続した。3.で述べたように、当初は必須特許権者であっても、特許権の満了や代替技術の登場により、必須特許権者の地位を失うリスクがあった。このリスクを回避するため同盟３社は次の対策を行った。

第１に、他社に先行した技術開発の着手・継続と、これに連動した必須特許の取得の継続である。サーマル方式ヘッドの基本特許の出願は 1977～1981 年であり、市場成長期に権利満了で必須特許群が消失するリスクがあった。しかし、1990～1999 年に出願されたインク液滴の吐出制御の特許群は、3.1 で述べたように高精細・カラー・写真画質の印刷に必須な特許であり、第二世代の基本特許群を形成した。これらは第一世代の基本特許出願から 10 年以上経過してから出願され、必須特許権者の地位の継続を可能にした（加藤，2010）。ピエゾ方式ヘッドの場合は、インク液滴を整える駆動パルス波形に関するエプソンの特許（11）が第二世代の必須特許群となった。

第２の対策は、ヘッドやインクタンクのインク目詰まり防止に関する特許群の取得がある。インクが乾燥してできたインクの固形物がヘッドやヘッド内流路に付着すると正常な印刷ができなくなる。このため、ヘッドやインクタンクの目詰まり特許は必須特許となる。これらの特許は機構が単純であるため、後発者が技術開発しても代替する機構の発明は難しい。このようにインクジェットの原理発明ではないが製品には必須で代替技術の可能性が低い特許の取得が、必須特許権者の地位継続に貢献した。製品技術の原理発明ではないが製品実装には必須で代替技術の可能性が低い特許が、権利行使で重要な役割を果たす事例は、筆者が経験した燃料電池、光記録やディスプレイパネルなどの他分野でも散見されており興味深い。

(3) 他社による必須特許取得の抑止

同盟３社以外にもインクジェットプリンタ技術を開発し特許出願した企業があるが、３社による必須特許の実施権の専有が持続した。もし同盟３社以外の企業が必須特許を取得すると、必須特許群による参入障壁が崩壊して同盟３社はイノベーションの収益化を喪失する。

このような他企業の必須特許取得を抑止するために、同盟３社は市場参入を試みた他企業のいずれよりはるかに多数の技術者を投入して大量に特許出願した。これが同盟3社以外の企業が必須特許を取得する機会を抑制した。図2-11にキヤノンとエプソンの特許出願数と発明者数の推移を示している（ヒューレット・パッカードも同様の傾向であったので割愛する）。同盟外10社の出願件数と発明者数の推移を調査して、同盟3社と対比した。（図2-10に同盟外10社のうちの3社の出願件数と発明者数の推移を示す）同盟3社は全体として、同盟外10社のいずれの企業も圧倒する発明リソースを他社に先行して投入したことが分かる。また、キヤノンは必須特許群による他社参入障壁を構築するという戦略に基づき、必須特許に準ずる特許や自社では実施しないが他社が取得する可能性のある特許群も出願する方針を意図的に実行した（加藤，2010）。

このように大量に出願する知的財産マネジメントは、追加的な技術者と資金の投入が必要であるため、知的財産部門の判断だけでは実現しない。このように、大量の特許出願による他社の必須特許取得の抑止は、戦略的な経営判断によって実現したと考えられる。

(4) 特許侵害品の生産の抑止

同盟3社だけが必須特許を保有していたとしても、他社が必須特許を侵害して製品を生産・販売することを抑止できなければ、必須特許の実施権の専有という状態は喪失する。例えば、特許侵害に関する理解が低く、特許侵害品の取り締まりや特許係争が困難な国での生産・販売がこれにあたる。

同盟3社はインクジェットヘッドの製造で用いる高度な生産技術とノウハウを保有し、それを社内に留めたことで、特許侵害品の生産を抑止した。例えば、球状のインク液滴の安定した吐出にはノズル穴は真円に加工しなければならない。ノズル穴の口径は微小であり、多数のノズル穴の口径を正確に加工しなければならない。キヤノンはこれを実現するために独自にレーザ加工技術を開発した。ピエゾ型インクジェットヘッドを構成する積層型セラミックの加工には繊細な加工技術が必要であり、エプソンは機械式時計の生産で養った加工技術とノウハウを活用した（藤田，2002）。

半導体や液晶分野では生産装置が高額で、その技術開発に大規模な投資を要することを背景に、製品メーカから独立した装置産業が成立し、製造装置メーカが製造装置を供給するという水平分業の産業構造が出来上がった。そして製造装置メーカを介して生産技術やノウハウが拡散することとなり、生産技術を自社開発しない企業が半導体や液晶事業に参入する可能性を広げた。インクジェットプリンタの場合には、半導体や液晶ほどの製造装置の事業規模が大きくないことや、同盟３社が自社で生産技術を開発したことなどにより、製造装置メーカを介した技術流出が生まれなかった。

日本や米国などでは、インクジェットヘッドの生産技術を独自に開発できる企業が存在したが、それらの地域では特許侵害品の取り締まりや権利行使が可能であり、その一方で、特許権侵害に対する取り締まりや特許侵害訴訟が困難な地域では、このような高度な生産技術やノウハウを独自開発する企業はなかった。このように、インクジェットプリンタの特許権を高度な生産技術・ノウハウという特許権以外の競争要因と複合したことで、特許侵害品を抑止することができた。

このように、特許侵害品の生産の抑止は、インクジェットヘッドの生産技術を自社開発して社内に留めたことで可能となったが、これは、知的財産部門の判断だけでは実現できない。経営戦略と知的財産マネジメントが統合して実現したと言えよう。

また、特許権の取得・維持・行使に関する同盟３社自身の力量も特許侵害品の抑止に必要と言える。例えば、係争が特許侵害訴訟に発展した場合には多額の費用と高度の専門能力を要する。また、特許権取得や特許管理の能力が不十分であると、取得した必須特許が無効化されるリスクや、特許の権利範囲の穴が露見して特許係争で敗退するリスクが高くなる。このような特許権取得・管理・権利行使に関する能力と資金を有することも特許侵害品の抑制に必要である。これに対して、同盟３社が特許権の取得・管理・権利行使等の知的財産マネジメントに関する高い能力を持つことは、関係者には良く知られている。（丸島，2002，2011；大野，2004）

4.4 イノベーションの収益化とイノベーションの継続との両立

以上で論点１と論点２に対する解を提示したが、同盟３社の暗黙の知財同盟には、これ以外にも興味深い特徴があるので、それらを4.4から4.6で議論する。

インクジェットプリンタの暗黙の知財同盟はイノベーションの収益化の達成に成功したが、並行してイノベーションの継続にも成功している。即ち、必須特許の実施権の専有によって市場は寡占化されたが、イノベーションは停滞せずに継続して、イノベーションの収益化とイノベーションの継続が両立した点が、暗黙の知財同盟の妙味である。

図2-3に示したように暗黙の知財同盟が機能している期間にも、プリントヘッドのノズル数が増大し、これに裏づけられてプリント解像度が格段に増大していった。このことが、写真画質のプリントを可能にした。カラープリントの解像度の向上という量的な変化が進行して、写真画質という質的に段階の高いプリンタが登場した。一般消費者が手軽に写真画質で印刷できることの社会的影響は大きい。同時期に普及したデジタルスチルカメラが写真画質のプリントを要求し、これに応えたインクジェットプリンタの進化がデジタルスチルカメラの普及を支えたと言える。

図 2-14　インクジェットプリンタ実勢価格の推移

キヤノン A4 単機能

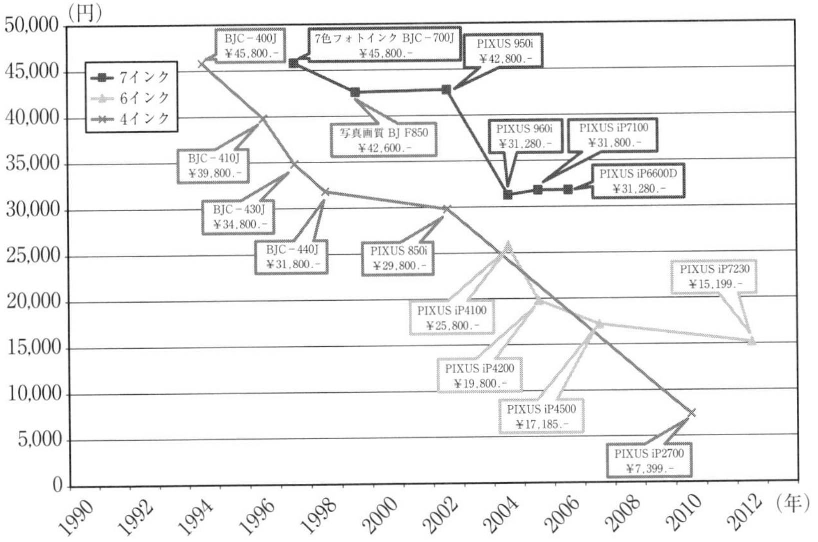

(図 2-14 の続き)

エプソン A4 単機能

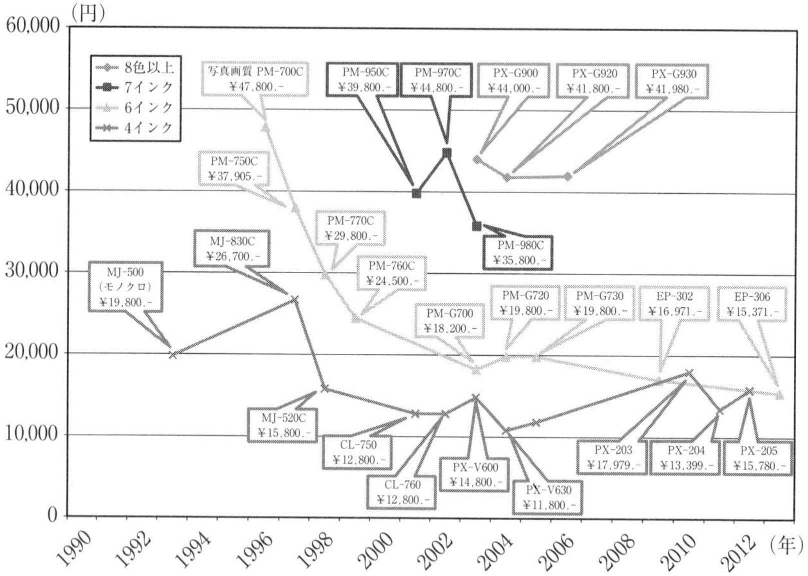

出所：価格データを次から収集してグラフを作成

・インプレス社発行の DOS/V Power Report に掲載のプリンタ相場情報/価格情報
・インプレス社監修のプリンタ価格情報の web サイト
・インプレス社発行の DOS/V Power Report に掲載の各 PC 販売店の広告ページ
・価格 .com に掲載の価格推移情報の各機種の初値のデータ
・ヒューレット・パッカード社の価格のグラフは掲載していないが、次の web サイト Computer Museum にある各機種のページに記載された価格から分かる　http://www.hpmuseum.net/exhibit.php?class=5&cat=20（アクセス日：2023 年 10 月 14 日）。

このような機能・性能の格段の向上にも関わらず、製品価格は低下していった。図 2-14 にキヤノンとエプソンの製品の実勢価格の推移を示す（ヒューレット・パッカードも同様の傾向であったので、図は割愛する）。プリンタ機能の格段の進化に対して、価格は逆に大きく低下した。今日では低価格化の限界に達していると言える。

イノベーションが継続した理由は、同盟 3 社の外部に対しては参入障壁を構築して収益化を獲得しつつ、同盟 3 社の内部では各社間の競争が維持されたためと考えられる。キヤノンのインクジェット事業の幹部の「ライバルがいたことで、プリンタの開発スピードが上がりました。」（日経パソコン 2013）との発言はこれを裏づけている。そして、最もイノベーションの継続による恩恵を享受したのは、プリンタを利用する一般消費者である。

このように、市場を寡占しつつ、イノベーションの継続を実現した点は、暗黙の知財同盟を競争法の切り口で論ずるときに重要なポイントとなる。具体的な議論は第6章で述べる。

4.5　アライアンス論からみた暗黙の知財同盟の特徴

4.5.1　選択的なクロスライセンス状態による実施権の専有

ここまでの考察から明らかなように、インクジェットプリンタで同盟3社が実践した暗黙の知財同盟は、クロスライセンス状態の単なる集合ではなく、それを越えた戦略的スキームに至っている。そもそもクロスライセンスは事業に必要な特許実施権を得るために、相互に実施許諾することで事業の安定性を確保するとともに、特許料の授受を割愛或いは削減することで財務的な合理性を高めることに主眼がある。しかし、同盟3社が実施した暗黙の知財同盟は、外見上は個々のクロスライセンス状態の集積にすぎないが、その効果は、必須特許の実施権の専有を実現し、それにより競争力を創出する企業アライアンスの形成に至っている。

インクジェットプリンタを含む電機製品の特許マネジメントでは、企業が相互にクロスライセンス契約を締結して各企業の事業参入の安全性を確保する知的財産マネジメントがしばしば採用されている。その特徴は、複数の製品群に跨る包括的クロスライセンスが採用されている点である。多品種の製品の事業を行う電機メーカにとっては、仮に必須特許を持たない製品分野があっても他製品分野の自社必須特許をクロスライセンスすることで広範な製品に事業参入できるこのスキームの妥当性が高い。

これに対して同盟3社の知的財産戦略は対照的であり、インクジェットプリンタの自社の必須特許を他社のインクジェットプリンタ必須特許とだけクロスライセンス状態とすることで、必須特許を実施許諾する企業、或いは実施を容認する企業を最小限に限定している。このような選択的クロスライセンス状態の集積によって、インクジェットプリンタの必須特許の実施権を同盟3社が専有することが可能となった。この様相を3社以外の外部から眺めるとあたかも同盟3社が、アライアンスを形成することで必須特許の実施権を独占しているようにみえる。

4.5.2　結果としての戦略的アライアンス

同盟3社間のアライアンス関係はあらかじめ3社で合意したものではなく、結果として生まれた仮想的アライアンス関係である。キヤノンは高い知的財産マネジメント力で評価が高い。インクジェットプリンタ事業でも、ヒューレット・パッカードとは共同開発契約を締結して意図的にアライアンスを形成する一方で、4.1で述べたエプソン特許に対する姿勢から推測されるように、それ以外の企業に対しては知的財産力で参入障壁を構築しようとしたと思われる。しかし、市場での競争相手であったエプソンを含めた暗黙の知財同盟を形成することで、イノベーションを収益化できた点が興味深い。

ところで、Yoshino and Rangan（1995）は戦略的アライアンスを次の3項目の特性を持つものと定義した。

①合意した目標の達成のために連合した2社或いはそれ以上の企業が、アライアンスを形成しつつも各社の独立性を維持している。
②パートナー企業はアライアンスの利益を共有し、決められた役割の実践を制御する。
③パートナー企業は、1つかそれ以上の要となる戦略領域、例えば技術、生産等の継続的な基礎に貢献する。

インクジェットプリンタにおける仮想的アライアンス関係は、以上のYoshino and Rangan（1995）の定義の一部は満足するが、他の部分は満足していない。アライアンスの条件である企業の独立性を維持しているが、明示的に合意された目標は存在しない。アライアンスによる利益を共有するが、各社の役割を決めることも、その役割の実践を制御することもない。このように、暗黙の知財同盟は従来の戦略的アライアンスの概念を超えたアライアンスと言えよう。

4.6　経営戦略と暗黙の知財同盟の関係

本章のこれまでの議論を総括して、キヤノン、エプソン及びヒューレット・パッカードは、なぜ暗黙の知財同盟の形成と市場の寡占に成功したのかという問いへの答えを議論する。

この3社の研究開発力が優れていたことは論を待たないだろう。インクを加熱して発生する蒸気圧でインクを吐出するサーマル方式のアイデアは、1977年のキヤノンの最初の特許出願より6年前、SwedenのN.G.E. Stemme社はピエゾ方式の特許出願の中でサーマル方式を開示している。国内では、キヤノンの最初の出願の3日前、1977年9月30日に小夫がサーマル方式の特許を出願している。しかし、3.1.3で述べたように、キヤノンは膜沸騰の特性が微小インク液滴の高周波吐出に適することを見出して、これを特許請求の範囲に明記して特許出願することで、サーマル方式の原理特許を獲得した。膜沸騰に着眼した技術課題の設定は慧眼と言えよう。

言うまでもなく、企業の経営戦略は、競合他社に対して競争優位を確立して、収益を得ることが目的である。同盟3社はそれ以外の企業の参入を阻止することを経営戦略の中心課題と位置づけ、高い技術開発力とともに暗黙の知財同盟という極めて高度な戦略的マネジメントを実行したと評価できる。その眼目は、本章の4.3（3）（4）で述べたように、経営戦略と知的財産マネジメントの統合である。従来は高度な技術力を背景に世界を席巻した日本の電機メーカであるが、その復活の鍵は暗黙の知財同盟のような高度な技術力を背景とした戦略的マネジメントにあると今回の事例は示しているのではないだろうか。

5. 結論

本章はインクジェットプリンタの事例において、キヤノン、エプソン及びヒューレット・パッカードが実行した暗黙の知財同盟によって、イノベーションの収益化が達成されたことを明らかにした。また、イノベーションの収益化を支えた要因の中でも、必須特許の実施権専有の継続に必要な主要因が次の4項目であることを示した。

暗黙の知財同盟を実行した3社が
(1) 特許権活用の方針が類似である。
(2) 必須特許を継続的に取得する。
(3) 3社以外の企業による必須特許の取得を抑止する。
(4) 特許侵害品の生産を抑止する。

また、暗黙の知財同盟は市場を寡占化して収益獲得を実現しつつ、同盟内では競争を維持してイノベーションの継続も実現したことを示した。

【注:特許】
(1) 特許 1389594
(2) 特許 1389595
(3) 特許 1396884
(4) 特許 1389608
(5) USP4490728、特公平 4-43515
(6) 特公昭 63-47630
(7) 特許 2757833
(8) 特許 2783647
(9) 特許 3957851
(10) 特許 3563999
(11) 特許 3259401
(12) 特許 2734576
(13) 特許 2605976
(14) 特願昭 53-101189、登録特許は特許 1396884
(15) 平成9年異議第 075144 号

参考文献

Christensen, C. M, (1997), *The Innovator's Dilemma: When New Technologies Cause Great Firms to Fail*, Harvard Business School Press, pp. 115-4117.

Yin, Robert K. (2009), *Case Study Research Design Methods, Fourth Edition*, SAGE.
Yoshino, M. Y. and Rangan, U.S (1995), *Strategic alliances: An Entrepreneurial Approach to Globalization*, Harvard Business School Press, pp. 4-5.
青木彦治・玄場公規（2011），「グローバル R&D に期待される成果とそのマネジメント―日本企業のイノベーションレベルの事例を分析して 」『日本経営システム学会誌』*28*（1），2011-07-00，pp. 37-50.
浅井朗（2004），「バブルジェットプリンタの開発」『ながれ』*24*，pp. 603-608.
岩井正和（1997），『バブルジェットプリンタ開発の軌跡　独創するキヤノン』ダイヤモンド社，p. 74.
大野茂（2004），「産業競争力強化のための経営戦略と知的財産戦略の研究」（東北大学博士学位論文）.
加藤久美（2010），「事業を守る特許は如何に生まれるか―特許から描いた BJ 物語―」『特技懇誌』*210.8.24*，pp. 15-28.
菅田正夫（2009），「企業活動における知財マネジメントの重要性―クローズドとオープンの観点から―」『赤門マネジメントレビュー』*9*（6），pp. 405-437.
榊原清則・松本陽一（2004），「イノベーションの専有可能性―キヤノンの事例」『技術革新型企業創生プロジェクトディスカッションペーパーシリーズ』＃ 04-05.
特許庁（2005），「平成 16 年度特許出願技術動向調査報告書　インクジェット用インク」.
特許庁（2012），「平成 24 年度知的財産制度説明会テキスト　特許分類の概要とそれを用いた先行技術文献調査」.
日経パソコン（2013），「プリンター 30 年の進化史」『日経パソコン』2013 年 8 月 12 日，pp. 58-67.
日本画像学会編（2018a），『改訂インクジェット』 藤井雅彦監修　東京電機大学出版局，pp. 17-29.
日本画像学会編（2018b），『改訂インクジェット』 藤井雅彦監修　東京電機大学出版局，pp. 250-251.
藤井雅彦（2012），「インクジェット技術」『日本画像学会誌』*51*（2），pp. 148-164.
藤田雅（2002），「セイコーエプソン　プリンタ事業の技術戦略」『一橋ビジネスレビュー』*2002, Aug*, pp. 148-163.
松田弘人（2006），「バブルジェットプリンタの開発」『平成 17 年度　産業技術の歴史の集大成・体系化を行うことによるイノベーション創出の環境整備に関する調査研究報告書』社団法人日本機械工業連合会，社団法人研究産業協会.
丸島儀一（2002），『キヤノン特許部隊』光文社新書.
丸島儀一（2011），『知的財産権戦略』ダイヤモンド社.
宮崎正也（2002），「インクジェットプリンタ業界の発展過程 1977-1997- キヤノンとセイコーエプソンの 20 年」『赤門マネジメントレビュー』*1*（2），2002 年 5 月.
米山茂美（1996），「持続的競争優位の源泉としての変革能力―キヤノンにおけるプリンタ技術開発の事例分析―」『西南学院大学商学論集』*43*（1），pp. 105-168.

（後藤吉正・玄場公規）

第3章

DVD ドライブにおける暗黙の知財同盟

：DVD プレーヤーと DVD ドライブの比較事例研究

1. はじめに

1.1 本章の概要

本章は、第 1 章 4.1 で提案した暗黙の知財同盟の事例として DVD ドライブに関して詳細に検討し、暗黙の知財同盟の成立過程やイノベーションの収益化を検証する。またこの知的財産マネジメントが経営戦略と統合して実施されたものであることを検証する。DVD ドライブの事例を取り上げるのは、国際標準化に対応する標準必須特許を日本企業が取得した代表的な事例であるからである。ただし、標準必須特許を多数取得しながら、それがイノベーションの収益化に貢献しなかった事例として DVD を取り上げる報告が多数存在し、DVD の標準必須特許はイノベーションの収益化に貢献しなかったとの見解が広く存在している。

本章で詳細に議論するように、DVD 技術の開発とその標準化を牽引し、標準必須特許のほとんどを取得した有力特許権者企業は、DVD プレーヤー[1]では、特許シェアに相応しい市場シェアを獲得できなかった。しかし、本章の分析が示すように、DVD ドライブ[2]では、多数の企業が一旦は市場に参入したが、その多くは市場から撤退し、最終的に標準必須特許のほとんどを

1　ライセンスプールが定めた製品カテゴリーの名称は DVD ビデオプレーヤー（DVD-Video Player）であるが、本章では一般に呼称されている名称に従って、DVD プレーヤーと表記する。

2　ライセンスプールが定めた製品カテゴリーは、DVD-ROM Drive と DVD（Recordable Disc）Drive を区分しているが、本章では一般の呼称に従って、これらを合わせて DVD ドライブと表記する。

取得した有力特許権者企業が市場を寡占し、DVD プレーヤーとは対照的な結果となった。そこで、本章では、DVD プレーヤーと DVD ドライブの比較事例研究というアプローチで議論を進める。即ち、標準必須特許が DVD プレーヤーではイノベーションの収益化に貢献しなかったが、DVD ドライブでは市場を寡占して、イノベーションの収益化に貢献したことを示す。さらに、両者で違いが生じた要因が標準必須特許による暗黙の知財同盟の差異にあることを解明する。

1.2 国際標準化と標準必須特許

ネットワークやデータ記録媒体などの互換性が必要な製品分野では技術仕様の標準化が不可欠であり、今日では多数の製品が標準化の対象となっている。技術標準を製品に実装するために必須となる特許を標準必須特許と呼び、「標準化された技術仕様、即ち技術標準を製品に実装するために、必ず実施しなければならない特許、或いは、現実的な代替がない特許」と定義されている（Klein, 1999）。標準必須特許は、技術標準に準拠する製品に必須であり、特許権実施を個別に検証する必要がないため権利行使しやすい特許権である（知的財産研究所, 2017）。もし、標準必須特許のロイヤリティーが円滑に徴収できれば、標準必須特許から収益を得る可能性が高まる。その一方で、技術標準を広く普及させることを目的に、標準必須特許は、標準化団体が定めたパテントポリシーの FRAND（Fair, Reasonable And Non-Discriminatory）条項によって非差別的な実施許諾が義務づけられており（和久井, 2010）（経産省, 2012）（加藤, 2009a）、標準化活動に参画した特許権者は、自らの標準必須特許の独占排他権が大きく制約される。即ち、特許権者が非特許権者に実施許諾せず、独占実施して収益を得ることはできない。このように、標準必須特許には、技術標準の普及と収益性確保の微妙なバランスの問題が伴い、その典型的な事例が、本章で議論する DVD である。

DVD はハードウェアだけでピーク時に年間 $20,000M 規模の大きな市場を創出したイノベーションの顕著な事例である。しかし、研究開発と国際標準化を牽引して多数の標準必須特許を取得した企業がそれに見合う収益を得られなかった事例とする多数の報告がある（小川, 2004；善本・新宅・小川, 2005；新宅・小川・善本, 2006；小川, 2006)。これらの文献で、小川は、DVDについて標準化と製品モジュール化の観点から、研究開発と標準化を牽引した日本企業が市場シェアの獲得に失敗した原因や背景を分析している。また、善本・新宅・小川は、DVDドライブにおける国際協調を分析しており、さらに延岡・伊藤・森田（2006）はイノベーションで創出された価値の獲得が十分にできなくなった事例の始まりがDVDプレーヤーであると指摘している。

1.3　主要な論点

標準必須特許によるイノベーションの収益化への貢献とその要因を明らかにするために、事業の競争優位を達成できなかったDVDプレーヤーと、有力特許権者が市場を寡占し、標準必須特許が事業の競争優位とイノベーションの収益化に貢献したDVDドライブの2事例の比較事例研究を行う。議論を分かりやすくするために次の論点を設定する。

論点：DVDドライブ及びDVDプレーヤーで競争優位とイノベーションの収益化に、なぜ差異は生じたのか

2. 議論の進め方

特許権のイノベーションの収益化への貢献に関するCarnegie Mellon Survey等の既存の報告（Cohen, 2000）は、多数の企業にアンケート調査を行い、複数の競争要因の中で競争力に貢献した要因について回答を求めて、これを統計分析する方法を用いた。これに対して本書は、DVDプレーヤーとDVDドライブの2事例を対象に比較事例研究を行い、標準必須特許によるイノベーションの収益化への貢献を検討する。

比較事例研究は事例研究の1つの手法であると位置づけられている（Yin, 2009)。本章が、DVDプレーヤーとDVDドライブの比較事例研究という研究方法を採用した背景を述べる。DVDプレーヤーとDVDドライブは、第1に、両者とも、DVD国際標準とその実装に必須な標準必須特許を基礎に

した製品であり、第2に、両者の標準必須特許は、パテントプールを通じてライセンスされた点で類似性が高い。他方、DVDプレーヤーでは標準必須特許の有力特許権者が特許シェアに見合う市場シェアを獲得できなかったが、DVDドライブでは有力特許権者が市場を寡占した点で著しく異なる。このように、DVDプレーヤーとDVDドライブは類似点と相違点が顕著であるので、イノベーションの収益化の可否の要因を明らかにするには、両者の比較事例研究が効果的な議論の方法と考えられる。

以上を踏まえて、表3-1に示す7項目の比較項目について比較事例研究を実施した。比較項目1〜3の技術開発と国際標準化、標準必須特許の取得と特許ライセンス、市場規模推移は、DVDプレーヤーとDVDドライブの高い類似性を確認する。比較項目5の企業別市場シェアでは、DVDプレーヤーとDVDドライブではイノベーションの収益化の状況が大きく異なることを示す。低い市場シェアから高い社会的利益を得ることが困難であり、高

表3-1　DVDプレーヤーとDVDドライブの比較事例研究の比較項目

No.	比較項目名	比較の目的	記載節
1	技術開発と国際標準化	DVD技術開発と技術仕様の国際標準化のプロセスや結果を比較検討する	3.1
2	標準必須特許の取得と特許ライセンス	DVD標準必須特許の権利取得と特許ライセンスを比較検討する	3.2
3	製品市場規模の推移	プレーヤー/ドライブのそれぞれの世界市場規模（製品台数、金額規模）の推移を比較する	3.3
4	顧客の構成	顧客は個々の一般消費者個人か、企業かを確認する	3.4
5	市場参入企業と市場シェアの推移	市場参入した企業及び、企業の市場シェアを確認	3.5
6	技術標準の継続的拡張	技術標準の拡張と競争要因となりえたのかを比較検討する	3.6
7	標準必須特許のロイヤリティー支払	ロイヤリティーが競争要因であったかを検討する	3.7

出所：筆者作成

い市場シェアは、高い社会的利益の要因の1つであり、これを示唆するものである。また、企業が得る社会的利益を直接計測することは困難であるが、企業の市場シェアのデータを得ることは可能なので、イノベーションの収益化の達成状況の比較に市場シェアを用いる。比較項目4は、DVDプレーヤーとDVDドライブでは顧客が異なることを検討する。比較項目6技術標準の継続的拡張と項目7特許ロイヤリティー支払いは、DVDプレーヤーとDVDドライブでの顕著な差異を確認する。項目4、6、7は、イノベーションの収益化の格差の要因の候補である。

本章は公開・公刊されている各種のデータを活用し、公開されている情報では不十分な事項は、関係する当事者に直接ヒアリングを実施した。製造企業別の事業規模、参入企業数等は、光ディスク業界を専門とする調査会社が公刊した調査資料[3]を利用した。多くの場合では、標準必須特許の特定は容易ではない。しかし、DVD標準の場合、パテントプールが設置され、ほぼ全てのDVD標準必須特許をパテントプールが特許ライセンスを行い、公式HPで標準必須特許リスト、ライセンシーリストやプレスリリースを開示している。標準必須特許の特定やライセンスの実態を分析するために、これらを利用した。

3. DVDプレーヤーとDVDドライブの比較検討

本節は、表3-1に示した比較項目に沿ってDVDプレーヤーとDVDドライブの比較検討を行う。前述のように比較項目1～7は、技術開発からはじまり、製品化、市場の形成とシェアの推移といった、概ね時間軸に沿っているので、この順序で進めるのが分かりやすいと思われる。

3　株式会社ふじわらロスチャイルドリミテッドが刊行した調査報告書『光ディスクの成長シナリオ 1998年版～2008年版』『光ディスクの新成長シナリオ 2008～2013』『FRL　Qレポート 2000年4Q号～2013年4Q号』を利用した。この調査会社は1990年に、光ディスク産業の市場調査・コンサルティングを専門領域として設立された。定期的に調査報告書を発行している。長年にわたり光ディスク業界の各社がその報告書を利用している。

3.1 DVDの技術開発と国際標準化

光ディスクは音声、映像、コンピュータデータ等の情報の記録媒体として、異なる機器間のデータ移動に使われるため、その技術仕様の互換性が必須であり、光ディスク産業は国際標準化が梃子となって発展してきた。また、業界主要企業が採用する技術仕様が分裂せず、主要企業の合意形成による円滑な市場立ち上げを意図して国際標準化が進められた。その結果、研究開発と国際標準化が連動して進展し、DVDは多様な用途を想定して標準化され、広く普及した。

ハリウッド映画業界が要求する高画質・高音質と片面133分以上の収録時間、及び、コンピュータ業界が要求するAVとPC用の規格統一を目標に、新たな光ディスクの技術開発が進められた（小川, 2006）。当初は、DVDに先行するコンパクトディスク（CD）の技術方式をベースとするMulti Media Compact Discと、CDとの連続性にとらわれないSuper Density Discの2つの技術方式を巡って2つの企業グループが対立した。その後、両グループが合意して、1995年に東芝、松下電器産業（現パナソニック）、日立製作所、三菱電機、フィリップス、パイオニア、ソニー、トムソン、ワーナー、日本ビクターの10社がDVDコンソーシアムを構成して統一技術標準を策定し、DVD Specification for Read-Only Disc Version 1.0を1995年に発表し、1996年にこれを決定した。その後、DVDコンソーシアムは組織を改編して、1997年8月にDVDフォーラム[4]となり、10社以外にDVD関連製品の事業化を目論む多数の企業を糾合して、国際標準化とその応用製品の普及を推進した（小川, 2006）。DVD Specification for Read-Only Discは、DVDプレーヤーとDVD-ROMドライブ、及び、これらの機器で再生するメディア（DVDディスク）の実装に必要な技術標準であるが、その後、記録や書き換えが可能なDVDメディアと記録型DVDドライブに必要な技術標準が、順次追加された。こうして、DVD技術標準は、16製品カテゴリーを包含するものとなった[5]。

4　1997年12月の第1回総会には122社が参加。DVDコンソーシアムの標準化活動を引き継ぐと共に、技術標準のテスト仕様の策定や標準に基づく製品の認証など、DVD標準の製品化を推進した。この為に、DVDに関連する多数の企業がDVDフォーラムに加入した。

DVDプレーヤーとDVDドライブは別の製品であるが、同じ技術標準体系に含まれる製品である。

3.2　標準必須特許の取得と特許ライセンス

DVDコンソーシアムを形成して標準化を主導した企業が標準必須特許の取得を主導し、それらを効率的にライセンスして市場創出を加速するため、パテントプールの設立を図った。しかし、ライセンス収入の配分を巡って対立し、東芝、パナソニック等が参加するDVD6Cライセンスグループと、フィリップス、ソニー、パイオニア等が参加するDVD3Cの2つのパテントプールが1998年に設立された（長岡，2002）。DVD技術標準に準拠する製品群は、DVDプレーヤー、DVD-ROMドライブ、記録型DVDドライブ、DVD-ROMディスク等であり、2つのパテントプールは、これらの製品カテゴリーごとに標準必須特許をライセンスした。

各々のパテントプールは実施許諾する特許を特定するために、技術標準に精通した弁護士を任命して、ライセンスする標準必須特許を認定した（Klein, 1999）。これは、技術標準の実装に必須ではない特許群を標準必須特許と抱き合わせでライセンスすることを回避するために、各国の競争法当局が、パテントプールのライセンス対象特許を標準必須特許に限定することを原則としているためである（加藤，2009c）。各々のパテントプールは認定した標準必須特許を各々のホームページで公開した。このパテントプールによる認定制度によって、標準必須特許の全体像を容易に知ることができる。[6]

5　DVD6C Licensing Groupは次の16製品カテゴリーに区分して特許ライセンスした。DVD-Video Player, DVD-Audio Player, DVD-ROM Drive, DVD-ROM Disc, DVD-Video Disc, DVD-Audio Disc, DVD Decoder, DVD Video Recorder, DVD（Recordable Disc）Drive, DVD Encoder, DVD-R Disc, DVD-RW Disc, DVD-RAM Disc, Recordable Disc Case, +R Disc, +RW Disc　（出所：DVD6C Licensing Group 公式ホームページ）

なお、DVD6C Licensing Groupは、現在は解消されている。16製品カテゴリーでライセンスされていたことは、例えば、代表幹事企業であった東芝の2010年9月1日のプレスリリースから分かる。https://www.global.toshiba/jp/news/corporate/2010/09/pr0101.html （アクセス日：2023年10月8日）

6　標準必須特許以外にも、製品化で実施する特許は存在した。例えば、光ピックアップの光学系特許や、光ピックアップの懸架機構に関する特許などがその事例である。これらの相当部分は、光ピックアップ等がキーデバイスとして供給されたことにより、特許対策を回避できたと思われる。

表 3-2　DVD 標準必須特許の特許権者別件数

(1) DVD6C グループの特許件数

企業名	単独特許	共有特許	合計件数	特許シェア
★日立製作所	872	27	899	8.3%
★ JVC	1,137	0	1,137	10.5%
★三菱電機	617	37	654	6.0%
★パナソニック	2,652	599	3,251	29.9%
サムソン	539	0	539	5.0%
三洋	40	0	40	0.4%
シャープ	86	0	86	0.8%
★東芝	2,373	543	2,916	26.8%
★ワーナー	1,352	0	1,352	12.4%
合計	9,668	1,205	10,873	100.0%

DVD コンソーシアムの構成企業を★で示す
出所：2011 年 7 月に DVD6c ライセンスグループ web site が掲載した全世界の特許リスト

(2) DVD3C グループの特許件数

企業名	単独特許	共有特許	合計件数	特許シェア
★フィリップス	3,077	0	3,077	51.0%
★パイオニア	1,916	0	1,916	31.8%
★ソニー	964	0	964	16.0%
LG 電子	49	0	49	0.8%
HP	22	0	22	0.4%
合計	6,028	0	6,028	100.0%

DVD コンソーシアムの構成企業を★で示す
出所：2008 年 4 月に DVD3cweb site が掲載した全世界の特許リスト

表 3-2 は、パテントプールが実施許諾した特許権者別の特許件数を示す[7]。DVD6C ライセンスグループでは、日立製作所、日本ビクター（JVC)、

7　ライセンス対象候補となる特許は各国特許庁における新規登録、特許権の分割などの権利取得手続きの進行に伴い変動し、さらに、各特許権者からのパテントプールへの申請と特許弁護士

表3-3　DVD6Cの特許ロイヤリティー表（抜粋）

製品カテゴリー	ロイヤリティー
DVDビデオプレーヤー	次の内で高額の方； （ｉ）販売価格の4%（但し、上限がUS＄8.00/プレーヤー） （ii）US＄4.00/プレーヤー
DVD-ROMドライブ	次の内で高額の方； （ｉ）販売価格の4%（但し、上限がUS＄8.00/ドライブ） （ii）US＄4.00/ドライブ
DVD（記録型ディスク）ドライブ	次の内で高額の方； （ｉ）販売価格の4%（但し、上限がUS＄8.00/ドライブ） （ii）US＄6.00/ドライブ

出所：DVD6Cライセンスグループのweb siteから抜粋作成した

三菱電機、パナソニック、東芝、ワーナーの6社がプール全体の93.8%を占める。DVD3Cでは、フィリップス、パイオニア、ソニーの3社が98.8%を占める。2つのライセンスプールを総合すると、ライセンスされた標準必須特許のうちDVDコンソーシアムを構成し標準化を主導した9社が全体の95.7%を保有している。

2つのパテントプールは独立して特許ロイヤリティーを設定したため、ライセンシーは2つのパテントプールにロイヤリティーを支払う必要があった。表3-3に、DVD6Cライセンスグループのロイヤリティー表の一部を示す。（ｉ）製品単価の一定比率、（ii）絶対額のうち高額の方をロイヤリティーとする計算方法である。製品単価が一定以下になると、ロイヤリティーは固定額となった。DVD3Cも、ほぼ同様のロイヤリティー体系を採用した。

このようにパテントプールは2つに分裂したが、各パテントプールは、類似のスキームとロイヤリティー料によって、該当する標準必須特許をライセンスした。

による認定の進行などにより、実際にライセンスされる特許権、特許件数は変動する。表3-2に示す特許件数は、出所に記した時点での公開された件数である。

3.3　製品市場規模の推移

最初のDVD技術標準準拠の機器はDVDプレーヤーであり、1996年に日本、1997年に米国で上市された。DVDディスクが小型・高画質であり、ハリウッド映画会社が経営戦略でDVDを映画流通チャネルの1つと位置づけたことで、DVDプレーヤー市場は順調に拡大した。図3-1（a）にDVDプレーヤーの台数の推移を、図3-1（b）に金額規模の推移示す。図3-1（b）が示すように、DVDプレーヤー市場の金額規模は2005年に$8,900Mでピークを迎え、その後は製品単価の下落により減少するが、図3-1（a）に示すように、台数は2005年以降も13000万台水準の高原状態を継続した。市場規模は、2011年で$4,200M、2012年で$3,200M水準となった。

DVD技術標準はデータ記録方式も標準化したので、パーソナルコンピュータの記録媒体としても広く普及した。DVDを記録媒体とするコンピュータ周辺機器がDVDドライブである。2002年のWindows XPリリース以降はDVD対応パソコンが増大した。2007年のWindows VistaのリリースでソフトウェアＰ供給媒体がCDからDVDに切り替わったため、新製品パソコンは全てDVDドライブを搭載するか、外部機器としてDVDドライブに対応した。なお、DVDドライブには、読み出し機能のみのDVD-ROMドライブと、書き込み可能な記録型DVDドライブの2種類がある。本書はまとめてDVDドライブと記述する。

DVDドライブ搭載パソコンの増大により、図3-1（b）に示すようにDVDドライブの金額規模は2005年に$9,000Mを超えてピークを迎え、その後は製品単価の下落により金額規模は減少する。しかし、図3-1（a）が示すように、台数規模は増加を続け、2010年に33,340万台のピークを迎え、その後も同水準を維持した[8]。

図3-1の市場データが示すように、DVDプレーヤーもDVDドライブも、非常に大きな市場を形成し、イノベーションの典型的な事例であることが分かる。また、DVDプレーヤーとDVDドライブの市場規模とその推移は類

8　DVDドライブと技術的には類似で、DVDプレーヤーに組み込まれて利用されるデバイスが存在したが、本章が対象とするDVDドライブの数値には、これは含まれない。

図 3-1 (a)　DVD プレーヤーと DVD ドライブの台数市場規模の推移

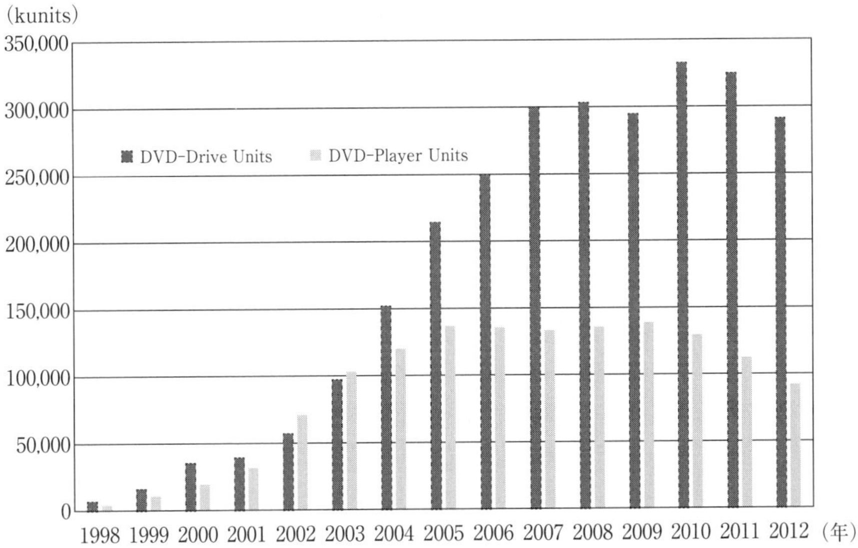

図 3-1 (b)　DVD プレーヤーと DVD ドライブの金額市場規模と平均製品単価の推移

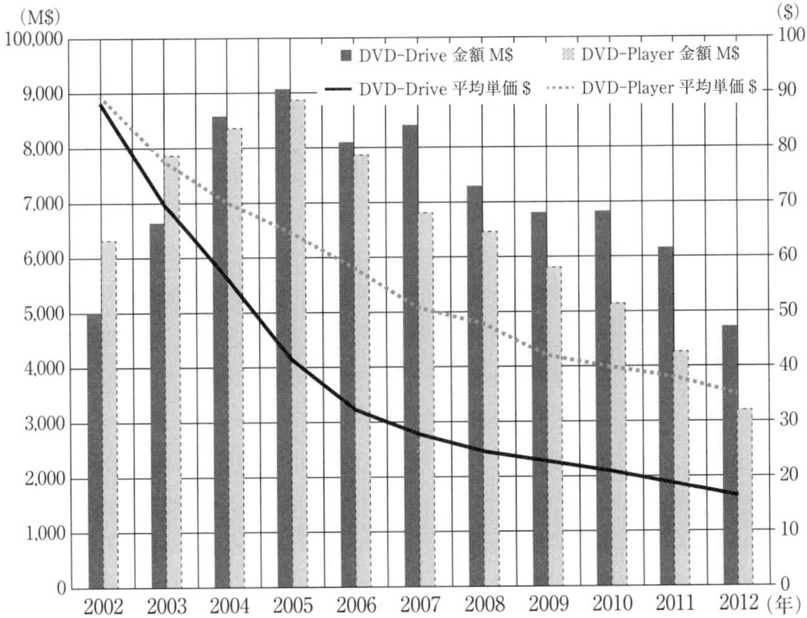

出所：ふじわらロスチャイルドリミテッド社刊「光ディスクの成長シナリオ 1998 年版～2008 年版」「光ディスクの新成長シナリオ 2008～2013」「FRL　Q レポート 2000 年 4Q 号～2013 年 4Q 号」から作成した。以下、図 3-2，3，4，6，7，8 の出所も同様である。

似しており、市場規模の拡大に伴い製品単価が低下するという同様の傾向にあった。

3.4　顧客の構成

DVDプレーヤーとDVDドライブは販売先の顧客が異なった。DVDプレーヤーは、一般消費者が映画などのAVコンテンツを視聴するために使用する製品であり、流通業者を介して一般消費者個人に販売された。

これに対してDVDドライブはDVDメディアをコンピュータデータの記録媒体として利用するための機器であり、大部分はパソコン内蔵ドライブ又は外づけDVDドライブの用途で出荷された。表3-4にDVDドライブの流通チャネル別の出荷台数の調査結果を示し、以下で、その内容を検討する。表3-4はDVDドライブの総出荷台数がピークを迎えた2005年と2007年のデータを示している。パソコン内蔵用としてパソコンメーカにOEM供給された比率が、2005年で83.2%、2007年で83.9%である。パソコンに外部から接続する外づけDVDドライブを製造・販売する周辺機器メーカ[9]向け出荷は、2005年で13.2%、2007年で12.7%である。周辺機器メーカは購入したDVDドライブにパソコンとのインタフェース回路等を組み合わせて筐体

表3-4　DVDドライブの流通チャネル別出荷台数

チャネルの分類	2005年台数（百万台）	同比率（%）	2007年台数（百万台）	同比率（%）
パソコン用OEM	233.26	83.2	266.88	83.9
外づけ光ディスク用	36.90	13.2	40.65	12.7
Publisher/Changer用	0.104	0.03	0.098	0.03
企業向け合計		96.4		96.7
PC内蔵用店頭出荷	10.123	3.6	10.551	3.3
合計台数	280.387	100	318.176	100

出所：ふじわらロスチャイルドリミテッド社の調査による

9　周辺機器専業メーカとしてバッファロ，アイ・オー・データ機器等があり、パソコンメーカブランドとしてヒューレット・パッカード、東芝、NEC、パナソニック、Apple社等がある。

に組み込み、電源とともに外づけDVDドライブとして市場に供給した。少量であるが、ディスクパブリッシャー、チェンジャーに組み込むDVDドライブが出荷されている。光ディスクのデータ書き込みとレーベル印刷を行う機器をパブリッシャー、レーベル印刷機能がないものをチェンジャーと呼んでいる。これらのメーカ[10]向けに少量のDVDドライブが出荷されている。以上が、企業向け出荷である。これ以外が、一般消費者が個人で組み立てるパソコン用、或いは、パソコン購入後に増設するためにDVDドライブが単独で一般消費者に販売された。その比率は低く、その他の流通量を含めても、2005年で3.6%、2007年で3.3%であった。以上のとおり、表3-4に示したデータによって、96%以上のDVDドライブはパソコンメーカやパソコン周辺機器メーカなどの製造企業に出荷されたことが分かる。

DVDプレーヤーが流通業者を介して一般消費者に販売されたことに対して、DVDドライブは製造企業に販売されたことが特許ロイヤリティー徴収に影響することを、以下の3.7で検討する。

3.5　市場参入企業と市場シェアの推移

市場に参入したが市場退場した企業群と、事業継続した企業群を対比して、両者の違いを比較検討する。

3.5.1　DVDプレーヤー市場の参入企業

DVDプレーヤー市場の参入企業を検討する。企業別の製造台数シェア推移を把握するために、図3-2に製造企業別の台数シェアの推移を図示する。このグラフでは、ソニー、パナソニック、東芝等の有力特許権者企業のシェアは黒枠をつけて、それ以外との区別を分かりやすく表示した。これらの有力特許権者企業は、市場黎明期には高い市場シェアを獲得した。その後、DVDコンソーシアムのメンバーではないサムスン、LG電子が市場に参入し、上位企業に相当するシェアを占めた。その後、多数の中国、台湾メーカが市場参入した。中国、台湾メーカは図3-2の「その他」に含まれるが、

10　エプソン、リマージュ等が製造・販売している。

2002年46%、2005年で57%、2010年80%に達した。400社以上が市場参入したとの見解もある。

これに伴い、標準必須特許を多数保有する企業の市場シェアは減少を続け、金額で最大市場規模となる2005年には存在感を失っている。この点について、技術開発や国際標準化で先行して得た特許が市場競争に貢献しなかったとして多くの文献が報告している（小川，2004；善本・新宅・小川，2005；新宅・小川・善本，2006；小川，2006）。

3.5.2　DVDドライブ市場の参入企業

次に、DVDドライブの参入企業を検討する。複数の有力特許権者が製造コスト低減のために製造子会社を設立した。日立製作所とLG電子は、2000年に合弁子会社Hitachi LG Digital Storage（HLDS）社を設立し、主に韓国で製造した[11]。東芝とサムスンも2004年に生産子会社Toshiba Samsung Storage Technology（TSST）を設立して主に韓国で製造した[12]。フィリップスは、BenQ社と子会社を2003年に設立し、さらにこの事業と台湾企業Lite-On社とで合弁子会社Philips Lite-On Digital Storage（PLDS）社を2007年に設立して、主に台湾で製造した（新宅，2005）。ソニーは2004年からLite-On社と光ディスクドライブを開発してきたが、これを解消して2006年にNECと合弁でソニーNECオプティアーク（SONY-NEC Optiarc Inc.）を設立し、2008年にはNECが保有する株式をソニーが取得して、ソニーオプティアーク（SONY Optiarc Inc.）となった。パナソニックはグループ子会社である松下寿電器、九州松下電器がDVDドライブを製造したが、その後、これらを統合して、DVDドライブ製造をパナソニックプレシジョンデバイス株式会社（PPRD：Panasonic Precision Device Co., Ltd）に集約した。親会社がこれらの子会社の過半の株式を保有したので、親会社の

11　日立製作所ニュースリリース平成12年10月5日「日立とLG電子が光ディスクドライブの合弁会社設立に合意」http://www.hitachi.co.jp/New/cnews/0010/1005/（アクセス日：2023年10月8日）

12　東芝ニュース&トピックス「光ディスク装置事業に関する事業統合会社の概要について」2004年1月13日 http://www.toshiba.co.jp/about/press/2004_01/pr_j1301.htm（アクセス日：2023年10月8日）

特許の実施権や親会社が他社と特許契約を締結して得た特許の実施権が子会社に及んだ。これ以降は、特許権を保有する親会社と製造を担当する子会社のそれぞれに言及して検討を進める。

図3-3に企業別台数シェアの推移を示す。市場参入した企業の変化を分析するために、図3-3の市場シェアデータでその他の企業数を除く企業数の推移を図3-4に示した。図3-3から分かるようにその他（図中のOther）企業のシェアは少なく、多い年でも1%に満たないので、その他企業の数を除いても本章の議論に影響しない。前述のように、有力特許権者は、最初は自社でDVDドライブを生産し、その後、生産子会社を設置して生産を移管していった。図3-3のグラフでは、当初の生産を担った有力特許権者の企業名と、その後の生産を担った生産子会社の名称が登場するが、これらの市場シェアに黒枠をつけて、それ以外との区別を分かりやすく表示した。図3-4は、DVDドライブの内、ROMドライブの参入企業、記録型ドライブの参入企業及び全カテゴリー製品への参入企業数が分かるように示した。図3-3及び図3-4が示すように、市場規模の拡大に伴い、DVDドライブ市場に参入する企業数が拡大し、2004年には24社にまで拡大した。その後、2005年から2008年までの間に、多数の企業が市場から撤退した結果、事業継続した企業数は2008年以降、8社程度で推移している。このように、多数の企業が一旦は市場参入したが、その後、撤退したことが分かる。

最終まで市場に留まった8社の中で、標準必須特許の有力特許権者の製造子会社5社、即ち、TSST、HLDS、PLDS、PPRD、ソニーオプティアークの5社で市場のほとんどを占有している。Quantum System Inc.（QSI）はパナソニックの生産委託で製造しており、特許制度が認めるhave made権によりパナソニックの特許実施権が及んでいた。これを含めると、5社で市場の97%を寡占したことになる。

以上の検討から、標準必須特許の有力権利者企業の市場シェアがDVDプレーヤーとDVDドライブでは著しく異なることが分かる。従来の多くの報告が論じたように、DVDプレーヤーでは、標準必須特許の有力権利者企業は、市場創成期を除くと標準必須特許のシェアに相応しい市場シェアを獲得できず、事業の競争優位は達成されなかった（小川，2004；善本・新宅・小

図 3-2　DVD プレーヤーの製造企業別市場シェアの推移

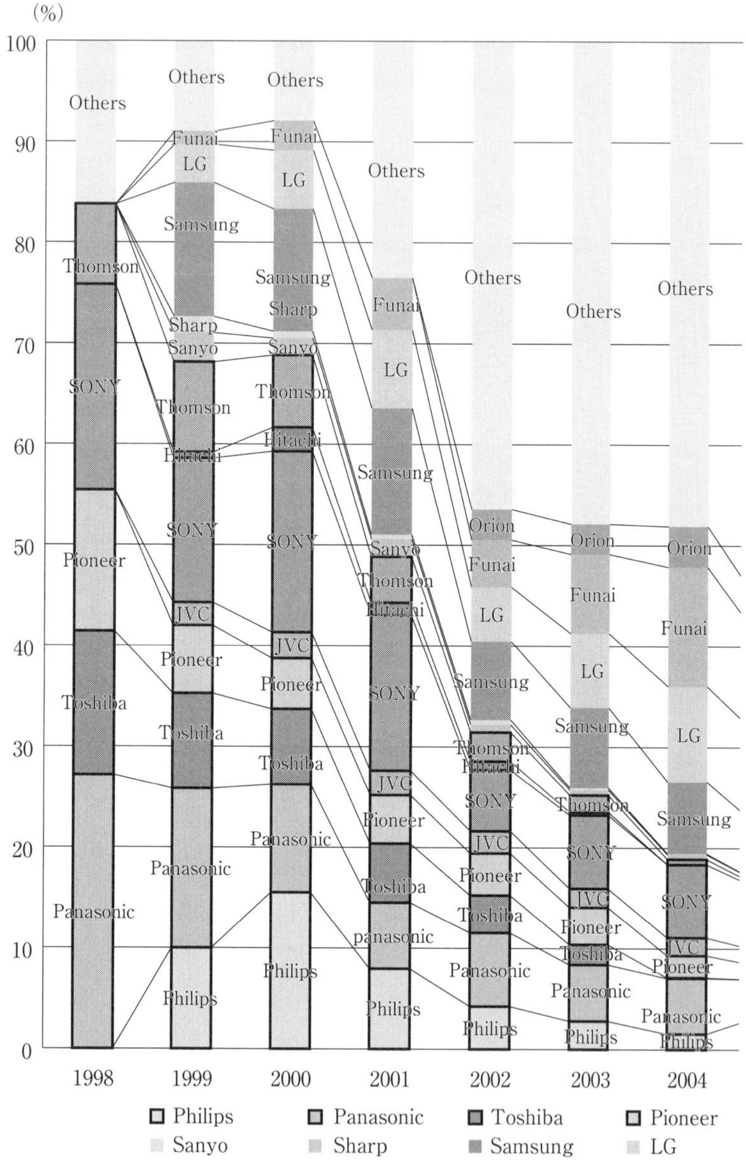

出所：図 3-1 の出所と同じ

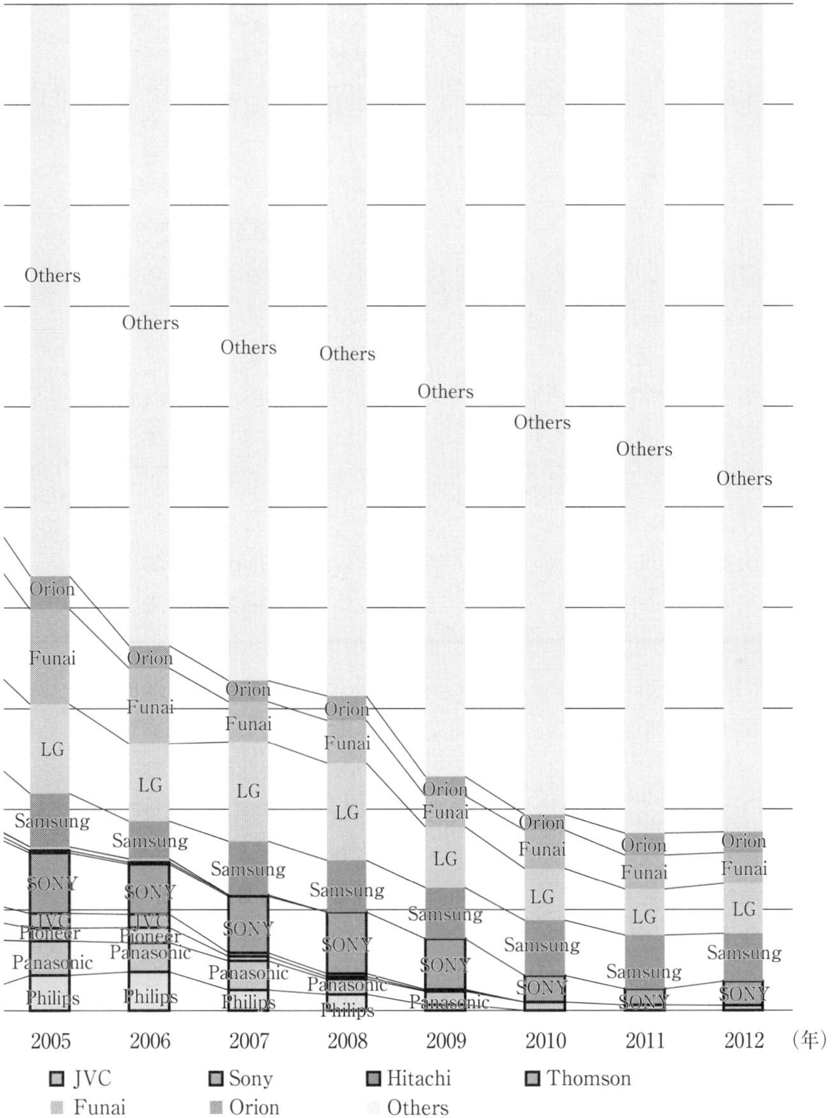
Others
Orion
Funai
LG
Samsung
SONY
JVC
Pioneer
Panasonic
Philips
2005
2006
2007
2008
2009
2010
2011
2012
（年）
JVC
Sony
Hitachi
Thomson
Funai
Orion
Others

図 3-3　DVD ドライブの企業別生産台数シェアの推移

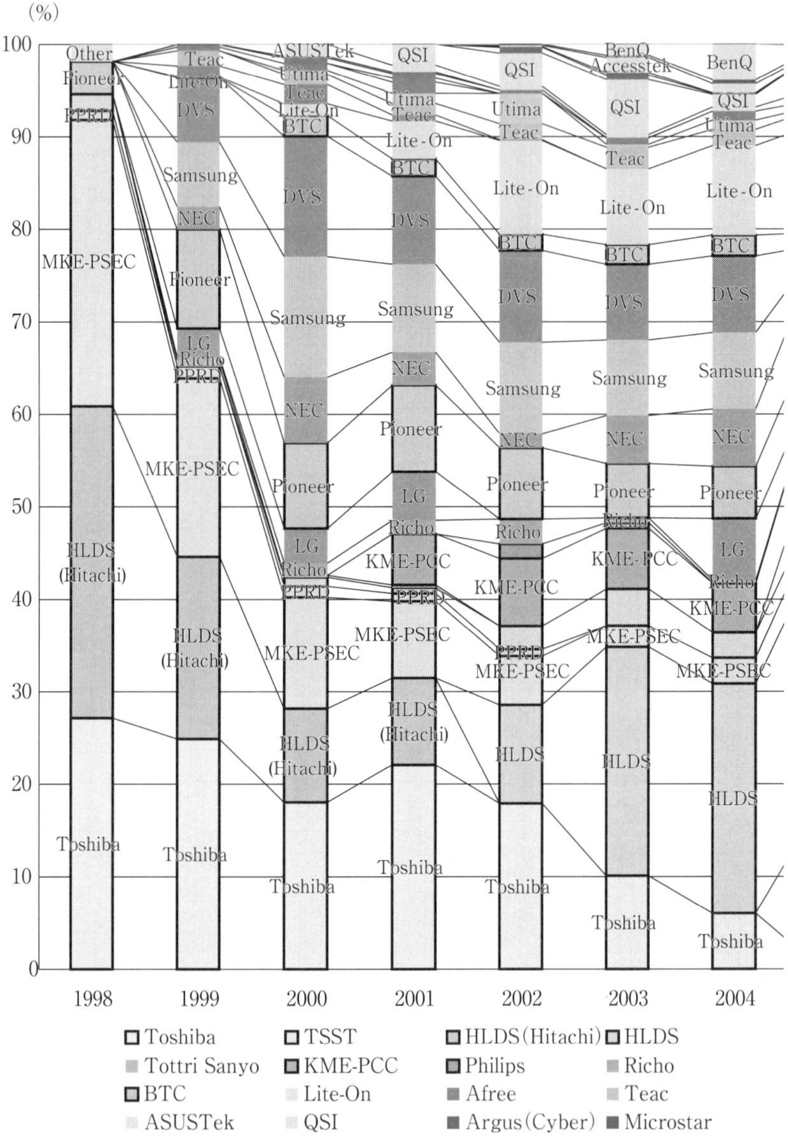

出所：図 3-1 の出所と同じ

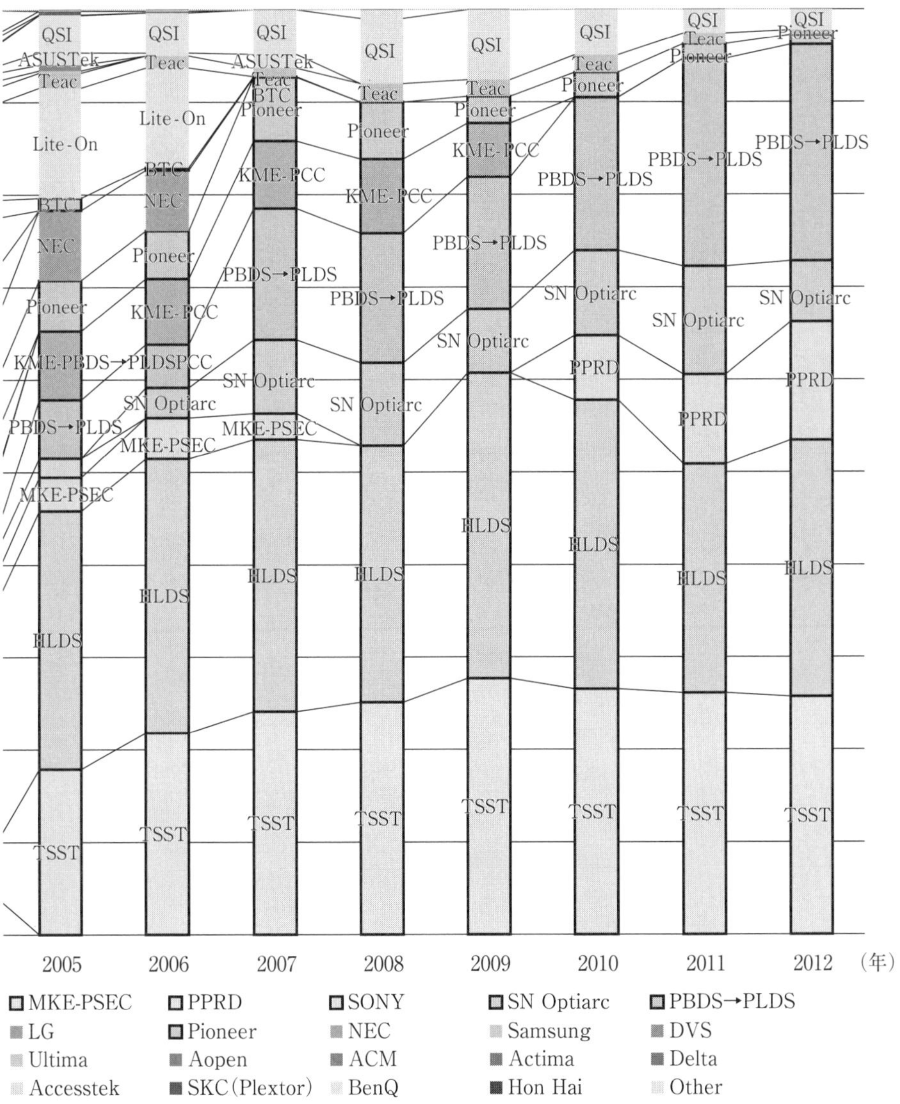

QSI
ASUSTek
Teac
Lite-On
BTC
NEC
Pioneer
KME-PBDS→PLDSPCC
PBDS→PLDS
MKE-PSEC
HLDS
TSST
QSI
Teac
Lite-On
BTC
NEC
Pioneer
KME-PCC
SN Optiarc
MKE-PSEC
HLDS
TSST
QSI
ASUSTek
Teac
BTC
Pioneer
KME-PCC
PBDS→PLDS
SN Optiarc
MKE-PSEC
HLDS
TSST
QSI
Teac
Pioneer
KME-PCC
PBDS→PLDS
SN Optiarc
HLDS
TSST
QSI
Teac
Pioneer
KME-PCC
PBDS→PLDS
SN Optiarc
HLDS
TSST
QSI
Teac
Pioneer
PBDS→PLDS
SN Optiarc
PPRD
HLDS
TSST
QSI
Teac
Pioneer
PBDS→PLDS
SN Optiarc
PPRD
HLDS
TSST
QSI
Pioneer
PBDS→PLDS
SN Optiarc
PPRD
HLDS
TSST
2005
2006
2007
2008
2009
2010
2011
2012
（年）
MKE-PSEC
PPRD
SONY
SN Optiarc
PBDS→PLDS
LG
Pioneer
NEC
Samsung
DVS
Ultima
Aopen
ACM
Actima
Delta
Accesstek
SKC(Plextor)
BenQ
Hon Hai
Other

図 3-4　DVD ドライブ市場への参入企業数

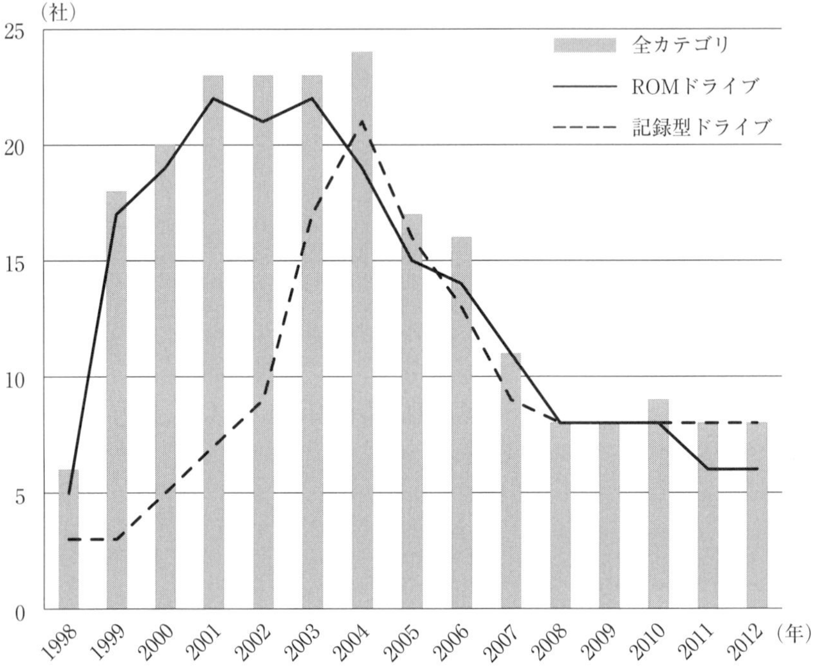

出所：図 3-1 の出所と同じ

川，2005；新宅・小川・善本，2006；小川，2006；延岡・伊藤・森田，2006)。これに対して、DVD ドライブでは、標準必須特許の有力権利者企業 5 社が、最終的に特許シェアに連動した市場シェアを獲得して、市場を寡占したことが分かる。

3.6　技術標準の継続的拡張

再生専用型ディスクに関する技術標準である“DVD Specification for Read-Only Disc”が 1996 年に決定され、DVD プレーヤーはこれに基づいて製品化された。その後、DVD プレーヤーに関する物理規格の追加や改訂はなかった。

これとは対照的に、DVD ドライブでは、光記録の技術方式とディスクフォーマットの違いから5種類のディスクが存在することになった。記録型DVDは1997年に策定された第一世代のDVD-R、DVD-RAMから始まり、その後、大容量化技術の開発を反映して、1999年から2000年にかけて第二世代の記録容量4.7GBのDVD-R、DVD-RW、DVD-RAMが標準化された。データ記録に用いるDVDドライブは記録メディアとのデータ転送速度が高速化されると、データの記録・読み出し時間が短縮され、使い勝手が向上する。この要求に応えるため、2002年に、DVD-RWの2倍速、DVD-Rの3倍速が標準化され、その後も、4倍速、6倍速、8倍速と記録速度を高速化する技術標準が、2008年まで毎年のように策定された。このような技術標準の継続的拡張の事例としてDVD-R規格の拡張を図3-5に示す。

さて、ここからは以上で述べた技術標準の継続的な追加がDVDドライブ製造企業の開発負担を増加させた可能性と、記録型DVDに必要なwrite strategyがDVDドライブ製造企業の開発負担を拡大させた可能性を検討しよう。記録型DVDは、光ピックアップから照射するレーザ光で記録層に最少0.3μm以下の微小な記録マークを形成することでデータを記録する。記録層に正確に記録マークを形成するには、書き込み中にレーザ光出力を微妙に制御する必要がある[13]。この制御パターンはwrite strategyと呼ばれ、レーザ光による記録層の変化特性や光ピックアップのレーザ発光素子の出力特性の物理特性に依存する、いわゆる擦り合わせ技術である。記録材料の特性も光ピックアップの特性もそれぞれのメーカごとに異なるので、両者の組合せごとに最適なwrite strategyを開発してDVDドライブに実装する必要があった。記録速度を高速化する新たな技術標準のリリースごとに上記の物理特性を計測しwrite strategyを開発することは、製造企業の負担増となりえる。この様に、記録型DVD技術標準の継続的拡張に伴って発生するwrite strategy開発がDVD技術の開発力に乏しい企業に高負担となり、市場撤退を促した可能性がある。

しかし、新宅・小川・善本（2006）が報告しているように、DVDドライ

13　DVD記録メディアへのデータ記録は、記録層に照射したレーザ光により、記録材料の屈折率や形状などの物理的特性の変化を利用して記録マークを形成して記録する。記録マークの形成は、記録速度、メディアの記録材料特性、及び、レーザ発光素子の出力特性に依存する。

図 3-5　DVD-R 規格の継続的拡張

DVD-R for General Book	
Part1: Physical Specifications Version 2.0	2000 年 5 月
Part1: Physical Specifications Version 2.0_1	2000 年 9 月
Part1: Physical Specifications Version 2.1	2005 年 4 月
Optional Specifications: 4x-Speed DVD-R Revision 1.0	2002 年 8 月
Optional Specifications: 4x-Speed DVD-R Revision 4.0	2004 年 6 月
Optional Specifications: 6x-Speed DVD-R Revision 2.0	2003 年 11 月
Optional Specifications: 6x-Speed DVD-R Revision 2.0_1	2005 年 4 月
Optional Specifications: 8x-Speed DVD-R Revision 3.0	2003 年 11 月
Optional Specifications: 8x-Speed DVD-R Revision 3.0_1	2005 年 4 月
Optional Specifications: 2x-Speed DVD-R Revision 4.0	2004 年 6 月
Optional Specifications: 12x-Speed DVD-R Revision 5.0	2004 年 9 月
Optional Specifications: 16x-Speed DVD-R Revision 6.0	2004 年 9 月
Part 2: File System Specifications Version 2.0	2000 年 9 月
Part 2: File System Specifications Version 2.1	2000 年 9 月
Optional Specifications: DVD CPRM Downloadable Video Revision 1.0	2007 年 2 月
Optional Specifications: UDF Revision 2.50 based File System Revision 1.0	2008 年 1 月

出所：ふじわらロスチャイルド社調査による

ブでも、基幹部品である光ピックアップやシステム LSI が供給され、製品のモジュール化（青木・安藤, 2002）が進行し、write strategy は DVD ドライブ用 LSI チップセット内に実装されて供給された。この流れは CD-R/RW 用 LSI で始まり、DVD ドライブでは、光ピックアップメーカとシステム LSI メーカが協業して write strategy を組み込んだ光ピックアップとシステム LSI のセットを開発し、擦り合わせ技術も基幹部品として供給された。この点を、基幹部品の供給データで確認する。図 3-6 に DVD ドライブ用光ピックアップの生産個数の推移を示す。上位 2 社の三洋、日立メディアエレクトロニクスで市場のほとんどを占めることが分かる。図 3-3 が示すように、これら 2 社は DVD ドライブを製造せず、光ピックアップは DVD ドライブ製造企業に供給されたと考えられる。図 3-7 に DVD ドライブ用システム LSI の生産個数の推移を示す。上位 2 社の Media Tek 社とルネサスがシステム LSI 外販市場を寡占した。図 3-3 が示すように、これらの企業は DVD ドライブを製造せず、製造したシステム LSI は、DVD ドライブ製造

図 3-6　DVD ドライブ用光ピックアップの生産個数推移

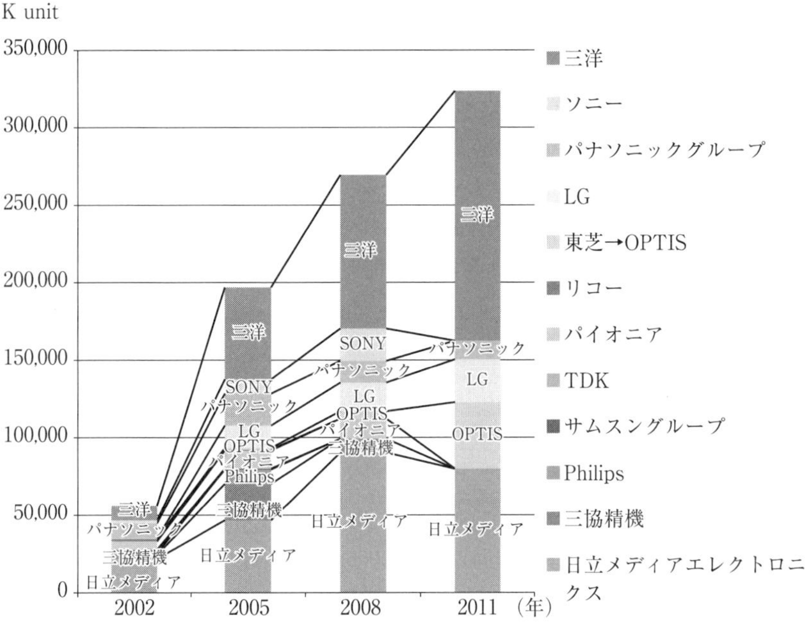

出所：図 3-1 の出所と同じ

企業に供給されたと考えられる。

以上の検討から、技術標準の継続的拡張とこれに対応する擦り合わせ技術である write strategy は、基幹部品に組み込んで供給されることにより DVD ドライブ製造企業の開発負担とはならず、市場撤退を促した要因ではないことが分かった。

3.7　標準必須特許ロイヤリティー支払

本節は、標準必須特許のロイヤリティー支払の影響を検討する。

3.7.1　DVD プレーヤーのロイヤリティー支払

DVD プレーヤーでは、中国製造企業等からのロイヤリティー徴収が困難であったと言われている（小川，2006b）。ただし、DVD プレーヤー製造企

図 3-7　DVD ドライブ用システム LSI の生産個数推移

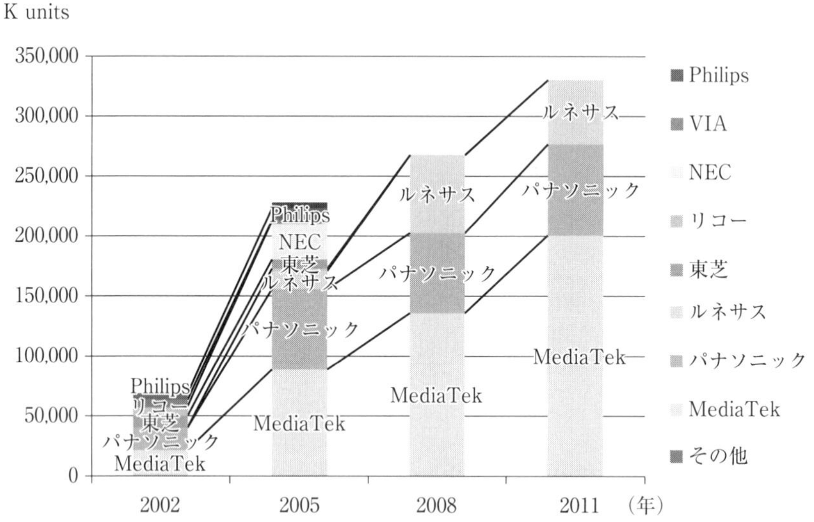

出所：図 3-1 の出所と同じ

業がロイヤリティーを支払わない場合、特許権者は、DVD プレーヤーの流通業者、例えば、DVD プレーヤーの輸入業者にロイヤリティーを請求することができる。その法的根拠は、各国の特許制度が、製品で実施される特許のロイヤリティーを、製品の製造企業、或いは、製品の流通業者のいずれか一方に請求することを認めているためである。では実際に、DVD プレーヤーの流通業者からロイヤリティーを徴収できたのであろうか。これらの状況を確認するために、DVD 有力特許権者企業で DVD 標準必須特許のライセンス実務を担当した経験者にインタビューし、以下の①～④を確認した。

① DVD6C では、世界を複数の地域に分けて、DVD6C を構成する企業の中から各地域を担当する地域エージェント企業と全体を統括するジェネラルエージェント企業を設定してライセンス実務を行った。特許ライセンス契約交渉は、地域エージェント企業が担当し、ロイヤリティー徴収はジェネラルエージェント企業を中心に行った。中国製造企業との特許

ライセンス交渉は、地域エージェント企業の尽力により、当該国の代表として政府機関Ministry of Information and Industryとその傘下のChina Audio Industry Associationが窓口となって交渉した。その結果、China Audio Industry Associationに所属する製造企業約100社と契約した。その後も、地域エージェント企業は未契約であったその他の製造企業とのライセンス契約交渉を進めた。

② DVD6cは、当初、順調にロイヤリティー徴収が進むのか見通しが不明瞭であったが、有力特許権者以外で市場参入した製造企業からの徴収が順調に始まった。

③これに対して、中国製造企業からのロイヤリティー徴収は、集計されるライセンス実施台数が過少申告され、実際に製造・販売された台数に比して少ない台数でロイヤリティーが支払われた。DVD6Cは、ロイヤリティー徴収率向上の努力を継続し、中国政府による取締りも強化されていった。それにもかかわらず結果的に、推定される製造台数から算定されるロイヤリティーに対して、概ね10%程度しか徴収されなかった。但し、この傾向は、DVDに限定した事象ではなく、同時期に進行した別の標準必須特許のライセンスプールでも類似の傾向にあり、中国製造企業からのロイヤリティー徴収は困難であった。

④ DVDプレーヤーのような家電製品では、製品に実施される特許のロイヤリティーは製造企業が支払う商習慣となっていたので、流通業者がロイヤリティーを支払うことも、製造企業に特許保証を求めることもなかった。しかし、中国製造企業からのロイヤリティー徴収が進まない状況をみて、DVD6Cは2005年頃から米国や日本の市場向けにDVDプレーヤーを輸入する輸入業者からロイヤリティーを徴収する取組を開始した。米国市場への輸入業者とのライセンス交渉は成功しなかった。国内市場に輸入する輸入業者3社からロイヤリティー徴収に成功するが、既にその頃には、有力特許権者の市場シェアは大きく損なわれていた。例えば、A社からロイヤリティー支払いが始まったのは、2010年代前半であった。そして、有力特許権者が劣勢を挽回するには至らなかった(図3-2参照)。

表 3-5　ライセンス契約解除に関する DVD6C の発表の例

発表時	内容
2005 年 1 月 12 日	中国ライセンシー GVG と Norcent とのライセンス契約を終結した
2005 年 11 月 1 日	Citron Electronic Co., Ltd とのライセンス契約を終結した
2007 年 8 月 2 日	Chaoyue（Jinangsu）Digital Co., Ltd とのライセンス契約を終結した
2007 年 8 月 12 日	Shenzhen AKI Digital Electrical Appliance Co., Ltd とのライセンス契約を終結した

出所：DVD6CLicensing Group News（http://www.dvd6cla.com/news.htlm）（アクセス日：2023 年 10 月 8 日）から抜粋

さらに、パテントプールの発表や報道によると、ロイヤリティー不払い企業に対する法的措置や、ライセンス契約停止の発表が多数みられる。例えば、2007 年 4 月 9 日東芝と東芝アメリカ家電社は、中国・香港企業 17 社が DVD 標準必須特許の契約をせずに米国に DVD プレーヤー、DVD レコーダ等を輸出したとして、米国国際貿易委員会（ITC：International Trade Commission）に提訴している[14]。また DVD6C ライセンスグループのプレスリリースには、ライセンス契約解除の発表が多数みられる。これは、ロイヤリティー不払に対抗する措置である。プレスリリースの一部を表 3-5 に示す。

このようにして、中国製造企業は、実質的にロイヤリティー支払いの相当部分を回避した。

3.7.2　DVD ドライブのロイヤリティー支払

これに対して、DVD ドライブは特許ライセンスの状況が異なり、ロイヤリティー未払いの事業を継続することが困難であったと考えられる。その理由は、第 1 に、3.4 で述べたように、大部分の DVD ドライブはパソコンに内蔵されるか外づけ DVD ドライブに組み込まれるので、DVD ドライブの

14　東芝ニュース＆トピックス「DVD 関連特許侵害を理由とした米国輸入差止請求及び提訴について」2007 年 4 月 9 日　http://www.toshiba.co.jp/about/press/2007_04/pr_j0901.htm（アクセス日：2023 年 10 月 8 日）

主たる顧客はパソコンメーカやパソコン周辺機器メーカであった。第2に、DVDドライブの標準必須特許のロイヤリティーをDVDドライブ製造企業が支払わない場合、特許権者は、パソコンメーカやパソコン周辺機器メーカにロイヤリティーを請求することができる。その法的根拠は、各国の特許制度が、部品が実施する特許のロイヤリティーを、部品を製造する企業、或いは、部品を組み込んだ機器を製造する企業のいずれか一方に請求することを認めているためである。従って、ロイヤリティー未払いのDVDドライブを購入したパソコンメーカは特許係争に巻き込まれるリスクが高くなる。実務的には、パソコンメーカはDVDドライブメーカに対して調達契約の中で特許保証[15]を求めたと考えられる。従って、ロイヤリティー未払いのDVDドライブをパソコンメーカが調達することは考えにくい。表3-6に、2003年時点でDVDドライブを製造するが、DVD6Cライセンスグループが2003年と2004年に開示したライセンシーリストに記載がない韓国、台湾企業11社を示した。フィリップスと事業統合したLite-On、パナソニックから生産委託を受けたQSI以外の9社は短期間で市場から撤退している。

次に、DVDドライブでロイヤリティー支払いが事業に与える影響の程度を検討する。3.2で述べたようにDVDドライブのロイヤリティーは、金額の絶対値で規定されることになった。製品ごとのロイヤリティーは、2005年までは、DVD6Cライセンスグループでは、DVD-ROMドライブがUS＄4.00、記録型DVDドライブがUS＄6.00であり、DVD3CではUS＄12.50であった。2010年に何れもロイヤリティーを改訂した。図3-1（b）が示すように、製品単価は市場規模の拡大とともに低下を続け、2002年にはUS$88.00であった製品単価が、2010年にはUS$21.00にまで低下した。これに伴い、製品単価に占めるロイヤリティーの比率は、2002年の21%から、2006年の56%、2010年の71%にまで上昇した（図3-8参照）。製品単価に占める比率が高くなったロイヤリティー支払いは、事業継続の障害になると考えられる。

15　特許保証とは、一般的に調達する製品等が第三者の特許権を侵害していないことを保証すること。ここでは、DVDドライブが標準必須特許等の特許ロイヤリティー支払済であることを求めること。

表 3-6　DVD ドライブの製造企業とライセンスの関係

企業名	参入時期	事業の状況
Lite-On	1999 年	2007 年フィリップスと事業統合
Ultime（Atrek）	2000 年	2006 年撤退
AOpen	1999 年	2007 年撤退
Actima Technology	1999 年	2004 年撤退
ASUStek Computer	2000 年	2008 年撤退、パソコンメーカ
Quanta Strage Inc.	2001 年	パナソニックの委託生産
Argus（Cyber）	2002 年	2005 年撤退
Microstar	2002 年	2005 年撤退
Accestek	2002 年	2006 年撤退
SKC（Plextor）	2003 年	2005 年撤退
BenQ	2003 年	2005 年撤退

出所：2003 年時点で DVD6C ライセンシーリストが掲載した DVD ドライブを製造した韓国・台湾企業の情報にそれらの市場参入時期・事業継続状況を追記

この状況を確認するために、前述の DVD 標準必須特許のライセンス実務の経験者にインタビューして、次の①～③を確認した。

① DVD ドライブ市場に参入した台湾製造企業との特許ライセンス交渉では、政府機関が窓口となることはなく、直接、個々の製造企業と交渉した。

②特許ライセンス契約は、交渉開始から契約締結・ロイヤリティー支払いまである程度の期間を要するが、交渉期間中に、DVD ドライブの単価が急速に低下してゆき、売り上げ規模に対するロイヤリティー支払い負担が顕著になった。その結果、参入した台湾企業のほとんどは、ライセンス交渉途中の段階で、市場から撤退していった。

③ DVD プレーヤーでは多数の中国製造企業が市場参入した。しかし、DVD ドライブでは台湾企業は参入したが、中国製造企業は参入しなかった。その背景には、パソコンメーカなどの企業が顧客となる DVD

図3-8　DVDドライブ製品単価に占めるロイヤリティー比率の推移

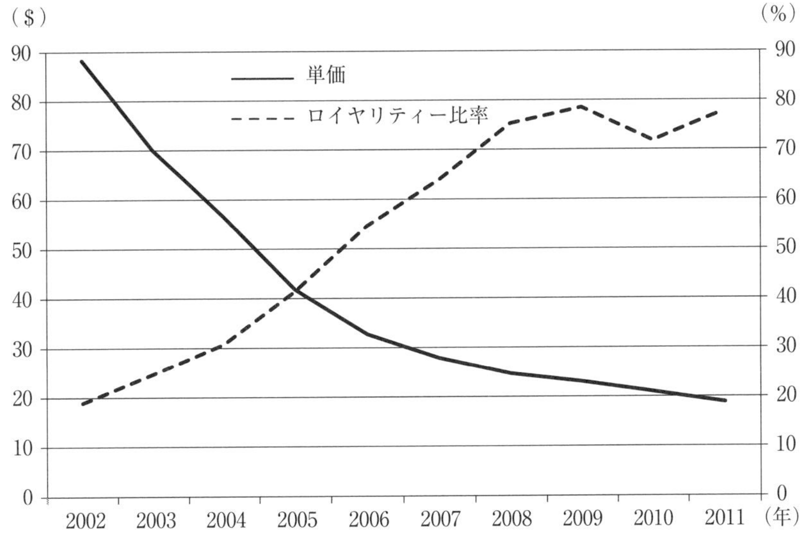

出所：図3-1の出所と同じ

ドライブでは、特許保証など製造企業に対する信頼性や製品の品質が求められ、中国製造企業では、対応が難しかったと考えられる。

ロイヤリティー支払い負担の影響は、標準必須特許を多数保有する企業と、保有しない企業では異なる。DVDパテントプールは、徴収したロイヤリティーからライセンス実務を担当するエージェントの経費を控除するが、徴収額の大部分は特許権者に配分した。DVD6Cライセンスグループはライセンス対象特許の件数に応じて配分した。DVD3Cの配分方法はDVD6Cライセンスグループと異なるが、有力特許権者により多く収入を配分した点では類似であった。従って、標準必須特許を多数保有する企業はDVDドライブを製造してロイヤリティーを支払ったとしても、相当金額をロイヤリティー収入の配分として自社に還元することが可能であった。このようにして、外見的にはロイヤリティー支払いが発生しても、それが事業への打撃とはならなかったと考えられる[16]。これに対して、標準必須特許を保有しない企業は支払負担だけが発生した。図3-8が示すように、製品単価に占めるロイヤリティーの比率が、2004年に30%を超えている。この後に、図3-4が示すように、市場撤退する企業数が増加していった。その結果、図3-3が示すようにDVD標準必須特許の有力特許権者の製造子会社が市場を寡占した。

3.8　比較検討のまとめ

ここまでのDVDプレーヤーとDVDドライブの比較検討の結果を表3-7に整理してまとめた。比較項目1，2，3では、両者の差異がない。比較項目6の技術標準の継続的拡張は、有力特許権者の市場シェアの格差の要因でないことが、3.6の検討で分かった。比較項目4，7では両者の差異があり、これが、市場シェアの格差の要因と考えられる。即ち、DVDプレーヤーは、最終顧客が一般消費者であり、製品価格が重要な競争力であるが、製造企業の特許ロイヤリティー支払いの有無は、購入行動に影響しない。また、DVDプレーヤーのような家電製品では、製造企業が特許ロイヤリティーを負担することが商習慣であったので、流通業者が製造企業に特許保証を求めることもなかった。輸入業者からの特許ロイヤリティー徴収には一部成功したが、特許ロイヤリティー徴収全体の中での比重は小さく、徴収が始まった段階までには有力特許権者は市場シェアで劣勢となっていた。このようにして、製造コストで勝る中国企業が市場を席捲することとなった。これに対して、DVDドライブは、顧客である製造企業が特許保証を求めるなどしたために、ロイヤリティー不払いのままでは事業継続が困難であること、及び、製品単価に対するロイヤリティー比率が相当に高くなったことが、有力特許権者が市場を寡占した主要な要因と考えられる。

4.　共通の特許権活用戦略

4.1　有力特許権者の共通した特許権活用戦略：暗黙の知財同盟

前節でDVDドライブで市場シェア寡占が可能となった要因は、第1に、

16　標準必須特許の有力特許権者企業は相互にクロスライセンス契約を締結していた可能性もある。その場合でも、事態は本文の考察と同様である。

表 3-7　DVD プレーヤーと DVD ドライブの項目別比較結果

No.	比較項目名	比較分析の概要 (【P】：DVD プレーヤー、【D】：DVD ドライブ)	差異	記載節
1	技術開発と国際標準化	【P】他の DVD 製品群と共に一体的に技術標準が決定された 【D】他の DVD 製品群と共に一体的に技術標準が決定された	無	3.1
2	標準必須特許の取得と特許ライセンス	【P】国際標準化を主導した9社が大部分の標準必須特許を取得し、パテントプールにより特許ライセンスした 【D】国際標準化を主導した9社が大部分の標準必須特許を取得し、パテントプールにより特許ライセンスした	無	3.2
3	製品市場規模の推移	【P】台数・金額規模ともに巨大市場に成長 【D】台数・金額規模ともに巨大市場に成長	無	3.3
4	顧客の構成	【P】顧客は流通業者/一般消費者であった 【D】ほとんどの顧客は製造企業であった	有	3.4
5	市場参入企業と市場シェアの推移	【P】アジア企業が多数参入し、有力特許権企業は劣勢となった 【D】20社以上が参入したが、市場撤退が相次ぎ、有力特許権企業が市場を寡占した	有	3.5
6	技術標準の継続的拡張	【P】技術標準の拡張はなかった 【D】技術標準を繰り返し拡張した	有	3.6
7	標準必須特許のロイヤリティー支払	【P】ロイヤリティー不払いのままでも、事業継続が可能であった 【D】ロイヤリティー不払いのままでは、事業継続は困難であり、支払い負担が事業継続に影響した	有	3.7

出所：筆者作成

企業が顧客であるDVDドライブはロイヤリティー不払いのまま事業継続が難しい事業であること、第2に、製品単価の下落に伴いロイヤリティーの対製品価格比率が高くなったことを示した。本節は、これらの要因以外に、有力特許権者の市場寡占に必要な要因はないかを検討する。

製造子会社が市場を寡占した有力特許権者5社（東芝、日立製作所、ソニー、フィリップス、パナソニック）は、次の3点で共通した特許権活用戦略を実施した。第1に、DVDドライブを製造して標準必須特許を自ら実施した。第2に、パテントプールを設立して、標準必須特許を一括してライセンスした。第3に、製品単価の下落に伴いロイヤリティー額の対価格比率が高くなったが、これを維持した。この結果、3.7で検討したように、これら有力特許権社5社は、ロイヤリティー支払いがあっても収入で相殺するという構図が可能であった。もし、有力特許権者5社の歩調が崩れ、相当件数の特許を保有する数社が標準必須特許を実施する製造事業から撤退して、他の有力特許権者に高額のロイヤリティーを求めたならば、ロイヤリティー支払いを収入で相殺することが難しくなり、標準必須特許を保有せずに事業を行う他企業に対する優位性が低下する。

以上で述べたように、DVDドライブでは、特許権者が共通の特許権活用戦略を実行したことが市場寡占の実現に必要な第3の要因であったことが分かる。上記の3つの要因が揃ったことで、DVDドライブでは市場の寡占が実現した。即ち、第1、第2の要因によって、特許ロイヤリティーが競争要因に転化する条件が整い、第3の要因の共通の特許活用戦略によって、これが実際の競争力となって市場を寡占した。

これに対して、DVDプレーヤーは、有力必須特許権者が共通の特許権活用戦略を採用したが、上記の第2の要因に相当するロイヤリティー徴収が成功せず、その結果、市場寡占に成功しなかった。この状況に対して、特許権者が特許によって競争力を得るには、ポリス・ファンクション[17]（police function）が必要であるとの提案がある（小川，2006b）。しかし、DVDドライブでは、明示的なポリス・ファンクションは存在せず、DVDドライブを組み込むパソコン等の製造企業が、DVDドライブの特許保証をDVDドライブ製造企業に求めるという特許に関する企業間の関係性が、DVDドライブ製造企業がロイヤリティー支払いから逃れることを防いだ。

17 小川（2006b）などでは、「ポリス・ファンクション」の意味は詳細に定義していない。本章では、「ポリス・ファンクション」を、特許権の実施者がそのロイヤリティー支払いを逃れることを取り締まる何等かの第三者的な権威・権限を意味すると理解した。

DVD ドライブの有力特許権者間の関係は、ライセンスプールへの参加に関する契約があるが、それ以外は、製造業の通常の特許権の活用方法の実施であり、明示的な盟約関係を要しない。従って、共通の特許権活用戦略は結果的に機能したが、安定性が高い戦略とは言えない。

以上で述べた有力特許権者による共通の特許権活用戦略は、本書第１章4.1 で提示した暗黙の知財同盟に他ならない。即ち、必須特許を実施許諾するが、高額のロイヤリティー支払いが障壁となって、必須特許権者以外に対する障壁が形成された。既に述べたように、DVD プレーヤーではロイヤリティー徴収が成功せず、暗黙の知財同盟が機能しなかった。DVD ドライブでは、実際にはロイヤリティーを徴収する段階に至る前に、ロイヤリティー徴収に直面した台湾メーカが支払いに耐えられないと考えて市場から撤退した。

4.2　製造子会社が果たした役割

3.5.2 で述べたように、有力特許権者は韓国企業や台湾企業と製造子会社を設立するか、自社グループの１つの子会社に製造を集約することで、製造コストの低減に努めた。このような経営判断の直接的な動機は市場からの製品価格低下の要請に応えることであろうが、結果的に有力特許権者が歩調を合わせて DVD ドライブの単価低下を進めることとなった。その結果、図 3-8 に示したように製品単価が大きく低下して製品単価に対するロイヤリティーの比率が著しく高くなり、これがロイヤリティー支払いを参入障壁に転化させた。製造子会社の設立という経営判断は、暗黙の知財同盟を機能させるために有効であった。

このような DVD ドライブの経験から、ロイヤリティー支払いの負担を暗黙の知財同盟の参入障壁とするには、ロイヤリティーを製品単価に対する比率ではなく絶対金額で固定するとともに、製品単価の低下を実行できる事業経営が有効であることが分かる。

ところで、製造子会社の設立は、第１章で提示した第７の特許権活用スキーム「特許権行使の効力を最大化する企業の範囲の変更や設定」を実践した事例となっている。

4.3　市場の寡占とイノベーションの継続の両立

3. と 4.1 の議論で、本章の論点に対する解を提示したが、DVD ドライブ有力特許権者の特許権活用戦略には、これ以外にも特徴があるので以下で議論する。

DVD ドライブ有力特許権者の特許権活用戦略は、市場の寡占に成功したが、イノベーションの継続にも成功した。3.6 で述べたように、最初の技術標準が策定された以降も、図 3-5 が例示するように、DVD ドライブの記録速度を順次高速化して、16 倍速まで実現し、DVD ドライブの利用者に顕著な利便性をもたらした。その一方で、市場の寡占化が進む中でも、図 3-1（b）に示すように製品単価の低価格化が継続して単価が 20 ドル以下となり、図 3-1（a）に示すように台数市場規模拡大が継続して年間 3 億台を超す大きな市場規模となった。

このようにイノベーションが継続した背景には市場競争が維持されたことがある。有力特許権者による暗黙の知財同盟は、他企業に対しては排他的な効果をもたらして市場を寡占したが、有力特許権者の間では記録速度などの商品力や価格の市場競争が維持された。市場の寡占とイノベーションの継続を両立させた点でも、DVD ドライブ有力特許権者の暗黙の知財同盟は、第 2 章で記したインクジェットプリンタや第 4 章で記した白色 LED の暗黙の知財同盟と同様である。但し、市場の寡占化には成功したが各企業の収益性には限界があったと推測される。

5. 結論

技術標準はイノベーションを促進する効果があるが、技術標準を製品に実装するために必須である標準必須特許はその実施許諾が不可避であり、特許権者による独占排他権は大きく制約される。このために、特定の特許権者が多数の標準必須特許を保有しても、相当のロイヤリティー徴収が得られないならば、標準必須特許による競争優位やイノベーションの収益化が難しくな

18　携帯電話では、比較的高いロイヤリティ料率が維持されたことや Qualcomm 社などの特許権者企業の積極的なライセンス活動により、相当のロイヤリティ徴収が実現した。

る[18]。その中でも DVD は、標準必須特許を多数取得した特許権者が収益を得られなかったとする多数の報告がある。そこで、標準必須特許による競争優位とイノベーションの収益化の形成の可否を検討するために、DVD プレーヤーと DVD ドライブの比較事例研究を行った。

その結果、従来の報告のように、DVD プレーヤーでは有力特許権者は市場シェアを失い、イノベーションの収益化を達成できなかったが、これに対して、DVD ドライブでは、暗黙の知財同盟が機能して有力特許権者が競争優位となり市場の寡占を達成したことが分かった。市場の寡占により直ちに高い社会的利益を得たとは特定できないが、一定程度の社会的利益を得たと言えよう。

さらに、DVD ドライブで暗黙の知財同盟が機能して、市場の寡占に成功した要因を解明した。第1に、DVD ドライブは特許ロイヤリティー不払いのままで事業継続が困難な事業分野であり、第2に、製品単価に対してロイヤリティー金額の比率が高くなったこと、第3に、有力特許権者が暗黙の知財同盟という共通の戦略を実行したことである。第1、第2の要因によって、特許ロイヤリティーが競争力に転化する条件が整い、第3の要因である暗黙の知財同盟がこれを実際の競争力として機能させた。

第2章で議論したインクジェットプリンタや第4章で議論する白色 LED の暗黙の知財同盟では必須特許の非許諾が他社に対する障壁となったが、DVD ドライブの暗黙の知財同盟では、製品単価に対する特許ロイヤリティーの高い比率が障壁となった。高いロイヤリティー比率の実現には、製造子会社の設立は有効であった。

但し、市場の発展に伴って DVD ドライブ製品単価に対するロイヤリティーの比率が高くなった事象と競争法の関係は、今後の議論が必要であろう。

参考文献

Cohen, W. M., Nelson, R. R., and Walsh, J. P. (2000), "Protecting their intellectual assets: appropriability conditions and why U.S. manufacturing firms patent (or not)", 2000, *NBER Working Paper Series 7552*, National Bureau of Economic Research.

Klein, J. (1999), *Business Review Letter from Joel Klein to Carey R. Ramos*, U.S. Department of Justice, Antitrust Division, Washington, D. C.

http://www.justice.gov/sites/default/files/atr/legacy/2012/08/01/2485.pdf
Yin, Robert K. (2009), *Case Study Research Design Methods, Fourth Edition*, SAGE.
青木昌彦・安藤晴彦（2002），『モジュール化―新しい産業アーキテクチャの本質』，東洋経済新報社.
小川紘一（2004），「光ディスクの標準化戦略と日本型システムの再考」，研究・技術計画学会第19回年次学術大会2E18，pp. 574-577.
小川紘一（2005），「光ディスク産業の興隆と発展―日本企業の新たな勝ちパターンを求めて」，東京大学COEものづくり経営研究センター『MMRC Discussion Paper』*28*, pp. 1-70.
小川紘一（2006），「製品アーキテクチャ論から見たDVDの標準化・事業戦略―日本企業の新たな勝ちパターン構築を求めて―」東京大学COEものづくり経営研究センター『MMRC Discussion Paper』*64*, pp. 1-77.
小川紘一（2006b），同上，p. 37.
加藤恒（2009a），『パテントプール概説：技術標準と知的財産問題の解決策を中心として―改訂版』発明協会，pp. 9-10.
加藤恒（2009b），『パテントプール概説：技術標準と知的財産問題の解決策を中心として―改訂版』発明協会，p. 17.
加藤恒（2009c），『パテントプール概説：技術標準と知的財産問題の解決策を中心として―改訂版』発明協会，p. 81.
経済産業省（2012），『知財マネジメントを行う際の標準に関わる諸問題報告書』経済産業省基準認証政策課，p. 3.
新宅純二朗（2005），「光ディスク標準化による国際競争と国際協調戦略」『東京大学COEものづくり経営研究センター MMRC Discussion Paper』*53*，pp. 10-11.
新宅純一郎・小川紘一・善本哲夫（2006），「光ディスク産業の競争と国際的協業モデル―擂合せ要素のカプセル化によるモジュール化の進展」，『東京大学COEものづくり経営研究センター MMRC Discussion Paper』，*68*，pp. 1-30.
善本哲夫・新宅純二郎・小川紘一（2005），「製品アーキテクチャ理論に基づく技術移転の分析―光ディスク産業における国際分業」『東京大学COEものづくり経営研究センター MMRC Discussion Paper』*37*，pp. 1-49.
知的財産研究所（2017），「主要国における標準必須特許の権利行使の在り方に関する調査研究報告書」，一般財団法人知的財産教育研究財団知的財産研究所，p. 1.
長岡貞男（2002），「技術標準への企業間協力」『組織科学』*35*（9），p. 35.
延岡健太郎・伊藤宗彦・森田弘一（2006），「コモディティ化による価値獲得の失敗：デジタル家電の事例」『RIETI Discussion Paper Series』06-J-017，p. 1.
和久井理子（2010），「技術標準をめぐる法システム―企業協力と競争、独禁法と特許法の交錯」『商事法務』，p. 262.

（後藤吉正・玄場公規）

第4章

白色LEDにおける暗黙の知財同盟

1. はじめに

1.1 本章の概要

本章は、第1章4.1で提案した暗黙の知財同盟について、白色LEDの事例を用いて詳細に議論し、暗黙の知財同盟の成立過程とイノベーションの収益化への貢献を検証する。

暗黙の知財同盟であることの条件は第1章4.1に示したように、次の2点である。

1) 必須特許権企業が相互には実施許諾するか、或いは、相手の実施を容認する。
2) 競合他社には実施許諾しない、或いは、実施許諾しても特許ロイヤリティーを高額に設定して競合他社の事業継続を困難とする。

この暗黙の知財同盟はイノベーションの継続とイノベーターの収益確保を両立させる優れた特許活用戦略であり、本章では白色LEDの事例がこれらの条件を満たしており、暗黙の知財同盟を形成していたことを検証する。

白色LED市場は、日亜化学による製品化が先行し、これを豊田合成が追いかける形で拡大していった。基礎技術を構築した名古屋大学の協力を得た豊田合成と、素早い市場化を実現した日亜化学の2社が優位と思われたが、実際には、他に米国Cree社、オランダPhilips/Lumileds社、ドイツOsram社も加えた計5社（以下、本章では「主要5社」と記す）が高い市場シェアを獲得した。この主要5社による暗黙の知財同盟は、5社の意図的な目論見ではなく、必須特許を持つがための特許係争と和解の結果、成り行きで形成された。さらに、実際の同盟の形態は主要5社だけの単純な形態ではなかった。本章ではこの同盟の形態についても議論する。

1.2 本事例の意義

ここまでにインクジェットプリンタとDVDドライブの暗黙の知財同盟を検証してきたが、一般化された議論の対象とするには様々な事例を増やす必要がある。この2事例は複数の部材及び技術から構成されるセット製品であり、典型的な積層技術型製品であった。これらと比較して白色LEDは小さな単一機能の部品であり、構成されている部材や技術も他のセット系製品に比較して少ないため代替技術も少ない。よって特許によるイノベーションの収益化が行いやすい製品であったと考えられる。さらに、通常、公開されることが少ない特許ライセンスや特許侵害訴訟が各社からプレスリリース等として公開されており、議論に必要な情報が多いため、暗黙の知財同盟の検討対象として好都合な事例である。

また白色LEDは、照明技術に大きな技術的イノベーションをもたらし、従来の光源技術を駆逐した破壊的イノベーションである。現在では、主な照明器具の光源に採用されており、従来の光源である白熱ランプや蛍光灯等と比較して、低消費電力（白熱電球の約1/10、蛍光灯の半分以下）、長寿命（白熱電球の約40倍、蛍光灯の約4倍）、軽量、小型等の光源としての理想的な特徴を有し、光源を交換することを前提としない設計やデザインの照明器具を普及させた。現在、既存の照明が徐々に白色LED照明に交換されると共に、新規に導入される照明はほぼ全数白色LEDが採用されるに至っている。それ以外にもノート型PCやデスクトップPCのモニター・ディスプレイ、液晶テレビに使用されている液晶パネルのバックライト（光源）はほぼ白色LEDが使用されている。逆に液晶パネルの大きな普及には白色LEDが必須であったと言っても過言ではなく、大きなイノベーションと知的財産による収益化が達成された事例でもある。

以上、2点から白色LEDを暗黙の知財同盟の事例とすることには大きな意義があると言えよう。

1.3　白色LED技術の知的財産に関する従来報告

ここでは、従来報告として、白色LED技術を取り扱った文献を検討する。従来報告の種類としては、内容的にイノベーション論、知的財産戦略論、経営戦略論等として取り扱ったものがあり、形式的には学術論文の形態と雑誌記事や啓蒙書、読み物となっている非学術論文の形態のものがある。

ここでは知的財産戦略及び暗黙の知財同盟に関する議論に有用と思われる報告を紹介する。これらの従来報告にはいずれも、複数企業間の同盟関係とイノベーションの収益化を検討した記述はない。

1.3.1　日亜化学を中心に扱った従来報告

白色LEDの開発と事業化の経緯に焦点を当てた文献として、米山（2009）によるケーススタディ「日亜化学工業　白色LEDの開発と事業化」がある。この文献は、日亜化学の売上や利益、白色LED業界の特許ライセンス関係図、参入企業一覧や日亜化学の関係者へのインタビュー等から構成されており、日亜化学の知的財産戦略の事例の検討において貴重な先行文献と言える。

このケーススタディにおける米山の問題意識は、日亜化学という地方の中小企業がどのようにLEDの開発及び事業化を進め、高い競争力を獲得できたかという競争戦略論的視座にある。そのため、企業戦略、競争戦略、知財戦略等について議論するためには非常に有用であるが、本事例で取り扱う複数者による暗黙の知財同盟や市場シェアに関する考察は十分には行われていない。また、この文献では、ライセンス関係も図示されている。そこには主要５社以外の多くの企業も記載されているが、そのライセンスがどのような関係の下に締結されたのかは具体的に説明されていない。

1.3.2　豊田合成を中心に扱った従来報告

前節の米山（2009）が日亜化学を中心にしていたのに対し、太田（2020）は主として豊田合成の青色LEDとその技術開発の経緯を、産学官連携の成功事例として紹介し、関連する基礎技術と特許化、日亜化学との特許訴訟、他社への特許ライセンスに関しても説明している。日亜化学に比較して豊田合成に関する資料は少ないため、豊田合成の関係者による文献は大変貴重である。

この文献は、著者である豊田合成の太田光一氏（当該事業部の元事業部長兼知的財産の担当役員）により、1）基本技術が説明され対応する特許番号が記載されている点、2）高性能化技術が説明されている点、3）日亜化学との知財係争に用いられた特許の番号と内容が記載されている点から貴重である。しかしながら、この文献においても、本事例で取り扱う複数者による暗黙の知財同盟や市場のシェアに関する考察は行われていない。

1.4　本事例の論点と構成

白色LEDの暗黙の知財同盟形成の検証を分かりやすく進めるために、次の論点を設定する。

論点：白色LEDの事例において、暗黙の知財同盟がイノベーションの収益化を実現したのか

イノベーションの収益化が、暗黙の知財同盟の重要な経営効果なので、上記を論点とした。この論点の検証に必要な具体的要件は次のようになる。

要件1：主要5社が必須特許を保有した。
要件2：主要5社は、相互に必須特許を実施許諾するか、或いは、相手の実施を容認した。
要件3：主要5社以外で、市場参入を試みたが実現できなかった企業が存在する。
要件4：主要5社から実施許諾を受けて白色LEDを事業化した企業が存在するが、それらは、主要5社の事業を補完する役割を果たし、主要5社からみた競合ではなかった。即ち補完業者だった。
要件5：主要5社と補完業者で高い市場シェアを獲得した。

暗黙の知財同盟を形成するためには、必須特許を保有し（要件1）、その必須特許を主要5社間でのみ使用する関係を構築することが必要である（要件2）。必須特許を保有していない主要5社以外の企業には、主要5社から必須特許を実施許諾する、或いは、実施を容認する必要はない（要件3）。実際は米山（2009）のライセンス関係図では、主要5社以外の企業にもライセンス関係が示されている。主要5社以外の企業は主要5社を補完する関係であれば同盟に補完業者という形態で参加可能となる（要件4）。イノベーションの収益化のためには、主要5社と補完業者で高い市場シェアを獲得することが望ましい（要件5）。

上述した各要件を検証するための基盤として、まず2.で白色LEDの原理技術を説明する。次いで、要件1を検証するために、3.において、研究開発の経緯と市場の推移を説明し、研究開発に関わった企業及び市場参入した企業を確認した後、4.で白色LEDの必須特許を特定する。5.では、全体として、暗黙の知財同盟によるイノベーションの収益化を説明する。最初に、5.1で主要5社間のクロスライセンス状態を議論し要件2を検証する。次いで、5.2で市場参入を試みた企業とその結果を議論し、要件3を検証する。5.3で、主要5社以外の企業の役割を考察して、要件4を検証する。5.4で、主要5社による市場のシェアとその収益貢献を考察し、要件5を検証する。

2. 白色LEDの原理技術

白色LEDの原理技術は2つに区分できる。1つは青色LED技術であり、もう1つは白色化技術である。白色LEDは青色LEDから出た青色光の一部を蛍光体で他の色に変換し、複数色の光を混合することで白色光を得ている。青色LEDという高効率の発光デバイスが発明されたことで、初めて白色LEDが可能になった。青色LED技術はGaN（窒化ガリウム）材料による半導体技術をベースにしており、一方白色化技術は波長を変換する蛍光体技術をベースにしており、全く異なった技術である。以下、それぞれの技術を説明する。

2.1　青色 LED の原理

半導体には大別してマイナスの電荷を持つ電子（エレクトロン）がキャリア（電気の運び手）となる n 型半導体とプラスの電荷を持つ正孔（ホール）がキャリアとなる p 型半導体の 2 種類がある。n 型半導体と p 型半導体の接合を pn 接合と呼び、LED は pn 接合部で電子とホールが直接再結合し、再結合により失ったエネルギーが光に変換されることにより発光する。発光波長は半導体の禁制帯（エネルギーバンドギャップ）の幅によって決まる。エネルギーバンドギャップが狭ければ赤外から赤色領域、広くなるほど光が短波長化し、約 3eV 程度以上で青色から紫外領域の発光となる。青色 LED は結晶材料の物性値であるエネルギーバンドギャップの大きさから SiC、ZnSe、GaN 等が材料の候補になるが、現在は GaN 材料が用いられている。

具体的な青色 LED の構造を図 4-1 に示す。母体となるサファイア基板上に格子整合用のバッファ層が形成され、その上に電流を流すための低抵抗の n^{+}GaN 層、n 型キャリアを供給するための n 型 GaN 層、発光層となるノンドープで高抵抗の半絶縁性 GaN 層、p 型キャリアを供給する p 型 GaN 層、電流を流すための p^{+}GaN 層により構成されている。

このような青色 LED 構造を形成するためには 4 つの要素技術が必要となる。その 4 つの要素技術は、GaN 材料における、結晶成長技術、n 型及び p 型制御技術、pn 接合形成技術である。まず、GaN の結晶を得るためには GaN 結晶成長技術が必須であり、デバイスとして使用するには、p 型と n 型の GaN 結晶を作製する不純物制御技術も必要である。効率よく発光させるためには、そのための pn 接合の層構造のデザインと作製技術が必要となる。

青色 LED の構造自体は、シリコン LSI 等に比較すれば非常に簡単であるが、単純なデバイスであっても発光効率を上げるための層構造が複雑である。例えば、キャリアを発光層内に閉じ込めるためのダブルヘテロ構造や、非放射性再結合を抑制しながら発光波長を制御するための超格子構造の導入等の化合物光半導体技術で開発された技術的工夫が凝らされている。これ以外にも外部と電気的コンタクトを取るための金属電極が必要で、各金属電極と半導体層を低抵抗で接続する技術も必要である。それらの工夫が特許数の増加につながっている。

図 4-1　青色 LED のデバイス構造

基本となる素子構造	高性能素子構造

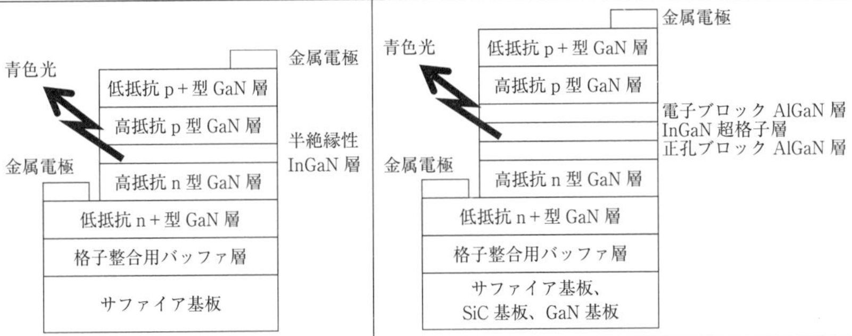

基本となる素子構造	高性能素子構造
・発光効率　～数％ ・基本特許群のみで製造可能	・発光効率　～数十％ ・基本特許群＋改良特許群が必要

出所：筆者作成

2.2　白色化技術の原理

青色 LED を用いて白色光を得る方法は、図 4-2 のように複数の方法が考えられる。図 4-2 の左図では光の三原色である赤・緑・青の各色の LED の混色により白色が得られる。この方法では白色光を得るために 3 つの LED が必要となり、コスト的に不利である。他の方法には、青色 LED のみを用いて、図 4-2 の右図のように青色の光を 1 次光として他色に変換する蛍光体を用いて赤色や緑色の光を発生させ、赤・緑・青の各色の混色により白色光を得る方法がある。さらには、図 4-2 の中図のように青色光＋黄色光（青色光を YAG 等の蛍光体で黄色に変換、黄色は青色の補色）の混色によっても白色光を得ることができる。このように、青色は変換せずにそのまま用い、青色光の一部を蛍光体で変換し各色を混ぜることにより青色 LED の 1 チップで白色 LED が得られ、高効率、高輝度、低コストの白色 LED が実現された。

このように GaN 半導体技術をベースとした青色 LED 技術と、蛍光体技術をベースとした白色化技術は全く異なる技術であり、白色 LED はこの 2 つの技術が組み合わされて実現されている。

図 4-2　白色 LED の主要な基本構造

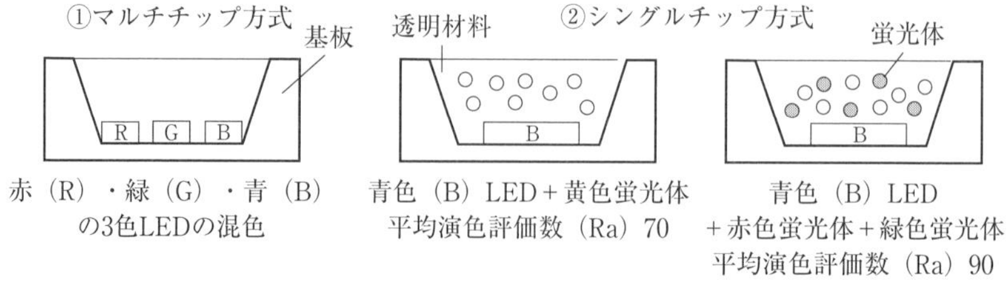

出所：パナソニック WEB サイト http://www2.panasonic.biz/es/lighting/led/led/principle/（アクセス日 2015 年 5 月 19 日）をもとに筆者作成

3. 白色 LED の研究開発の経緯と市場の推移

3.1　白色 LED の研究開発と特許取得の経緯

3.1.1　名古屋大学と豊田合成における研究開発と特許取得

青色 LED のイノベーションはよく知られているように、名古屋大学の赤﨑勇博士、天野浩博士ら及び日亜化学の中村修二博士等の研究開発によって道が拓かれた。歴史的には青色 LED は SiC、ZnSe の材料に関して精力的に研究開発され、特に結晶成長技術及び半導体の n 型 p 型制御技術の進展により 1980 年代から 1990 年代初頭にかけて ZnSe の材料が一旦、本命視されたが実用化には至らなかった。これに対して、1980 年代後半の赤﨑らによる低欠陥 GaN 結晶成長技術の開発、1990 年代の日亜化学の中村による GaN 青色 LED の高輝度発光の成功により、新しい技術パラダイムの形成が始まった。各材料の必須要素技術の獲得状況と GaN に関する必須要素技術の獲得年を表 4-1 にまとめる。GaN の初期の要素技術が赤﨑ら（名古屋大学－豊田合成）によって獲得され、その後中村（日亜化学）によって改良された様子が分かる。

赤﨑は 1964 年から 1981 年まで当時の松下電器東京研究所に在籍し、1966 年より窒化物系半導体の研究を開始し、MIS（Metal Insulator Semiconductor）型の GaN の青色 LED の発光に成功、展示会等への出品も行ったが、発光強度も弱く話題にはならなかった。当時、関連特許を 10 件出願している。赤﨑は 1981 年に名古屋大学に移動し、MOVPE（Metal Organic Vapor

Phase Epitaxy：有機金属気相エピタキシー[1]）法による結晶成長実験を開始した。1985 年に応用物理学会で成果を発表したところを、当時の新技術開発事業団から「委託開発」のオファーがなされたが、この時点では赤﨑は受けなかった。同年、名古屋の経済界から名古屋大学工学部に研究紹介の講演が依頼され、ここで赤﨑はシリコン LSI の話のついでに GaN 研究成果を 5 分間紹介した。講演終了後 10 社ほどからアプローチがあり、翌日、豊田合成が研究室を訪問するも、赤﨑自身は共同研究には時期尚早と難色を示し

表 4-1　青色 LED の主要材料候補と必須要素技術

		青色 LED の材料候補※		
		SiC	ZnSe	GaN
物性値	バンドギャップ (eV)	2.9 (間接遷移)	2.7	3.4
必須要素技術	低欠陥結晶薄膜形成技術	△	○	◎ 1986 年、赤﨑・天野
	n 型電気伝導性制御技術	○	○	◎ 1986 年、赤﨑・天野
	p 型電気伝導性制御技術	△	○ パナソニックが基本特許を過去保有	◎ 1986 年、赤﨑・天野 1991 年、中村
	pn 接合作成技術	△	○	◎ 1989 年、赤﨑・天野 1993 年、中村
青色発光素子として研究開発の盛んな時期		1960 年後半～1980 年前半まで	1970 年台～1990 年半ばまで 1993 年ソニーがレーザ室温連続発信に成功	1993 年以降、中村の高輝度発光の実証以後、各社が研究開発に参入

◎○△は研究開発の盛んな時期における技術の完成度
※その他、現在でも ZnO 等の他のワイドギャップ半導体の研究も継続されている
出所：筆者作成

1　結晶が成長する土台となる基板を反応容器内に置き、外部から結晶を構成する金属原料を有機金属の気体として供給して、加熱した基板上で有機金属の気体を分解することで金属原料を基板に供給し、基板上に結晶を成長させる技術。一般には条件さえ合えば良質の結晶を得ることができる。

た。1986年に当時博士課程の大学院生だった天野により低温堆積AlNバッファ層技術が開発され、結晶欠陥が少ない無色透明のGaN単結晶の作製に成功した。

ここまでの研究成果をもとに、当時の新技術開発事業団（現在の国立研究開発法人科学技術振興機構）の担当者である石田秋生氏からの熱心な勧誘により、1987年から豊田合成－新技術開発事業団－名古屋大学の委託開発が開始された。1989年には、通説では不可能と言われていたMgドープGaNにおけるp型伝導を発見し、加えてSiドープによるGaNのn型伝導度制御にも成功した。

委託開発の最終年の1990年にはMIS型LEDにより青色の発光に成功し、委託開発は成功となった。以上のように赤﨑・天野による青色LEDという新たな原理技術の発明は、低温バッファ層によるGaNの結晶成長、GaNにおけるMgをドーパントとしたp型伝導の発見によって可能となった。また、MOVPEという登場間もない結晶成長技術の導入が研究を支えた。これらは従来にない発想や技術であり、研究のゲームチェンジであった。さらに、GaN結晶の利用を可能にしたことで、パワーデバイスなど他分野でのGaNの利用に道を拓いたことの意義も大きい。

3.1.2　日亜化学における研究開発と特許取得

一方、日亜化学の中村は、1980年代にはGaAsやGaPといった光半導体材料の開発と製品化に従事していたが、自己の社内評価が低いことに嫌気がさし、社長と直談判して、MOVPE技術を学ぶため米国への短期留学と青色半導体LED材料の開発の許可を得た。米国留学では博士の学位を持っていなかったため待遇が良くなかったようである。帰国後、中村は当時の青色半導体LED材料として、多くの研究者が本命とみているZnSeと、ほとんど研究者がいないGaNのどちらの研究開発を行うかを検討し、研究者が少なく博士の学位取得に必要な論文を書きやすいという理由からGaNを選択した。その後の熱心な研究開発により、赤﨑の論文を参考に改良した低温堆積GaNバッファ層技術、高温の原料ガスの反応室内での対流を抑制するツーフロー結晶成長技術、低温のアニールによりMgが活性化する低温アニール技術等を開発し、1993年に高輝度の青色LEDの開発と市販に成功した。

さらに社長の指示により、中村とは所属の異なる蛍光体の開発メンバーが青色を白色化する蛍光体の探索を行った。変換効率や耐久性等の課題でなかなか良い材料がみつけられず開発メンバーはあきらめかけたが、社長の叱咤激励により1996年にYAG：Ceという黄色の蛍光体が最適であることが発見された。青と青から波長変換した赤と緑を混色するのではなく、青と青の補色である黄色の光で白色とする着眼は秀逸であった。もともと蛍光体メーカならではの発見だったと考えられる。また開発成功後、即座に製品化できる小回りの利くところもオーナー社長に率いられた中小企業の強みが発揮できたところであろう。

赤﨑（2013）によれば、赤﨑は光半導体の研究をライフワークとし、とりわけ、研究開発に困難を極めた青色LEDをGaN半導体によって実現することを目指していた。一方、中村は、博士の学位を取得するための論文が書きやすい研究テーマとして、研究人口の少ないGaN半導体を研究対象の材料に選んだ（中村，2014）。このような経緯により豊田合成と日亜化学の2社は、他社の研究開発に先んじることで多くの必須特許を確保できたと考えられる。

3.1.3　海外企業における研究開発と特許取得

次に、Cree社、Philips/Lumileds社、Osram社の各社が代替困難な必須特許を取得した経緯を公開情報をもとにたどる。

Cree社は、1987年にノースカロライナ州立大学発のスタートアップとしてSiCの結晶成長及びデバイス開発を目的にして設立された。3.1.1で述べたようにSiCによっても効率は悪いが青色LEDを製造可能であり、1989年にCree社はSiCの青色LEDを上市した。ワイドギャップ半導体材料の結晶成長技術やデバイス技術をコアコンピタンスに持つためと考えられるが、1995年にはGaNの青色LEDの開発に成功し市販している。この青色LEDの市販により日亜化学との訴訟が始まった。GaNや波長変換技術に関する技術的蓄積はなかったが、それぞれBoston大学とAdvanced Technology

Material社（米国の半導体プロセス・デバイス受託開発会社）より特許を取得している。不足している技術や知的財産権を外部から早期に調達する判断をしたのは、ワイドギャップ半導体や青色LEDに関する知見を有していたためと考えられる。

Philips/Lumileds社はPhilips社の名称を冠しているが、中核は旧Hewlett-Packard社（HP社）が1970年代に設立した化合物光半導体部門である。1999年にHP社から分割設立されたAgilent社に、当該部門が委譲され、同年Philips社とAgilent社でLumileds社を設立した。2007年にはPhilips社の100%子会社になっている。LEDの特許としては、GaN系の特許は多くなく、既存のAlInGaP（GaP系）の特許やパッケージング技術、後年は照明器具や照明システムとして応用する用途での特許を多く保有している。HP社は1990年中頃にHP社の日本の研究者と定年退官により名城大学に移動していた赤﨑との共同研究とみられるLEDに関する共同出願がある。また、このHP社の日本の技術者はLumileds社との共同論文も発表しており、1990年中頃から2000年の時点で、既に青色LEDを製造する技術は保有していたと推測される。また、Philips社はOsram社及びGeneral Electric（GE）社と共に照明分野におけるグローバルリーダーであり、白色LEDの照明用途での展開を考える場合、保有する技術や製品の販路等で考慮すべき企業である。照明器具の世界的メーカであるため蛍光灯に使用される蛍光体の研究開発も継続的に実施していたと考えられ、多くはないが継続的に蛍光体の特許を出願している。このため青色LEDの白色化技術に必要な蛍光体の特許を取得できたと考えられる。

Osram社は、1900年代初頭にドイツで創業された照明ランプメーカである。タングステンランプ、低圧ナトリウムランプ、高圧水銀ランプ等の主要な照明光源を開発してきており，Philips社とともに世界二大ランプメーカである。1970年代にSiemens社に買収され子会社化されたが、1999年にSiemens社から半導体部門が独立してInfineon社となる時に、Osram社とInfineon社で光半導体の開発製造を専門とするOsram Opto Semiconductors社を設立し、2001年にはこれをOsram社の完全子会社にした。Osram社は元々、照明光源から照明器具までを研究開発製造する統合型企業であると共に、Infineon 社から半導体技術を獲得しており、青色 LED を研究開発する素地と白色化技術及び蛍光体の技術を自社保有していた。このため、青色 LED の必須特許の獲得には間に合わなかったが、白色化技術の必須特許の獲得に成功したと考えられる。Osram 社は 1990 年代中頃から市場参入しているが、当初は青色 LED のチップを Cree 社から供給を受けて製品化していたと言われている。

3.2　市場の推移

実際の製品金額シェアの推移を図 4-3 に示す。上述したような研究開発の経緯により、2000 年までは日亜化学、豊田合成、Osram 社の 3 社で市場を寡占している。2001 年に Philips/Lumileds 社が市場参入し、2003 年までは主要 5 社の Cree 社を除く 4 社でシェア約 95% を占めている。白色 LED の輝度が向上し、応用市場が広がると共に、台湾、韓国等の新興メーカが市場参入し、2004 年から 2007 年にかけて主要 5 社のシェアは約 70-80% に低下する。さらに液晶モニターのバックライト等に使用されるようになる 2009 年以降では Samsung 社、LG Innotek 社、Seoul Semiconductor 社といった韓国の大手企業が参入、大きな製品金額シェアを占めるようになり、2012 年には 5 社のシェアは約 40% まで低下する。この数値からだけでは暗黙の知財同盟が機能したのは、2003 年頃までで、それ以後は十分に機能していないようにみえる。後述するが、実際には一定の大手企業の市場参入は防ぐことができた点、及び参入企業は同盟 5 社の自社製造能力を補完する企業であった点から、暗黙の知財同盟は継続していた。

3.3　白色 LED の訴訟と特許契約関係

特許ライセンスや訴訟の状況は、一般にはプレスリリース等で公表されることは少ないが、青色 LED や白色 LED では数多く公表されている。2002 年以降の各社のプレスリリース等を集めて訴訟と特許ライセンスに関してまとめたものを図 4-4 に示す。図では、クロスライセンス、ライセンス供与、訴訟の分類を線種で示している。特に、クロスライセンスとライセンス供与に関しては、その締結年も表示した。ライセンス内容が分かる限りは、「白

図 4-3（a） 青色・白色 LED の売上高の推移

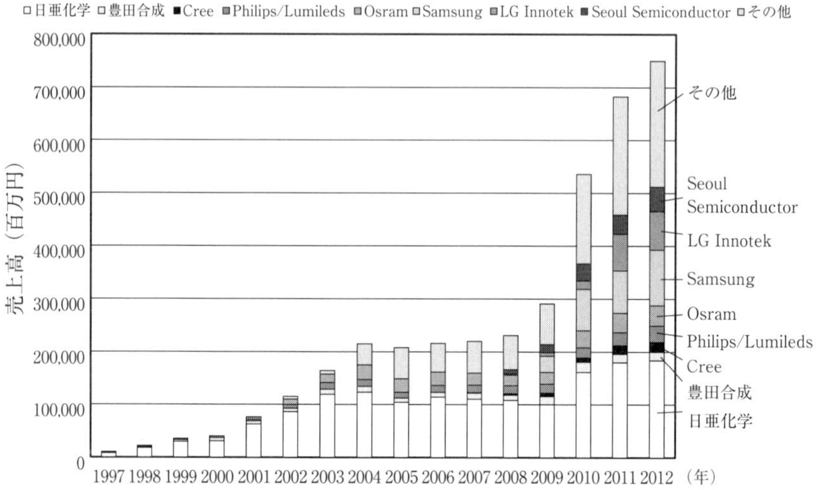

出所：総合技研株式会社の資料をもとに筆者作成

図 4-3（b） 青色・白色 LED の金額シェアの推移

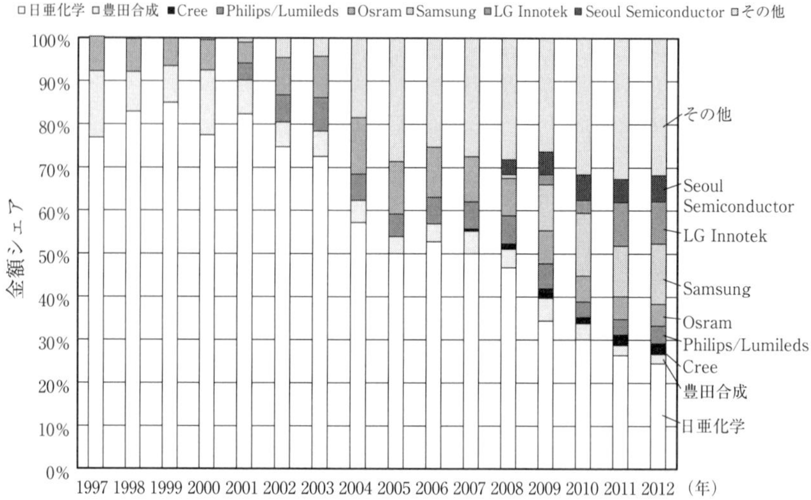

出所：総合技研株式会社の資料をもとに筆者作成

図4-4　青色・白色LEDの訴訟及びライセンス関係図

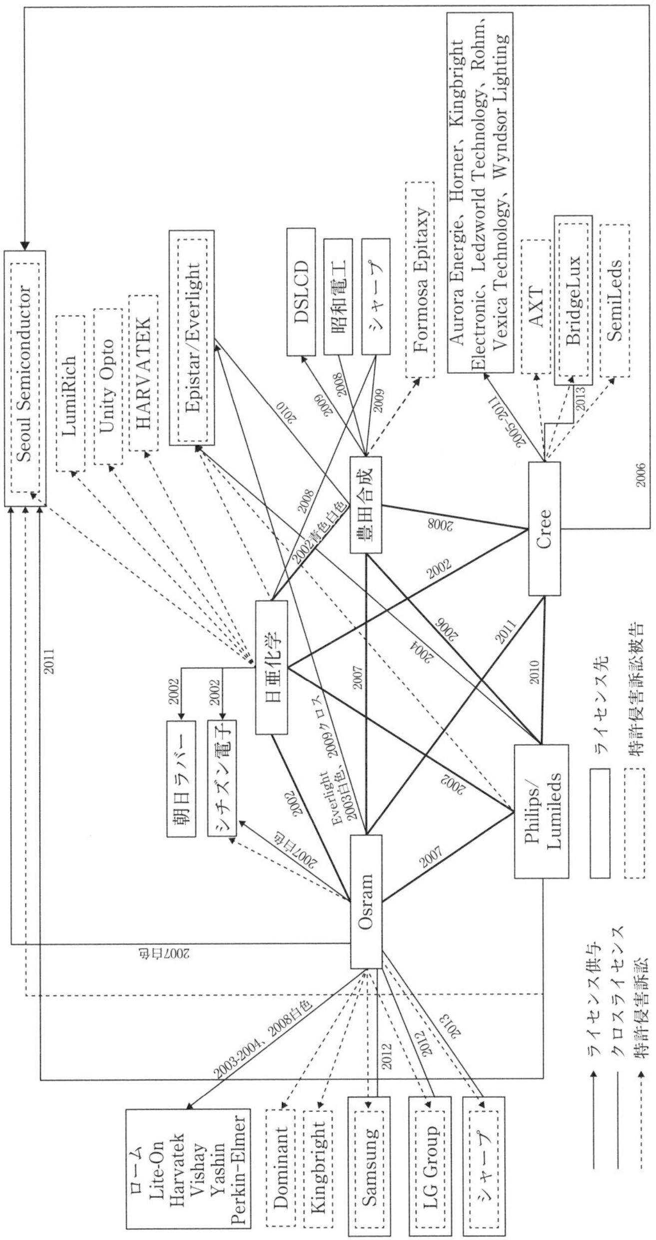

出所：筆者作成

色」等の記載によりライセンスの範囲を明記したが、プレスリリースからライセンス範囲が明らかになったものは限られた。

図には明記していないが、日亜化学と豊田合成の間では、1996年から多くの特許侵害訴訟や無効にするための訴訟等が双方から行われた。この様子は日経エレクトロニクス（2002）の記事等に詳しい。2000年頃までは日亜化学が有利な状況で裁判が推移したが、2001年頃からは豊田合成が有利な裁判結果が増加し、その結果、2002年に2社間のクロスライセンスを締結することにより終了した。日亜化学はほぼ同時期に、Cree社、Philips/Lumileds社、Osram社ともクロスライセンス契約を締結した。

4. 白色LEDの必須特許の特定

通信や画像圧縮等のネットワーク外部性[2]を有する技術では、標準必須特許が製品の実装に必要であるため、暗黙の知財同盟の形成に必要な特許を特定しやすい。しかしながら、標準必須特許は、標準化団体のIPRポリシーのRAND条項で第三者への特許許諾を義務づけられるため、特許を用いた市場参入障壁の構築は難しくなる。一方、標準化の対象とならない製品では必須特許の特定は単純ではないので、以下でその方法を検討する。

ここで必須特許は、第1章の定義に従い、代替技術が全くない特許（技術必須特許）と、代替技術が存在しても代替技術では製品コストが増大するか、機能・性能等で劣後となって商品競争力が削がれる特許（商用必須特許）の両方を必須特許とする。

2　ネットワーク外部性とは、同じ商品やサービスの利用者が増えれば増えるほど、1人の利用者が受ける便益が大きくなる現象や特性を言う。 ネットワーク外部性が大きな商品やサービスでは、他の多くの人が使っていることで価値が高くなり、顧客は、商品・サービス自体の機能・性能でその価値を判断するよりも、利用者の多い商品・サービスを選択するようになる。例えば、フリーマーケットアプリは、利用者、即ち売買の主体者が増加するほど、品揃えが広がり、販売・購入の可能性が高まるので、利用者の多いアプリにより多くの利用者が集まる。即ちネットワーク外部性が高い。

4.1　必須特許を特定する３つのアプローチ

ここでは、必須特許を決定する３つのアプローチを検討する。第１は製品を構成する技術内容からアプローチする方法であり、第２は特許訴訟案件に用いられた特許からアプローチする方法である。第３は各社の公表情報（特許侵害警告文書等）もしくは論文や記事等により重要な特許として公表された情報からアプローチする方法である。

白色 LED の場合、赤﨑らによる低欠陥結晶成長技術の開発が契機になり、それまでと異なる新しい技術パラダイムが形成され新しい関連特許群が創出されたが、その技術パラダイムは、あくまで半導体物理という科学パラダイム、もしくは半導体技術という、より大きな技術パラダイムの中に形成されたものであるため、一般的な半導体技術の考え方を当てはめることが可能である。

半導体技術の基礎となるのは、結晶成長技術、n 型及び p 型制御技術、pn 接合形成技術である。よって第１のアプローチとしては、これらの原理的な要素技術（以下、原理技術）に対応した発明内容ならば必須特許である可能性が高いと考える。ただし結晶成長技術等化学系に近い特許の場合、発明コンセプトは広くても、実際に特許として権利化できる請求の範囲は、実験データのある材料系や組成比率に限定される場合が多い。よって、必須特許とする場合は、その権利範囲が実際に製造に供されている条件かどうかを十分確認する必要がある。

第２のアプローチでは、必須特許は他社も製品に実装しているはずであるから、必須特許と考える特許を保有している企業はこれを訴訟に使用するとの推測に基づいている。

次に、第３のアプローチを説明する。白色 LED 業界では市場参入を牽制するため、プレスリリースや雑誌記事により自社の訴訟の状況や自社の保有する有効な特許を公開しているケースがある。日亜化学の 2006 年３月 23 日のプレスリリース「白色 LED 特許網の構築について」では、6 件の特許と、それらのライセンス先企業名まで掲載している。豊田合成は、2006 年８月７日の「豊田合成の保有する LED に関する特許についての注意のお願い」とのプレスリリースにおいて、約 600 件の登録特許群の中から選択された日本特許13件を含む特許リストを公開し、その時点でのライセンス先を明示して、これらの特許に抵触しないように注意を促している。これらに加え、前述の太田（2020）の文献は重要な技術の内容の解説と対応する特許番号を記載している。これらの公表情報が、第3のアプローチを可能にしている。

4.2　訴訟情報と公表情報による絞込み

これら3つのアプローチを組み合わせて、次のように必須特許の特定を行った。特定作業を第1のアプローチから着手すると対象数が膨大となり現実的ではない。対象が限定される第2、第3のアプローチから特定作業を行った。

この方法により抽出した必須特許と考えられる特許リストを表4-2に示す。必須であると推定したものは◎、必須ではないが製品スペック的に重要となる特許には○をつけている。豊田合成や名古屋大学には1986年より低温バッファ層技術やp型GaN活性化技術に関する先駆的な発明内容の特許が存在するが、その権利範囲が狭いため必須もしくは重要特許にならなかった。日亜化学と豊田合成、Cree社は青色LED技術と白色化技術の必須特許を保有しているが、Philips社とOsram社は白色化技術の必須特許しか保有していない。Cree社の必須特許のうち重要な青色LED技術の必須特許も白色化技術の必須特許も外部から調達したもので、自社開発ではない。豊田合成の白色化技術の必須特許も欧州企業から権利の一部を買い入れたものであった。また、必須特許の実施許諾がない場合でも、そもそも特許を取得していない国での市場参入や、当初より特許権を無視した市場参入は可能であり、暗黙の知財同盟に該当するかを判定する場合には考慮する必要がある。

4.3　製品技術による絞込み

訴訟に用いられた特許や、各社自身、及び識者により提示された特許は明確だが、必須特許であるか否かは第1のアプローチに基づき技術的な検討が必要である。ここからは青色LED技術及び白色化技術の内容に即して、表4-2の中で必須特許であるとした根拠を説明する。

まずはじめに「低欠陥結晶薄膜形成技術」について検討する。この技術の内容は、基板上にGaNの結晶格子に近い材料（AlN、GaN、AlGaN、InGaN等）のアモルファス層を形成し、その上にGaN系結晶を成長させる技術であることと、アモルファス層は低温で形成できることから低温形成バッファ層とも呼ばれている。この技術に該当する特許は、日亜化学の整理番号3、名古屋大学の整理番号32、Cree社の整理番号50の特許である。特許出願の年代とその内容は次のようになっている。名古屋大学の特許は1985年に出願され、実施例ではバッファ層材料にAlNを使用しており、権利範囲もそこに限定されている。日亜化学の特許は1992年に出願され、実施例ではバッファ層材料にAlGaN系を使用しており、名古屋大学よりも広い権利範囲を確保している。Cree社の特許はBoston大学が1992年に米国で出願したもので、実施例ではバッファ材料としてGaNを使用している。青色LEDはこれらのどれかの特許を使用する必要があるため、この3つの特許を必須特許とした。

「n型伝導性制御技術」では、豊田合成等による整理番号34、42、44、46があり、すべて特許の優先日が1990年と、同時期の発明である。GaN系のn型ドーパント（添加する不純物）としては原子の結合手の数から物理学的に四族の元素であるSiの可能性が知られていたが、母体となるGaNの完全性の良い結晶が得られていなかったため、制御可能なドーパントの濃度や得られる抵抗率、適切なドーピング方法は知られていなかった。このため、公知になっていなかった数値範囲を限定することや気相ドープに限定することにより、この技術の基本的な特許は豊田合成や名古屋大学等が取得して、必須特許となった。

一方、「p型伝導性制御技術」では、従来より複数のドーパントの可能性が示唆されていたが、中でもMgはp型化させることができず、ドーパントして不適切であるとされていた。しかしながら、名古屋大学は電子ビームを照射することにより、MgドープのGaNをp型化できることを発見し、1990年に整理番号33の特許を出願した。当時、伝導型制御用の不純物を気相ドープすると、そのままでドーパントが活性化するものと考えられていた。しかし現在では、不純物が格子位置からずれているケースやドーパントの未結合手が水素によってターミネートされる場合があり、活性化するため

表 4-2　白色 LED の関する必須特許リスト　権利の状態は本章執筆当時　　○：該当する特許　◎：代替が困難な特許

整理番号	特許番号	権利者もしくは原告	出願年（優先年）	特許の内容	要素技術分類	青色 LED 技術	白色化技術	LED 一般技術	訴訟使用
		記載文献		満了予定、権利の状態（消滅年）	被告・備考				
1	特許 第 2540791 号 （EP541373）	日亜化学	1991	低温アニールで Mg を活性化	p 型伝導性制御技術	◎			○
		日亜化学プレスリリース		2011 年、期間満了	韓国 Seoul Semiconductor 等				
2	実用新案 第 2566207 号	日亜化学	1992	p 型 GaN 用として全面透明電極を使用	電極技術	○			○
		日経エレクトロニクス（2002）		2007 年、期間満了	豊田合成				
3	特許 第 2751963 号	日亜化学	1992	低温バッファ層上の GaN もしくは AlGaN を介する InGaN の結晶成長方法	低欠陥結晶薄膜形成技術	◎			○
		日経エレクトロニクス（2002）		2013 年、期間満了	豊田合成				
4	特許 第 2778349 号	日亜化学	1992	p 型 GaN もしくは p 型 AlGaN の電極金属として Ni を使用	電極技術	○			○
		日亜化学プレスリリース		2012 年、期間満了	韓国 Seoul Semiconductor の日本法人（ジャパンソウル半導体株式会社）				
5	特許 第 3679626 号	日亜化学	1992	基板を掘り下げて n 型電極を形成	電極技術	○			○
		日亜化学プレスリリース		2012 年、権利消滅（2012 年）	光陽ビジネスサービス、韓国 LumiRich 社（LED 照明）				
6	実用新案 第 3027676 号	日亜化学	1993	同一面の矩形の対角線位置に p 型と n 型の電極を配置	電極技術	○			○
		日経エレクトロニクス（2002）		1999 年、期間満了	豊田合成				

(表4-2　つづき)

7	特許 第2560963号	日亜化学	1993	ZnとSiをドープしたInGaN発光層	pn接合技術	○			○
		日経エレクトロニクス(2002)		2013年、権利消滅(2007年)	豊田合成				
8	特許 第2748818号	日亜化学	1993	素子の対角上にp型電極とn型電極を配置	電極技術	○			○
		日経エレクトロニクス(2002)		2013年、期間満了	豊田合成				
9	特許 第2770717号	日亜化学	1993	透明性のp型電極の上に絶縁性保護膜を形成	電極技術	○			○
		日亜化学プレスリリース		2013年、期間満了	ムーラー電機株式会社				
10	特許 第2770720号	日亜化学	1993	Auを主としAl及びCrを含まないp型電極	電極技術	○			○
		日経エレクトロニクス(2002)		2013年、期間満了	豊田合成				
11	特許 第2778405号	日亜化学	1993	MgドープAlGaNクラッド層とMgドープGaNコンタクト層の組合せ	電極技術	○			○
		日経エレクトロニクス(2002)		2013年、期間満了	豊田合成				
12	特許 第2780618号	日亜化学	1993	基板に切れ目を入れたチップの分離方法	その他	○			○
		日亜化学プレスリリース		2013年、期間満了	Everlight Electronics社、立花エレテック、E & E Japan				
13	特許 第2803742号	日亜化学	1993	金属薄膜によるp型電極	電極技術	○			○
		日経エレクトロニクス(2002)		2013年、期間満了	豊田合成				
14	特許 第2735057号	日亜化学	1994	ダブルヘテロ構造としてInGaNを使用	pn接合技術	◎			○
		日経エレクトロニクス(2002)		2015年、期間満了	豊田合成				

（表 4-2　つづき）

15	特許 第 2780691 号	日亜化学	1994	n 型 InGaN と p 型 AlGaN をキャリアのバリア層とした量子井戸構造の pn 接合	pn 接合技術	◎			○
		日経エレクトロニクス（2002）		2015 年、期間満了	豊田合成				
16	特許 第 3511970 号	日亜化学	1995	上下反転転写型 LED 構造	LED デバイスの全体構造	○			○
		日亜化学プレスリリース		2015 年、期間満了	韓国 Seoul Semiconductor の日本法人（ジャパンソウル半導体株式会社）				
17	特許 第 3356034 号	日亜化学	1997	p 型 GaN 用オーミック電極構造	電極技術	○			○
		日亜化学プレスリリース		2017 年、権利消滅（2017 年）	ムーラー電機株式会社、ドイツ Moeller GmbH				
18	特許 第 3900144 号	日亜化学	1998	透明樹脂中に無機蛍光体を含む白色 LED	白色化技術		○		○
		日亜化学プレスリリース		2019 年、期間満了	韓国 Seoul Semiconductor の日本法人（ジャパンソウル半導体株式会社）				
19	特許 第 3656456 号	日亜化学	1999	抵抗低減用 p 型電極コンタクト層の Mg 分布	電極技術	○			○
		日亜化学プレスリリース		2019 年、権利消滅（2019 年）	ムーラー電機株式会社、ドイツ Moeller GmbH				
20	特許 第 3803696 号	日亜化学	2001	ダブルバリア接合で p 型のバリアが厚い	pn 接合技術	○			○
		日亜化学プレスリリース		2021 年、権利消滅（2021 年）	燦坤（サンクン）日本電器株式会社（親会社台湾）				
21	特許 第 2900928 号	日亜化学	1991	蛍光体つき、サファイア基板上 GaN-LED	LED デバイスの全体構造		○		
		日亜化学プレスリリース		2011 年、期間満了	抵触注意の喚起				
22	特許 第 3724490 号	日亜化学	1991	青色 LED と樹脂に色補正のための染料もしくは顔料が含む LED	白色化技術		○		
		日亜化学プレスリリース		2011 年、期間満了	抵触注意の喚起				

（表 4-2　つづき）

23	特許 第 3724498 号	日亜化学	1991	青色 LED と樹脂に波長変換のための染料もしくは顔料が含む LED	白色化技術		○		
		日亜化学プレスリリース		2011 年、期間満了	抵触注意の喚起				
24	特許 第 2927279 号	日亜化学	1996	青色 LED と YAG：Ce 蛍光体（黄色）で白色化	白色化技術		◎		
		日亜化学プレスリリース		2017 年、期間満了	抵触注意の喚起				
25	特許 第 3503139 号	日亜化学	1996	青色 LED と蛍光体で白色化	白色化技術		◎		
		日亜化学プレスリリース		2017 年、期間満了	抵触注意の喚起				
26	特許 第 3700502 号	日亜化学	1996	青色 LED と Ce を含む蛍光体で白色化	白色化技術		◎		
		日亜化学プレスリリース		2017 年、期間満了	抵触注意の喚起				
27	特許 第 4414821 号	日亜化学、DOWA エレクトロニクス	2004	CASN 系赤色蛍光体基本特許、元素指定が一般式	蛍光体技術		◎		
		日亜化学プレスリリース		2024 年、権利存続中	抵触注意の喚起				
28	特許 第 4415065 号	日亜化学、DOWA エレクトロニクス	2004	CASN 系赤色蛍光体基本特許、元素が CASN 限定	蛍光体技術		○		
		日亜化学プレスリリース		2024 年、権利存続中	抵触注意の喚起				
29	特許 第 4511849 号	日亜化学、DOWA エレクトロニクス	2004	CASN 系赤色蛍光体基本特許、元素及び配合比、製造プロセスが限定	蛍光体技術		○		
		日亜化学プレスリリース		2024 年、権利存続中	抵触注意の喚起				
30	特許 第 4511885 号	日亜化学、DOWA エレクトロニクス	2004	CASN 系赤色蛍光体基本特許、発光強度で限定	蛍光体技術		○		
		日亜化学プレスリリース		2024 年、権利存続中	抵触注意の喚起				

(表 4-2　つづき)

豊田中研＝豊田中央研究所、JST＝科学技術振興機構

31	特許 第 4422653 号	日亜化学、DOWA エレクトロニクス	2005	CASN 系赤色蛍光体基本特許、X 線回折ピークで限定	蛍光体技術		○		
		日亜化学プレスリリース		2025 年、権利存続中	抵触注意の喚起				
32	特許 第 1708203 号 (特公平 4-15200)	名古屋大学	1985	アモルファス AlN 低温形成バッファ層	低欠陥結晶薄膜形成技術	◎			
		太田（2020）		2005 年、期間満了					
33	特許 第 2500319 号	名古屋大学	1990	電子線照射で Mg を活性化	p 型伝導性制御技術	○			
		太田（2020）		2010 年、期間満了					
34	特許 第 2623466 号	豊田合成、豊田中研、JST、名古屋大学	1990	気相成長時の Si ドーピングを制御して n 型抵抗率を制御	n 型伝導性制御技術	◎			○
		太田（2020）、日経エレクトロニクス（2002）、豊田合成プレスリリース		2010 年、期間満了	日亜化学、抵触注意				
35	特許 第 2737053 号	豊田合成、赤﨑、天野	1990	低温形成バッファ層付 Si ドープ n 層 Mg ドープ p 層発光素子	低欠陥結晶薄膜形成技術、n 型伝導性制御技術、p 型伝導性制御技術	◎			○
		日経エレクトロニクス（2002）、豊田合成プレスリリース		2010 年、期間満了	日亜化学、抵触注意				
36	特許 第 3026102 号	豊田合成、豊田中研、JST、名古屋大学	1990	Si ドープ n 型層と Mg ドープ p 型層でノンドープ n 型活性層を挟む pn 接合	pn 接合技術	○			○
		日経エレクトロニクス（2002）、豊田合成プレスリリース		2010 年、期間満了	日亜化学、抵触注意				

(表4-2　つづき)

37	特許 第2658009号	豊田合成、豊田中研	1991	p型にはAl、Ti系合金、n型にはNi系合金を電極に使用	電極技術	○			○
		日経エレクトロニクス(2002)、豊田合成プレスリリース		2012年、権利消滅(2006年)	日亜化学				
38	特許 第2666228号	豊田合成、豊田中研	1991	p型層のほぼ全面に透明電極を用いる	電極技術	○			○
		日経エレクトロニクス(2002)、豊田合成プレスリリース		2011年、無効審判による抹消(2000年)	日亜化学				
39	特許 第2626431号	豊田合成	1992	n型p型とも高低2つのキャリア濃度の層を持つ構造	電極技術	○			○
		日経エレクトロニクス(2002)、豊田合成プレスリリース		2012年、期間満了	日亜化学、抵触注意				
40	特許 第2681733号	豊田合成、赤﨑、天野	1992	p型コンタクト層をドーパント濃度の異なる2層として高濃度側にNi電極を設ける	電極技術	○			○
		日経エレクトロニクス(2002)、豊田合成プレスリリース		2012年、権利消滅(2010年)	日亜化学、抵触注意				
41	特許 第3209096号	豊田合成	1996	クラッド層及びコンタクト層の合計の厚みを10-150nmに限定	pn接合技術	○			○
		日経エレクトロニクス(2002)、豊田合成プレスリリース		2016年、期間満了	日亜化学、抵触注意				
42	特許 第3312715号	豊田合成、豊田中研、JST、名古屋大学	1990	特定濃度のSiドープn型層とノンドープn型層を有する構造	n型伝導性制御技術	◎			
		豊田合成プレスリリース		2010年、期間満了	抵触注意				

(表 4-2　つづき)

43	特許 第 3403665 号	豊田合成、赤﨑、天野	1990	超格子構造の発光層	pn 接合技術	○			
		豊田合成プレスリリース		2010 年、期間満了	抵触注意				
44	特許 第 3521201 号	豊田合成、豊田中研、JST、名古屋大学	1990	特定濃度の Si をドープした n 型層の製造方法	n 型伝導性制御技術	◎			
		豊田合成プレスリリース		2010 年、期間満了	抵触注意				
45	特許 第 3592300 号	豊田合成、赤﨑、天野	1990	SiC 基板上の低温形成バッファ層付 Si ドープ n 層 Mg ドープ p 層発光素子	低欠陥結晶薄膜形成技術、n 型伝導性制御技術、p 型伝導性制御技術	○			
		豊田合成プレスリリース		2010 年、期間満了	抵触注意				
46	特許 第 3661871 号	豊田合成、豊田中研、JST、名古屋大学	1990	気相成長による低温バッファ層上の Si ドープ n 型 GaN 層の形成方法	n 型伝導性制御技術	◎			
		豊田合成プレスリリース		2010 年、期間満了	抵触注意				
47	特許 第 3506874 号	豊田合成、赤﨑、天野	1992	p 型に特定濃度の高低 2 つのキャリア濃度の層を持つ構造	p 型伝導性制御技術	◎			
		豊田合成プレスリリース		2012 年、期間満了	抵触注意				
48	特許 第 3620926 号	豊田合成、豊田中研	1995	Au/Ni 構造の p 型層用電極構造	電極技術	○			
		豊田合成プレスリリース		2016 年、権利消滅（2015 年）	抵触注意				
49	特許 第 4045189 号	豊田合成、他外国企業	2000	青色発光＋シリケート系蛍光体（黄～緑）＋赤色蛍光体の白色発光素子	蛍光体技術		◎		
		豊田合成プレスリリース		2021 年、期間満了	抵触注意				

(表 4-2　つづき)

50	US5686738	Cree（Boston Univ. より権利取得）	1991	GaN バッファ層によるデバイス	低欠陥結晶薄膜形成技術	◎			○
		www.photonics.com 記事 LEDs Magazine 記事			AXT（台湾）BridgeLux Inc.（formerly eLite Optoelectronics）				
51	US6600175 US7615795 US7943945	Cree（Advanced Technology Materials 社から権利取得）	1996	蛍光体の波長変換による白色 LED	白色化技術		◎		
		Cree 社プレスリリース			ライセンス供与：Aurora Energie Corp.、Horner APG、Ledzworld Technology、Vexica Technology、及び Wyndsor Lighting, LLC				
52	US6657236	Cree	1999	凹凸による光取出し構造	高効率化（光取出し）技術	○			○
		LEDs Magazine 記事			BridgeLux Inc.（formerly eLite Optoelectronics）SemiLEDs				
53	US7211833	Cree	2001	側壁パッシベーション構造特許（金属マイグレーション防止）	LED 一般構造			○	○
		LEDs Magazine 記事			SemiLEDs				
54	US7611915	Cree	2001	側壁パッシベーション製造方法特許（金属マイグレーション防止）	LED 一般構造			○	○
		LEDs Magazine 記事			SemiLEDs				
55	US7557380	Cree	2004	SiC、GaN 等の導電性基板を用いた場合の電極構造	電極技術	○			○
		LEDs Magazine 記事			SemiLEDs				
56	US7737459	Cree	2004	0.1 平方 mm 以上の発光面積かつ特定の電流値で発光効率向上	LED 一般構造	○			○
		LEDs Magazine 記事			SemiLEDs				

（表 4-2　つづき）

57	US7795623	Cree	2004	発光効率向上のため、ボンディングパッド直下付近の半導体を高抵抗化し発光させない	LED 一般構造	○			○
		LEDs Magazine 記事			SemiLEDs				
58	US5779924	Philips	1996	表面に規則的テクスチャーを設け光取出し効率を向上	LED 一般構造		○		○
		LEDs Magazine 記事			Seoul Semiconductor				
59	US6274924	Philips	1998	絶縁性で熱伝導性の良い材料に LED ダイをマウント	LED 一般構造			○	○
		LEDs Magazine 記事			Seoul Semiconductor				
60	US6590235	Philips	1998	外側を固く内側を柔らかい材料を用いるパッケージ構造	LED 一般構造			○	○
		LEDs Magazine 記事			Seoul Semiconductor				
61	US6547249	Philips	2001	同一高抵抗基板に形成された 2 つ以上の LED を接続	LED 一般構造			○	○
		LEDs Magazine 記事			Seoul Semiconductor				
62	US6717353	Philips	2002	Sr-SiON：Eu 蛍光体（主に緑）による色変換	蛍光体技術		◎		○
		LEDs Magazine 記事			Seoul Semiconductor				
63	US6459130 US6927469 US7199454	Osram	1995	リードフレームがミラーを兼ねた表面実装型 LED 構造	LED 一般構造			○	○
		Osram プレスリリース及び訴訟データベース			Samsung				

（表4-2　つづき）

64	US6812500 US7078732 US7126162 US7345317 US7629621	Osram	1996	紫外、青、緑の励起光＋色変換層からなる白色LED構造（蛍光体はYAG：Ce）	白色化技術、蛍光体材料		◎		○
		Osram プレスリリース及び訴訟データベース			Samsung				
65	US7151283	Osram	1996	短波長を波長変換して多色化する構造（蛍光体はYAG：Ce）	白色化技術、蛍光体材料		◎		○
		Osram プレスリリース及びLEDs Magazine 記事			LG Electronics & LG Innotek				
66	US6897490	Osram	2000	カップ状の蛍光体充填部を持つ多色LED構造	全体デバイス構造		○		○
		Osram プレスリリース及び訴訟データベース			Samsung				
67	US7427806	Osram	2005	外装材のチップ実装位置の周辺に窪みを設け、直接発光が当たらない位置で外装材と透明樹脂を接着	LED 一般構造			○	○
		Osram プレスリリース及び訴訟データベース			Samsung				

出所：筆者作成

の処理が必要であることが判明している。元素を格子位置に戻すためには比較的高いエネルギーが必要であるが、水素を脱離させるためには比較的低いエネルギーで実現可能である。名古屋大学の発明は、外部から電子ビームのエネルギーを与えることによりターミネートしていた水素を脱離させることでp型化の活性化を達成した。1991年に出願された日亜化学の整理番号1の特許は、比較的低温でアニールすることによりp型化の活性化を達成する特許であり、この2つの特許のどちらかが青色LEDの実現には不可欠であり、両方が必須特許であると言える。

「pn接合技術」とは、実際に発光する部分をどのような構造とするかという技術である。単純にp型半導体とn型半導体を接触させても発光はするが、単純な構造では電子や正孔がpn接合の外に流れて発光に寄与しないケースが出てくる。このため電子や正孔を発光層に閉じ込める構造が実用的なLEDには必要となる。この構造はダブルヘテロ構造や量子井戸構造と呼ばれる。単純なpn接合構造は1990年に出願された豊田合成の整理番号36の特許があるが、実用上は1994年に出願された日亜化学の整理番号14、15の特許が重要であり、必須特許となる。日亜化学の他のpn接合技術の特許としては整理番号20があるが、ダブルヘテロ構造に限定した内容であり、必ずしも必須特許ではない。豊田合成の他のpn接合技術の特許には1990年に出願された整理番号43の特許及び1996年に出願された整理番号41の特許があるが、限定された内容であり回避可能であるため、必須特許とまでは言えない。

ここまで説明した4つの技術以外に、青色LEDに関する訴訟では「電極技術」の特許が多数使われた。一般的にGaNのようなワイドギャップ半導体ではn型半導体は得られやすく、n型半導体と外部を低抵抗で接続するオーム接触性の金属電極も得られやすい。逆に、p型半導体は得られにくく、p型半導体と外部を低抵抗で接続する金属電極も整流性になり高抵抗化しやすい。GaNも同様の性質を持ち、p型GaNと金属電極の低抵抗化が課題であった。これを解決する手段が「電極技術」である。加えてLEDでは光を外部に取り出す必要があり、電極も透過性が要求され、この点も課題となった。実用化のための電極技術の特許は日亜化学からも豊田合成からも多数出願されている。電極技術は研究開発により継続的に進歩し、新しい改良技術で代替されるため、訴訟時点では必須特許であっても、短いスパンで代替可能となっていると推測される。このため、電極技術の必須特許は特定できない。

次に白色化技術の必須特許に関して検討する。前述したように、青色 LED はもともと赤色 LED と緑色 LED を組み合せて白色光を得ることが目的であった。しかしながら、青色光を蛍光体による波長変換光で白色化する方式がより安価であるので、この白色化技術が望まれた。実際には白色 LED 技術は、短波長の光を長波長に変換する波長変換の概念と具体的な波長変換を行う蛍光体材料の 2 つの技術から構成される。

日亜化学が 1991 年に出願した白色 LED の特許は整理番号 21、22、23 であり、混色による白色化は示唆していたが蛍光体は開示されておらず、波長変換までは権利範囲に入っていない。実際に必須特許となるのは 1996 年に出願された整理番号 24、25、26 の特許である。これらの特許では、青色光を蛍光体により波長変換して青色光と混色し白色光を得る技術が明示され、具体的で実用的な蛍光体材料も特許化された。1 つの LED と 1 種類の蛍光体で白色化できることは、製造コストの点でも、得られる明るさの点でも優位性が高いものであった。同様の波長変換による白色化技術は、1996 年に Cree 社（実際の出願人は Advanced Technology Materials 社）が出願した整理番号 51 の特許と、同年に Osram 社が出願した整理番号 64、65 の特許がある。日亜化学の整理番号 21、22、23 の特許、Cree 社の整理番号 51 の特許、Osram 社の整理番号 64、65 の特許が必須特許に位置づけられる。

日亜化学は当初、青色光に補色である黄色光を混色することで有用な白色 LED を実用化したが、白色光が普及すると、輝度に加えて演色性の改善が課題になってくる。このため青色を赤色や緑色の波長に変換する蛍光体が重要になる。この蛍光体材料の特許には、2000 年に出願された豊田合成の整理番号 49 の特許、2002 年に出願された Philips/Lumileds 社の整理番号 62 の特許、2004 年に出願された日亜化学の整理番号 27 の特許がある。整理番号 27 から 31 は同一の蛍光体材料に関して請求項の限定の仕方を変更した特許であり、実質的に同一材料であるので、ここでは整理番号 27 で代表させる。これらの特許は白色 LED の市場拡大のために重要であり、いずれかを使用する必要があり必須特許となった。

ここまで検討してきた技術は、青色 LED 技術と白色化技術であるが、LED 自体は既存の電子部品であり、透明樹脂を用いたパッケージング技術や半導体チップのリードフレームへの接続技術等は既存の技術が流用可能である。これらの LED 一般構造の技術は既存の LED メーカである Philips/Lumileds 社や Osram 社等が保有しており、これらの特許を訴訟に使用している。LED 一般構造の技術の特許は製品仕様の点では重要だが、既存技術であり回避不可能とは考え難いので、必須技術とはしていない。

特許内容を検討してきたように、1985 年の名古屋大学による低欠陥結晶薄膜形成技術の特許出願を契機に、GaN の技術体系の形成が始まり、青色 LED の要素技術に関する特許が 1990 年から 1995 年頃まで出願された。白色化技術のうち波長変換技術と具体的な蛍光体材料の特許が 1996 年に、演色性を高める蛍光体材料の特許が 2000 年以降に出願され、必須特許群が形成されていった様子が窺われる。白色 LED は複数の技術が積層的に用いられており、技術開発初期の複数の特許が必須特許を形成している。

4.4 主要 5 社による必須特許の専有

表 4-2 の必須特許の保有者と内容を整理すると、次のとおりとなった。

・日亜化学：8 件（青色 LED 技術 4 件、白色化技術 4 件）
・豊田合成：8 件（連携先の名古屋大学の特許を含む、青色 LED 技術 7 件、白色化技術 1 件、白色化技術は外部より導入）
・Cree 社：2 件（青色 LED 技術 1 件、白色化技術 1 件、両方とも外部より導入）
・Philips/Lumileds 社：1 件（白色化技術 1 件）
・Osram 社：2 件（白色化技術 2 件）

当初より GaN の研究開発を行っていた日亜化学と豊田合成に青色 LED 技術に関する必須特許が集中しているが、Cree 社も Boston 大学からの特許の導入により青色LED技術に関する必須特許を確保している。GaNの研究開発には遅れたが、照明分野の世界的企業であるPhilips/Lumileds社とOsram社は白色化技術や蛍光体材料の特許により必須特許を確保している。Cree社は白色化技術でも外部から特許を導入することにより必須特許を確保している。また、代替困難な特許ではないにしても、訴訟に使用された従来のパッケージング系のLED関連の必須特許をPhilips/Lumileds社とOsram社が保有する点は、後に日亜化学がクロスライセンスを締結する際に考慮されたと推測される。

以上のように主要5社が必須特許を保有していることが明らかになった。主要5社以外には、必須特許を保有する企業がないという直接的エビデンスはないが、図4-4に示した特許ライセンスの相関図から分かるように主要5社の全社がクロスライセンスしている企業が存在しないことから、主要5社で必須特許を専有したと強く推定できる。主要5社は白色LED事業を行っており、他に必須特許権者があれば、その企業と主要5社はクロスライセンス契約を締結する必要があるからである。

以上で、1.4に示した暗黙の知財同盟によるイノベーションの収益化を論証する要件1が検証できた。

5. 暗黙の知財同盟によるイノベーションの収益化

5.1　主要5社間のクロスライセンス状態

日亜化学は1996年から豊田合成と相互に国内で特許侵害訴訟があり、加えて1999年には、Cree社製LEDを輸入した住友商事を日本で提訴した。米国においては2000年にCree社及びロームそれぞれから日亜化学が提訴され、さらに2001年にはOsram社にも提訴された。しかし、2002年になると日亜化学は係争中であった豊田合成、Cree社、Osram社と、訴訟関係にはなかったがPhilips/Lumileds社とクロスライセンス契約を締結して、これをプレスリリースで公表した。この時点では日亜化学を除く主要4社間のクロスライセンス契約の締結は明示的にはなかった。

第１章で定義したクロスライセンス状態を再度、以下に示す。

−クロスライセンス契約を明示的に締結して、相互に必須特許の実施を認めるか、或いは、明示的な契約はないが、実質的に相互に特許の実施を容認している関係性をクロスライセンス状態と呼ぶ。（第１章の定義、第２章の記載と同じ）

本節では、主要５社間がクロスライセンス状態にあったことを検証する。主要５社のうち任意の２社を選ぶ組合せは全部で10通りあり、クロスライセンス契約を締結した時期を各社のプレスリリース等から確認すると以下となる。

1）日亜化学−豊田合成　2002年
2）日亜化学−Cree社　2002年
3）日亜化学−Osram社　2002年
4）日亜化学−Philips/Lumileds社　2002年
5）豊田合成−Philips/Lumileds社　2006年
6）豊田合成−Osram社　2007年
7）豊田合成−Cree社　2008年
8）Osram社−Philips/Lumileds社　2007年
9）Osram社−Cree社　2011年
10）Cree社−Philips/Lumileds社　2010年

主要５社のうち日亜化学は2002年に、日亜化学以外の４社は2003年から2011年に、相互にクロスライセンス契約を締結した。一般的にライセンスの有無は非公開にされることが多いが、白色LED業界では訴訟やライセンス契約は公開されることが多いことから、それ以前に日亜化学以外の主要４社間のクロスライセンス契約はなかったと考えてよい。一方、2003年から2011年の間は主要５社間の訴訟もなく、上述した定義における実施許諾する、或いは、実施を容認するクロスライセンス状態になっていたことは明白である。

次に2002年の日亜化学による主要4社とのクロスライセンス締結以前に、クロスライセンス状態であったかを検証する。2002年以前にあった主要5社間の特許訴訟は以下である。なお、年は提訴された年である。

日本
・日亜化学（原告、被告）－豊田合成（原告、被告）　1996年から多数
・日亜化学（原告）－住友商事（被告：Cree社製品を輸入）　1999年
・ローム（原告）－日亜化学（被告）　2001年
米国
・Cree社、North Carolina State大学（原告）－日亜化学（被告）　2000年
・ローム（原告）－日亜化学（被告）　2000年
・Osram社（原告）－日亜化学（被告）　2001年

日米の訴訟国の違いはあるが、原告、被告には、主要5社のうち、日亜化学、豊田合成、Cree社、Osram社の4社が入っており、外形的にはとてもアライアンス関係が成立しているようにはみえない。特に日亜化学－豊田合成間の訴訟は約40件あり、激しい訴訟合戦であった。しかしながら、訴訟当事者の振る舞いや主観とは別に、客観的に次のような状況であった。

1）日亜化学－豊田合成以外に、我が国と米国では原告・被告の立場は逆になるが、Cree社と日亜化学は相互に提訴した。また、日亜化学は米国でOsram社から提訴された。
2）訴訟した2社間で、何れかが一方的に勝訴することはなかった。日経エレクトロニクス2002年10月7日号の記事によれば、複数の訴訟が提訴された日亜化学－豊田合成では、2000年頃までは日亜化学が勝訴していたが、2001年以降は豊田合成が勝訴する案件が増加した。
3）これらの訴訟を通じて主要5社の各社は、他社が必須特許を保有しており、それが無効化できないことを認識した。
4）訴訟で差し止め請求や損害賠償請求を行ったが、最終的な判決が確定

することなく、結果的には相互の特許力を確認しあうことになった。そして、提訴はクロスライセンス契約を締結することで取り下げられている。

5) 主要5社以外の必須特許を持たない企業、例えば、日本の星和電機、台湾の Arima Optelectronics 社等が市場に参入してきており、必須特許を保有する主要5社にとっては、共通の危機感があった（日経エレクトロニクス，2002)。

6) 訴訟の初期、或いは、途中段階から日亜化学は、豊田合成を市場から排除できるとは考えていなかったと思われる。大規模な訴訟をあたかも劇場演劇を上演するように行うことで、自社で制御できない大企業による市場参入を抑制して、その間に自社の技術力、製造力、ブランド力を構築する時間を確保できた。

7) 結果的に、訴訟期間であっても主要5社内では相互に自社の必須特許の実施を容認したことになる。

上述の考察から、日亜化学が他の主要4社とクロスライセンスを締結した2002年以前でも、主要5社は成り行きによるクロスライセンス状態であったと言える。

これで、1.4で示した要件2が検証できた。

5.2 市場参入に取り組んだ企業とその結果

次に、主要5社以外で市場参入を試みた企業の存在を検討する。白色LED市場への参入を目論んだ企業を網羅的に特定することは難しいので、その可能性の高い企業を絞り込むことから検討を始める。

主要5社の技術開発、特許出願や事業展開の経緯を考察すると、白色LEDの技術開発を行い市場参入する企業には、ある傾向があると思われる。それは次の要素のうち、いくつかを具備していることである。第1に化合物半導体の技術や製造能力があり、第2に蛍光体に関する知見や技術を保有し、第3に照明器具や照明に関する事業を行っていることである。このような要素の可能性のある企業には、GE社、パナソニック、東芝が挙げられる。そこで、この 3 社を対象に考察する。

GE 社は Osram 社、Philips 社と並び照明装置のグローバルリーダーであると共に、半導体黎明期には主要な供給者でもあった。しかし、半導体技術は 1980 年代後半に他社に売却して、事業を重電やシステム等に集中しており、個別半導体を研究開発する経営資源は既になく、青色 LED を事業化する素地はなかった。このため白色化技術を獲得する動機もなかったと考えられる。

パナソニックと東芝は、国内上位の照明装置のメーカであり、照明光源の研究開発と製造能力を保有していると共に、社内に半導体技術も保有し、技術開発と市場参入する潜在能力があった。この 2 社の特許出願件数（日本）を日亜化学と豊田合成と比較したグラフを図 4-5 に示す。

パナソニック及び東芝の GaN 系特許出願数は、日亜化学や豊田合成と同等以上であった。特に 2005 年から 2006 年のパナソニックの出願数、及び、2010 年から 2012 年の東芝の出願数は、約 200 件/年であり、この件数は日亜化学や豊田合成の出願件数よりも多い。この件数は単に研究開発の成果を特許化する規模ではなく、事業を前提にした技術開発による特許出願と考えてよい。即ち、青色・白色 LED 市場への参入を目論んで、技術開発していたと推測される。

東芝は、2013 年 04 月 23 日付け WEB 記事（「東芝 GaN on Silicon 技術を米社から買収、白色 LED と GaN パワー半導体を強化へ」[3]）にあるように 2012 年に GaN-on-Silicon 技術を持つ米 Bridgelux 社を買収し、低コスト高性能の白色 LED 市場に後発参入した。それまで参入しなかったのは、主要 5 社による必須特許のライセンスが得られなかったからと推定される。BridgeLux 社の 2008 年 12 月 29 日付けプレスリリース（「Bridgelux Settles Patent Litigation with Cree」[4]）によれば、BridgeLux 社は Cree 社から 2006 年に提訴されていた特許侵害訴訟を 2008 年に和解し、Cree 社と有償特許ライ

3　https://eetimes.itmedia.co.jp/ee/articles/1304/23/news070.html（アクセス日：2021 年 12 月 7 日）
4　https://www.bridgelux.com/resources/bridgelux-settles-patent-litigation-cree（アクセス日：2021 年 12 月 7 日）

図 4-5　パナソニックと東芝の GaN 系 LED 関係の特許出願数

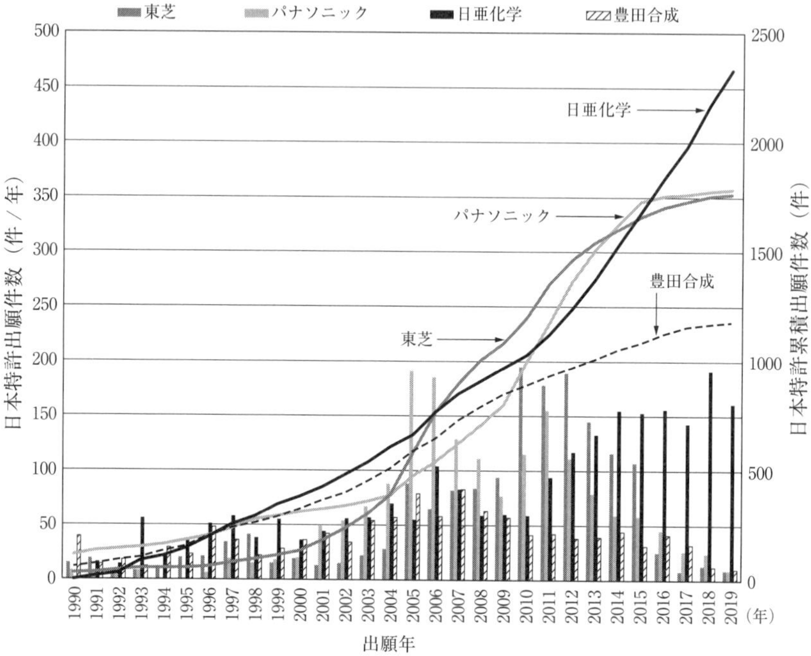

出所：筆者作成

センス契約を締結した。BridgeLux 社の買収により東芝は市場参入が可能になったが、後発では事業がうまく行かなかった模様で、2016 年には白色 LED 事業から撤退している（2015 年 10 月 28 日付けプレスリリース「当社システム LSI 事業及びディスクリート半導体事業の構造改革について」[5])。

パナソニックは、2007 年には白色 LED の市販を開始した（同社 2007 年 3 月 2 日付けプレスリリース「GaN 基板採用で業界最高出力の白色パワー LED を開発」[6])。4.4 で検証したように主要 5 社が必須特許を専有しており、パナソニックは必須特許を確保していない。主要 5 社のいずれかから必須特

5　https://www.global.toshiba/content/dam/toshiba/migration/corp/irAssets/about/ir/jp/news/20151028_2.pdf（アクセス日：2021 年 12 月 7 日）
6　https://news.panasonic.com/jp/press/jn070302-1（アクセス日：2023 年 10 月 6 日）

許のライセンスを受けたと推測され、主要5社に遅れて市場参入することになった。

以上より、パナソニック及び東芝は技術や製造の潜在能力を保有しつつも、必須特許を保有しておらず、主要5社による知財同盟のため、市場参入が相当遅れることになった。新興メーカ等のブランド力に乏しい企業ならば、ブランドを毀損するリスクが少なく、特許権を尊重しない市場参入も可能であるが、ブランド価値の高い企業に対しては、必須特許やそのライセンスがないことは市場参入の抑止に強く作用した。即ち、暗黙の知財同盟は、大手企業に対する参入障壁として有効に機能したと言える。

これで、1.4に記した暗黙の知財同盟によるイノベーションの収益化を論証する第3の要件が検証できた。

5.3　主要5社の事業を補完した企業

この節ではライセンス関係図にある主要5社以外の企業の役割を考察する。暗黙の知財同盟では、自社事業の脅威となる企業にはライセンスをしないが、逆に、自社事業に有利な場合は同盟以外の企業にライセンスしても特許料収入を得て自社の収益が向上するため、暗黙の知財同盟の機能の維持に問題はない。同盟以外の企業にライセンス、或いはクロスライセンスして自社に有利になるのは次のような企業である。

1) 自社が保有しない技術、例えば、小型デバイスを製造する技術やパッケージ技術を保有する企業（例：シチズン電子等）
2) 必須特許ではないが、自社の製造に利用できる特許を持つ企業
3) 急速な市場拡大に対して、自社生産設備の拡張では間に合わない、或いは急速な多額の設備投資のリスクを低減するために、適切なロイヤリティーを徴収することで、あたかも自社の生産設備を拡張したような経営効果を出せる企業

このような企業の役割を説明するために「補完業者」の概念を導入する。補完業者とはもともと経済学や経営学の概念であり、「供給者でも顧客でも

なく、資本関係もないが、同じ顧客を共有して製品やサービスを提供することで相乗効果を発揮する企業」のことを意味する。例えば、インテルとマイクロソフトは相互に補完業者である。両社はパソコン製造事業者が共通の顧客であり、両社が揃ったことで、パソコン市場は大きく成長した。プラットフォーム戦略における補完業者は経営戦略上、重要な役割を果たしている。例えば、インテルのCPU事業にとって、台湾のマザーボードメーカは補完業者である。台湾のマザーボードメーカがインテルが推進したPCバスアーキテクチャを実装したボードを供給したことが、インテルCPUの普及を加速し、これがインテルのプラットフォーム戦略を支えた。このためインテルは台湾のマザーボードメーカを技術支援などで育成した。この補完業者という概念は白色LEDの知財同盟の議論にも有効と考え、以後の議論で使用することとする。

白色LEDの暗黙の知財同盟でも、補完業者は重要な意味を持った。自社ですべての製品を提供することやすべての工程を実施することよりも、得意とする外部企業に任せることで自社の投資リスクを減らすこと、不足技術を補うことが可能となることから、暗黙の知財同盟においても、上述のような企業を補完業者と呼ぶことにする。暗黙の知財同盟は単に閉じた専有企業グループなのではなく、イノベーションエコシステムの一形態なのである。

主要5社は同盟企業以外に特許を実施許諾することで、あたかもライセンシーに製造子会社的な役割を担わせた。即ち、主要5社の補完業者を創出し、イノベーションエコシステムを形成したとみなすことができる。

具体的には、日亜化学が2002年に主要5社以外にライセンスした朝日ラバーやシチズン電子は独自のパッケージ技術を有し（米山, 2009)、日亜化学からみて上述1）のタイプの補完業者であった。

Samsung社やLG Innotek社（LGグループの企業）は2009年から白色LED市場に参入して、相当量のシェアを獲得している。2000年代後半に液晶TVのバックライトが冷陰極管から白色LEDに入れ替わる時期に、液晶TVの競争力の1つが白色LEDの採用であり[7]、TV製造事業者は白色LED

7　インプレス社Webサイト「AV Watch」、西川（2010）「液晶テレビのバックライトが「LED」になった理由」https://av.watch.impress.co.jp/docs/series/dg/359610.html（アクセス日：

の調達が重要であった。Samsung社及びLG電子（LGグループの企業）は、当時のTV世界シェアの1位と2位であり[8]、自社の液晶TV用に自家消費することを条件に特許ライセンスを受けていたと強く推測される。白色LEDの出荷数は急増していた時期だが、同時に単価下落も進んでおり、白色LEDメーカにとっては数百億円規模の大型設備投資は大きな事業リスクであった。一方、TVセットとしての利益が見込めるSamsung社やLG Innotek社は白色LEDの事業投資リスクは相対的に小さくなる。液晶TVの競争力確保には必須であったため大型の設備投資が可能であり、自家消費が前提のこれらの企業と、他社に市場参入してほしくはないが投資リスクを分散したい主要5社とで利害は一致する。Samsung社やLG Innotek社に白色LEDを供給するために製造設備を拡大するよりも、この2社に特許ライセンスして製造を認めて、適切な特許ロイヤリティーを徴収する方が経営的に有利と判断する企業があったと推定される。このように、Samsung社とLG Innotek社は特許権を侵害しておらず、主要5社のいずれかの企業から正式に特許ライセンスを受けたとの前述の推測は妥当性が高い。

以上から、1.4で示した要件4が検証された。

5.4　主要5社による市場のシェア確保と収益貢献

暗黙の知財同盟の収益効果はデータからも検証できる。図4-3が示すように、1997年から2003年までは主要5社で金額シェア95%以上という非常に高い市場シェアを獲得した。その後、ライセンスを受けずに市場参入する中小企業に対して特許侵害訴訟で対抗したが効果がなく、主要5社のシェアは下がるが、それでも、2008年まで約70%以上であり、高い市場シェアを継続している。液晶TVの白色LEDが普及し始める2009年以降は主要5社のシェアは減少するが、主要5社の大手の補完業者であるSamsung社及びLG Innotek社を加えればシェアは約60%以上であり、高い市場シェア確保

2022年3月22日）

8　インプレス社Webサイト「AV Watch」、臼田（2010）「2009年の全世界テレビ出荷は2億1,100万台」 https://av.watch.impress.co.jp/docs/news/350810.html（アクセス日：2022年3月22日）

を継続していると言える。

以上から、1.4で記した暗黙の知財同盟によるイノベーションの収益化を論証する要件5が検証された。これで、要件1〜5の全てが検証されたことになる。

主要5社による高い市場シェアは、図4-3が示すように2008年以降、徐々に低下していく。このことは主要5社とその補完業者以外の市場参入を抑制する暗黙の知財同盟の機能の低下を意味している。補完業者としてではなく市場参入するには、主要5社とのクロスライセンスが必要になる。ここでは暗黙の知財同盟の機能がどのように低下して、終息したかを検討するために、各社のプレスリリースから主要5社以外に発生したクロスライセンスの企業と時期を抽出する。なお一方向ライセンスを検討しないのは、それが補完業者として機能した可能性があるためである。

・シャープ：日亜化学（2008）、豊田合成（2009）、Osram社（2013）
・昭和電工：豊田合成（2008）
・LGグループ：Osram社（2012）
・Samsung社：Osram社（2012）
・BridgeLux社：Cree社（2013）
・Epistar社/Everlight社：Osram社（2009）、豊田合成（2010）

ある年を境に一挙に暗黙の知財同盟の機能が低下する訳ではなく、補完業者ではない参入企業数が増加しつつ、主要5社のシェアが低下している。シャープは2008年に日亜化学からクロスライセンスを受けると、2009年に豊田合成、2013年にOsram社と徐々にクロスライセンスを増やしていった。昭和電工は2008年に豊田合成からクロスライセンスを受けているが、その後、豊田合成から出資を受け、白色LED事業を豊田合成に譲渡していることから、主要5社外企業ではなく、最初から豊田合成の補完業者であったと推測される。Samsung社及びLGグループは2012年に、Epistar社/Everlight社は2009年と2010年にOsram社や豊田合成からクロスライセンスを受けている。

以上から、主要5社による暗黙の知財同盟は、主要5社でも補完業者でもない企業の市場参入により、2008 年に機能の低下が始まり、2012 年に機能の低下が加速したと考えられる。青色 LED 技術の必須特許は 2015 年までに順次期間満了し、白色化技術の必須特許は 2017 に期間満了した。特許満了よりも早く暗黙の知財同盟の機能の低下が始まったことは、主要 5 社以外で改良技術が生まれ、その技術が白色 LED の高性能化に必要であり、そのために主要 5 社内の企業が主要 5 社外の企業とのクロスライセンスを欲したためと理解できる。

次に、暗黙の知財同盟が白色 LED 事業の収益性にどの程度貢献したかを検討する。完全競争では需要と供給の関係から価格が定まり、多くの場合、ほとんど利益を出せない。経済学では、イノベーターがイノベーションにより創出された価値を他社に先行して獲得して、追随企業が登場するまでの期間に得られる超過利潤を「シュンペーターレント」と呼ぶ。入手したデータの範囲では、主要 5 社の白色 LED 事業の営業利益率の最高値は、日亜化学で約 80%（2003 年頃）、豊田合成で約 35%、Cree 社で約 35%（2001 年頃）であり、非常に高い数値である。白色 LED のように、複数企業がイノベーションを創出し、その複数企業によるシュンペーターレントの享受を可能にしたのが暗黙の知財同盟である。暗黙の知財同盟がない場合においても、追随企業の市場参入まではシュンペーターレントを獲得することはできるが、暗黙の知財同盟により、このシュンペーターレントを享受する期間を大幅に延長することが可能となった。

暗黙の知財同盟は、競合他社の市場参入の障壁として機能する一方で、主要 5 社間の競争は維持された。つまり、暗黙の知財同盟は、利益を確保して次のイノベーションへ研究開発投資が可能な合理的な競争環境を形成したと言える。

6. 結論

本章は、白色 LED において暗黙の知財同盟の形成が、補完業者ではない潜在的競合他社の市場参入を遅延させ、主要 5 社は相当の収益を得たことを検証した。従来、青色 LED や白色 LED の知的財産マネジメントでは、日亜化学が多数企業を特許侵害で提訴したことが主に話題にされてきた。日亜化学が大きなプレーヤーであったことは確かであるが、実際には、主要5社の意図的ではなく係争や和解の結果生じた成り行きの緩やかな同盟関係によって、特許権の経営効果が発揮されたのである。

本章は、上記の結論に至る検証を最大限、エビデンスに基づいて行った。必須特許を特定したことで、必須特許権者が主要5社に限られたことを確認した。Samsung社及びLG Innotek社が主要5社の中から特許ライセンスを受けたことを確認できたことで、暗黙の知財同盟における補完業者の存在や役割を明確にすることができた。

また、暗黙の知財同盟は同盟外に対しては専有的であるが、同盟内の競争が維持されてイノベーションが継続したことが、第2章のインクジェットの事例、第3章のDVDドライブの事例と同様に、白色LEDでも検証できた。この視点からも、暗黙の知財同盟は好ましいイノベーションエコシステムと言えよう。

参考文献

赤﨑勇（2004），「夢の実現を語る」，『応用物理学会誌』，*73*（8），pp.1060-1067.

赤﨑勇（2013），『青い光に魅せられて　青色LED開発物語』，日本経済新聞出版社.

太田光一（2020），『ノーベル賞発明「青色LED」開発の歴史と特許』，『tokugikon』，2020.5.29, *297*，pp.14-23.

総合技研「白色LEDの現状と将来性」2000年版，2002年版，2005年版，2007年版，2009年版，2015年版.

中村修二（2014），「青色LEDは“ベンチャー”から生まれた」，日経エレクトロニクスDigital記事，http://techon.nikkeibp.co.jp/article/NED/20141028/385404/，2014年11月10日号，アクセス日：2014年11月18日.

日経エレクトロニクス（2002），「日亜化学と豊田合成が和解 青色LEDの戦場は 法廷から市場へ」，2002年10月7日号（No.832）.

日経テクノロジーオンライン（2014），「青色LEDを最初に光らせた赤﨑氏と天野氏」，http://techon.nikkeibp.co.jp/article/NEWS/20141008/381460/，アクセス日：2014年10月9日.

米山茂美（2009），「ビジネスケースNo.075　日亜化学工業　白色LEDの開発と事業化」，『一橋ビジネスレビュー』，*57*（2），pp.128-145.

（浅井　明）

第5章

携帯電話 GSM における排他的企業連合

1. はじめに

本章では欧州が1988年に始めた携帯電話網の国際技術標準 GSM（Global System for Mobile Communications）における参入障壁を複数社が構築した事例を検討する。そこでは、システム連続性、相互接続性、実装ノウハウによって参入障壁を形成するインナーサークル、言い換えれば排他的企業連合が形成され、その企業連合に入り込むために標準必須特許が巧妙に活用された。GSM では特許に加えて標準化文書では記述されない運用パラメータや相互接続試験のノウハウという広義の知的財産を特定の企業グループが専有することにより参入障壁を構築した。この企業グループこそ、Ericsson 社、Nokia 社、Siemens 社、Alcatel 社、Motorola 社の5社が形成した緩やかな排他的企業連合である。このような広義の知的財産を特定の企業グループが専有することで参入障壁を構築する排他的企業連合のスキームは、その後、企業グループの構成者に変化はあったが、5G（第5世代携帯電話）の今日に至るまで機能し続けた。これが GSM の事例を議論する今日的な意義である。

まず、汎ヨーロッパ主義に基づく GSM の成功の歴史を振り返る。次に GSM の参入障壁の構造を GSM のアーキテクチャ、GSM 市場に参加した製造事業者、彼らの標準必須特許の構成、相互接続試験に象徴される広義の知的財産の観点から議論する。GSM 市場にはそもそも非欧州企業の参入が難しかった。そこを域外企業の Motorola 社が標準必須特許を武器にしてヨーロッパの企業連合に加わった経緯を検証する。形成された5社連合は、交換機と基地局事業の寡占化に成功した。その寡占化の下で、携帯端末については、市場を緩やかに外部に開放しつつも、ネットワークシステムとの接続性を抑えて市場の優位性を保った点について市場占有率を用いて説明する。最後に、相互接続性を障壁にした排他的企業連合から得られる教訓を示す。

2. GSMの歴史とヨーロッパ標準の覇権

携帯電話網の開発は米国、欧州、日本の3極で行われてきた経緯がある。図5-1に1980年中頃から2020年にかけての「モバイル通信ネットワーク」とも呼ぶ、携帯電話網の標準化の歴史を示す。携帯電話の通信方式は各国別の標準から始まり、日米欧の地域標準を経て、第4世代からは世界で1つの方式へ収斂している。

第1世代は移動通信の創世期であり、各国・各製造事業者がその国・地域の固有携帯電話網を開発していた。北ヨーロッパのNMT（Nordic Mobile Telephony）が知られている。冬の厳しい気候条件では遠隔地の通信を無線

図5-1　携帯電話網の世代

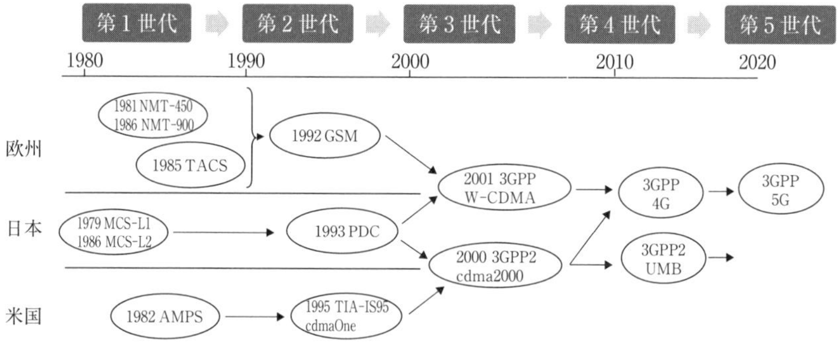

NMT：Nordic Mobile Telecommunication System
TACS：Total Access Communication System
MCS：Mobile Cellular System
AMPS：Advanced Mobile Phone Service
GSM：Global System for Mobile Communications
PDC：Personal Digital Cellular
TIA：Telecommunications Industry Association
W-CDMA：Wideband Code Division Multiple Access
UMB：Ultra Mobile Broadband
3rd Generation Partnership Project (2)

出所：筆者作成

で行う需要があり、アナログ携帯電話の第1世代の普及をリードした。また、AMPSは1983年にAT&Tベル研究所で誕生した第1世代のアナログ電話網である。Motorola社の協力を得て北米で売れた。イギリスは米国勢やEricsson社の協力を得てAMPSを改良してTACSという規格を採用している。このころのマーケットはTACSがAMPSに似ていることと、米国のAMPS市場が急成長していたことから、携帯電話の価格は急速に下落したこともあり、サービス開始直後からTACSの普及率が最も高い国は、北欧以外のヨーロッパではイギリスであった。アイルランド、オーストリア、イタリア、スペインなど他のヨーロッパ諸国もTACSシステムを採用した。

この時期と並行して、1982年欧州郵政会議（CEPT）が、汎欧州携帯電話システムの規格を広げるため、GSMグループを設立したことにより、デジタル携帯電話網の開発が始まる。背景に欧州連合（EU）の設立（1993）に向けた汎ヨーロッパ主義がある。今日では携帯電話1つで世界中のどこでも使える国際ローミングは当たり前だが、GSMはこれを目的としていたことが特徴である。1987年に域内12か国の通信事業者が最初のMoU（Memorandum of Understanding、覚書）を調印し、アクセス方式として時分割多重アクセス（TDMA）を選ぶ。並立する技術概念に周波数分割多重アクセス（FDMA）、符号分割多重アクセス（CDMA）があるがこれらが融合されるのは後の第3世代（3G）標準化である。

1988年に欧州電気通信標準化機構（European Telecommunications Standards Institute、略称ETSIエッツィ）が設立され、同年GSM方式の実現可能性が検証されている。そして1991年にはGSMの商用サービスが開始された。以降、GSMは下記のように拡大を続け、20世紀後半における電気通信分野の国際標準化でヨーロッパの大成功例となった。

・1995年　GSM仕様のフェーズ2が実施される。カバレッジが地方にまで拡大

・1996年6月～　81か国、133ネットワークが稼動

・1997年7月～　109か国で200のネットワークが稼働、全世界で約4,400万人が加入

- 1999年　WAP（Wireless Application Protocol）が誕生、130か国で運用開始、加入者数2億6千万人
- 2000年　General Packet Radio Service（GPRS）が誕生
- 2001年前半、5億5,000万人以上がモバイル通信に加入していた

EUのGSM方式が、日本、韓国とツバルを除いて世界を席巻した理由は、GSMは当初より国際ローミングを視野に入れた標準であったことと、後述する製造事業者間の競争と緩やかな役割分担ができていたことが大きい。当時、日本はNTTを中心に第2世代携帯電話網としてPDC（Personal Digital Cellular）を開発していた。特筆すべきは1998年にはGSMより先駆けてパケット通信システムを開発していたことである（Onuki, 1998）。一方、米国では第1世代AMPSアナログ携帯電話網でMotorola社がトップシェアを誇っていた。その後、第2世代携帯電話網で1995年に米国Qualcomm社がcdmaOneを発表した。多重化にCDMA方式を用いている。TIAの規格名称はIS-95である。

ここで世界は、欧州主導の3GPP陣営と米国主導の3GPP2陣営の2つに分かれていく。3GPP（3rd Generation Partnership Project）は、その名前が示すように第3世代携帯電話システム（3G）の国際標準仕様を策定することを目的として、1998年12月に各国・地域の標準化機関の参加によって設立された。GSMの後継標準を制定するために欧州主導で設立された。設立当初は、ヨーロッパ、日本、米国、韓国の標準化機関から構成されていたが、その後、中国、インドの標準化機関も加わっている。一方で、3GPP2（3rd Generation Partnership Project 2）は、CDMA2000を代表とする米国仕様のネットワークを第3世代標準として定めようとする国際プロジェクトである。3GPPが採用国数で勝り、現在は第4世代と第5世代の標準化を制定する団体として、携帯電話網の標準は1つの団体3GPPに収斂しつつある。今でこそ、3GPPは世界標準を調整する機関であるが、その礎を築いたのはETSIであり、事実上ETSIがGSMを策定した。インターネットの世界が米国主導で動いている中で、ヨーロッパの数少ない標準化の成功例がGSMだ。本章では、参入障壁がいかにして築かれたかを検証していく。

3. GSM市場への参入障壁

前述したように第2世代携帯電話網は、日米欧の地域標準から始まっている。国際競争において、携帯電話網の接続インタフェースを開放する、しないの戦略が重要となる。それを理解するためにGSMのネットワークアーキテクチャをまず説明する。次に関連する標準必須特許の取得状況、さらに、標準化文書のパラメータ解釈と相互接続試験及び実装に関する営業秘密を検証する。そして、特許に留まらず、相互接続試験に象徴される広義の知的財産が参入障壁となったことを説明する。

3.1 GSMネットワークアーキテクチャ

図5-2に簡略化したGSM初期のネットワークアーキテクチャを示す。(GSMは2000年からパケット通信サービスGPRSを導入して、より複雑になっている）また、標準化文書中の携帯電話網の各要素は多岐に渡るため主

図5-2　GSMネットワークアーキテクチャ（1998）

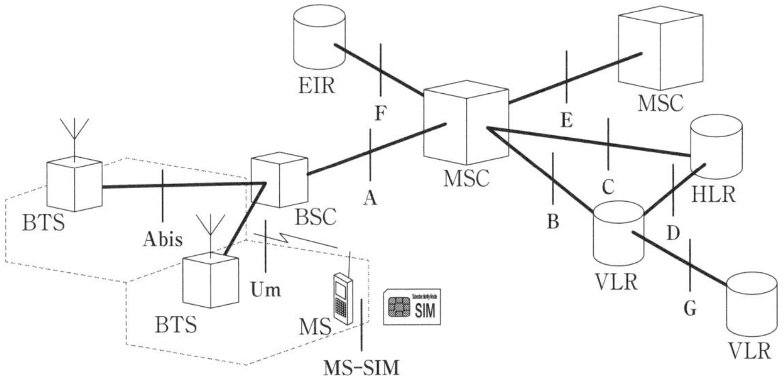

BTS：Base Transceiver Station	HLR：Home Location Register
BSC：Base Station Controller	VLR：Visited Location Register
MSC：Mobile Switching Center	EIR：Equipment Identity Register
MS：Mobile Station	SIM：Subscriber Identity Module

出所：Eberspächer, Jörg, et al. (2008), *GSM-architecture, protocols and services.* John Wiley & Sons. 図3.6を引用加筆

表 5-1　簡略化した GSM 初期の構成要素

略語	名称	解説
ME	Mobile Equipment	携帯端末本体
MS	Mobile Equipment Station	SIM を備えた通話可能な携帯端末
BTS	Base Transceiver Station	基地局。携帯端末と無線により交信する
BSC	Base Station Controller	複数の基地局を協調させて動作させる
MSC	Mobile Switching Centre	電話、パケットのルーティングを行うスイッチ。コアネットワークの基本機能を担当
HLR	Home Location Register	GSM コアネットワークの使用を許可された各携帯電話加入者の詳細が格納されている中央データベース
VLR	Visitor Location Register	同じ MSC 配下にある ME の登録情報を保持する
EIR	Equipment Identity Register	交換機（MSC 等）から来る携帯端末のシリアル番号を記録
AUC	Authentication Center	SIM カードを認証
OMC	Operation & Maintenance Centre	課金などユーザー管理を含めた運用システム
SIM	Subscriber Identity Module	加入者識別モジュール

出所：筆者作成

要な GSM の構成要素を表 5-1 に示す。GSM の携帯電話網は次のように、大きく 3 つの部分に分かれる。

1. 携帯端末（MS）：基地局と無線通信を行う携帯端末で、加入者識別モジュール（SIM）を通信事業者が管理し、携帯端末本体は、多くの場合、ユーザーの所有となる。
2. 無線アクセスネットワーク：通信事業者が管理するネットワークで、無線通信の制御を行い、携帯端末とコアネットワークを中継する。GSM では BTS と BSC を総称して Base Station Subsystem と言い、RAN（Radio Access Network）と略称する。
3. コアネットワーク：通信事業者が管理するネットワークで、固定電話やインターネットなど他網と接続し、課金、位置登録など加入者管理を行う。GSMでは接続制御を行うMSCとその配下のシステムであるHLR、VLR、EIR、AUC、OMC等を総称してNetwork Switching Subsystemと呼びCN（Core Network）と略称する。

本章では、無線アクセスネットワーク（RAN）とコアネットワーク（CN）の両者をまとめてネットワークシステムと呼ぶこととする。

GSMは以下の2点で大きな貢献をした。

- 音声通話をデジタル化し、音声通話の電波使用効率を改善した。さらに2000年からはデータ通信をユーザーに開放するという大きな機能を提供している。また、加入者情報をSIMカードで管理し携帯電話をユーザーが自由に選べる規格とした。
- 携帯電話網を大きく、携帯端末（MS）、無線アクセスネットワーク、コアネットワークの3要素として分解して定義した。これにより、携帯電話網を開発製造する上で、携帯端末、無線アクセスネットワークとコアネットワークのそれぞれに注力するビジネス機会が生まれた。この3要素への分解は、その後の世代の携帯電話網にも引き継がれた。

標準化対象は携帯端末、無線アクセスネットワーク、コアネットワークの動作を規定する仕様となる。その動作規定は、表5-2に示すインタフェースで表現されている（TC-SMG, 1996）。この中でUm（U Interface of mobile network）は携帯端末と基地局のインタフェースを規定する。A-bisは基地局と基地局制御装置の間のインタフェースを規定し、A-Interface（Interface between the MSC and RAN）はGSMネットワーク内のBSCとMSCの間に存在し、無線アクセスネットワークとコアネットワークの接続を規定する。この中で相互接続試験ができるレベルまでに公開された規格はUmとA-Interfaceであり、A-bis、及びCからHは標準化文書に表記されているが詳細な記述はない。以後の3GPPにおける標準化において、UmからA, A-bis, C, D, E, F, G, Hに相当するインタフェースは拡張され、より高度な機

表 5-2　GSM インタフェースの名称

Name	Interface
Um	MS ⇔ BTS
A-bis	BTS ⇔ BSC
A	BSC ⇔ MSC
B	MSC ⇔ VLR
C	MSC ⇔ HLR
D	VLR ⇔ HLR
E	MSC ⇔ MSC
F	MSC ⇔ EIR
G	VLR ⇔ VLR
H	HLR ⇔ AUC

出所：筆者作成

能を持ったインタフェースに進化していくことになるが、相互接続試験ができるレベルの記述は、今日においても Um、A-Interface 相当しかない。巨大な通信システムが機能単位でモジュール化されて、それらのインタフェースが解放されていて詳細に記述されていれば、通信事業者はもっとも費用対効果の良い製品を組み合わせて使うことができる。これに対して既存の製造事業者は自社で市場を制御し、新規製造事業者の参入を防ぎたい。

汎ヨーロッパの観点で欧州地域の利益を最大化したのが Um と A-Interface の解放だと言える。GSM 以前は通信事業者と関係する製造事業者による完結したクローズドな携帯無線通信網であった。これに対して、GSM は、Um と A-Interface を策定して、これを公開した。これにより、GSM は、次の 2 つを可能にした最初の技術標準となったのである。第 1 に、コアネットワーク内部の仕様を非公開とする一方で、コアネットワークと無線アクセスネットワークの間の A-Interface を公開した。そして第 2 に、基地局と基地局無線装置間の A-bis の相互接続試験ができるレベルは非公開とすることで、無線アクセスネットワーク仕様を非解放とする一方で、Um を公開することで携帯端末仕様を解放した。後述する相互接続試験（Interoperability Testing、IOT）という大きな障壁を越えなければならないが、GSM 標準化により、携帯端末、無線アクセスネットワーク、コアネットワークのそれぞれに製造事業者が存在できるようになった。一方で、ネットワークの各機能を独立モジュールとして製造販売することは、無線アクセスネットワークやコアネットワークの単位で提供できる事業者に限られた。例えば、無線アクセスネットワークと切り離して基地局（BTS）製造事業を独立に始めることは極めて難しかった。

3.2　GSM普及期の標準必須特許出願状況

相互接続性が必要な携帯電話では技術標準の制定が不可欠であり、標準化のプロセスや標準必須特許のライセンスがビジネスに直接的に影響する重要事案であることが、GSMで初めて顕在化した。標準必須特許（standard essential patent）をどう扱うかが課題となった。特許は、技術者の発明を広く一般に公開する代償として、一定期間その発明を独占排他的に実施することができるという権利であるため、標準化とは全く相反する概念となる。そのために標準化の仕様となる技術標準の中に特許発明の実装に必須な標準必須特許が含まれていた場合、その標準必須特許の排他権が行使されると、その技術標準が成立しなくなるという問題が生じる。

ETSIによるGSM標準化は、ヨーロッパのすべての既存の通信事業者で構成された、いわゆる欧州郵政会議（CEPT）で生まれたことから、そもそも標準化では特許は取得しない、或いは取得したとしても放棄することが通信事業者の目線からは重要だった。通信事業者は排他的な特許の存在を喜ばない。ETSIは1988年GSMの標準化過程で調達手順の草案MoU（覚書）を作成している。これはEricsson社、Nokia社、Alcatel社、Siemens社など、欧州の製造業者は本質的に、すべての知的財産権を放棄し、標準必須特許を世界規模で無償ライセンスするというものだった。

GSMの標準化以後、標準化活動を行う団体において標準必須特許を取り扱うルールがIPRポリシーとして一般化されている。IPRポリシーは、技術提案者が保有技術のうち標準必須特許となったものについては開示し、その際に特許の許諾方針として以下のいずれか１つを選択することを求めている。

・1号選択：非差別、合理的条件による無償許諾
・2号選択：非差別、合理的条件による有償許諾
・3号選択：上記のいずれでもない

2号選択はRAND（Reasonable And Non-Discriminatory、妥当で差別のない）選択とも言われる。欧州では公平性を加えたFRAND（Fair, Reasonable And Non-Discriminatory）の用語が使われることが多いが、両者の意味は同じとされている。ETSIの特許政策は、1993年までと1994年以降では異なる。2号選択はそれまでの有償許諾義務から有償許諾努力義務に変わった。大きく変わったのは3号選択である。1993年までは、FRANDまでは求めないものの、許諾することが前提であった。1994年から許諾しないことがあるという表現に変わった。通信規格という性格からETSIでは通常は1号選択が理想であるものの、製造事業者と通信事業者のバランスから2号選択が推奨されるが、3号選択もあり得るとなった背景には、後述のMotorola社の活動がある。

Bekkers（2002）によれば、Motorola社の標準必須特許成立は1987年前後に集中している。GSM方式のベースとなったNMT方式に対して、通信機器の供給を行っていた欧州の最大企業であるEricsson社の特許成立時期は1989年頃がピークである。その上、Motorola社と比較して圧倒的に特許件数が少ない。Nokia社もNMT方式に通信機器を供給していたが、Ericsson社と同様に、特許の平均成立時期は遅く、GSMサービスが開始（1992年）された後の1993年9月頃である。一般的に考えれば、GSM方式のベースとなったNMT方式に精通しているEricsson社やNokia社は、Motorola社と比べて特許件数が多くても良いはずである。しかし、現実には米国企業であるMotorola社の方が、特許件数が多い。

Bekkersらは、1998年6月に発行されたETSI特許リストから標準必須特許を140件抽出し、その出願者と出願分野を報告している（Bekkers, 2000; Bekkers, 2002）（図5-3）。これら140件の特許の優先日は、1977年2月から1997年12月まで、即ち20年を超える期間である。

その中に興味深いデータがあるので、ここで解説したい。標準必須特許は

図 5-3　GSMの標準必須特許における企業のシェア

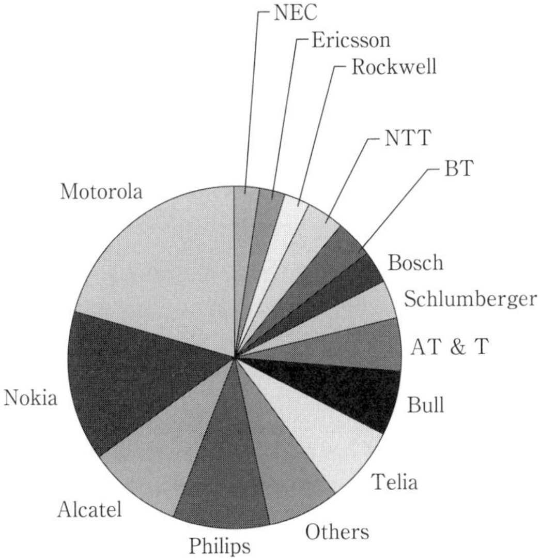

出所：Bekkers（2002）p.176

特許権者による「その特許は必須だ」という申請を拠り所としていることが多く、実際に申請された特許が標準必須特許である割合は3割程度と言われている。従って、議論の拠り所となるのは、個々の特許ではなく特許シェアなのである。

Motorola社、Nokia社、Alcatel社が大きなシェアを持っていることが分かる。Ericsson社の1998年ETSIリストにある必須特許取得数は少ない。Ericsson社の標準必須特許のうち4件は買収したOrbitel社のものだ。このころの欧州企業は標準化作業に深く関与したが、特許を出願しなかった企業もある。彼らはまだ電気通信における知的財産の伝統的な考え方、つまり標準化に特許は必要ではないという考えに固執しており、「開発者たちは潜在的な特許に関してはお互いに寛大である」という伝統をまだ持っていた。

Philips社は当初、GSMの開発に深く関わっていた。しかしPhilips社は、最も価値のある特許（GSM音声符号化技術）のライセンスを無料で利用できるようにしたように、技術標準が確立された後に必須特許を戦略的に利用するという明確な意図を持って特許を取得しなかった。Bull 社の場合、暗号化フィールド銀行カードの暗号化技術に関する特許を多数保有していたが、後に GSM 技術標準に関連するものとなったという幸運の結果である。Telia 社、AT&T 社、BT 社、NTT 社は通信事業者であり、GSM の標準必須特許を取得することになったが、それを戦略的に活用することはなかった。

図 5-4 は標準必須特許の技術分野を暗号化、無線伝送、音声符号化、スイッチング、その他の 5 つの技術分野に分類している。特許件数ではスイッチング（つまりコアネットワークから無線アクセスネットワークの制御部分）が最も多く、全特許件数の約半数を占めている。興味深いのは　音声符号化（speech coding）の部分が 1/4 近くあるという牧歌的な状況だ。GSM 標準化の頃はそれまでの有線電話を無線電話に置き換える技術開発が必要だった経緯による。現在の 5G 以降の標準化で重要なのは無線伝送（radio transmission）の部分だ。ここは常にネットワーク進化に伴い開発が行われるところであり、これが携帯端末と無線アクセスネットワークのインタフェースを規定することから、無線伝送の仕様決定を制するものが携帯端末とネットワークを制することになる。

図 5-4　GSM の標準必須特許における技術分野

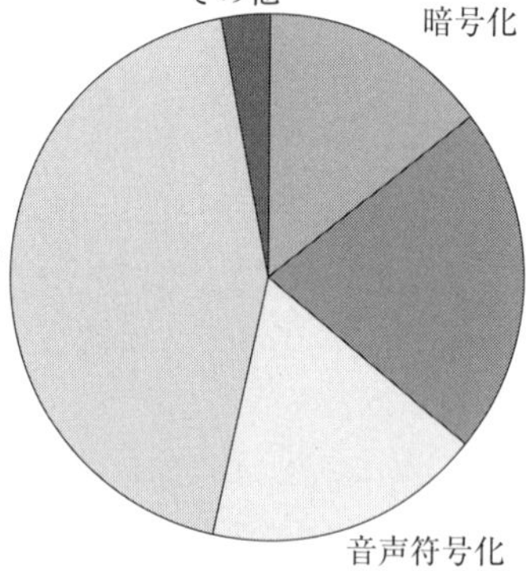

出所：Bekkers（2000）p.15　筆者が和訳

3.3　参入障壁となる広義の知的財産

通信ネットワークシステムを含む企業間競争は、標準必須特許を取得して競合企業を牽制するだけでなく、連携することが鍵となる。「通信」という性格上、相互接続が重要となり　通信事業者（電話会社）、携帯端末製造事業者、無線アクセスネットワーク製造事業者、コアネットワーク製造事業者の合従連衡が相互接続のための活動として必然となる。その際に、携帯電話網における市場は携帯端末とネットワークシステムである無線アクセスネットワーク、コアネットワークとは分けて考えるべきであるが、程度の差はあれ、携帯端末、ネットワークシステムによらず、標準必須特許以外の参入障壁がある。

NEC、NTTドコモの第3世代携帯電話標準化担当者で、GSMの事情にも詳しい方に取材を行った[1]。これらを総合すると、当時のGSMに限らず、地域標準から始まった携帯電話網市場への参入には3重の参入障壁が存在する（図5-5）。

第1の障壁＝地域・国としての障壁：通信事業者への事業免許、通信事業

図5-5　携帯電話網における3重の参入障壁

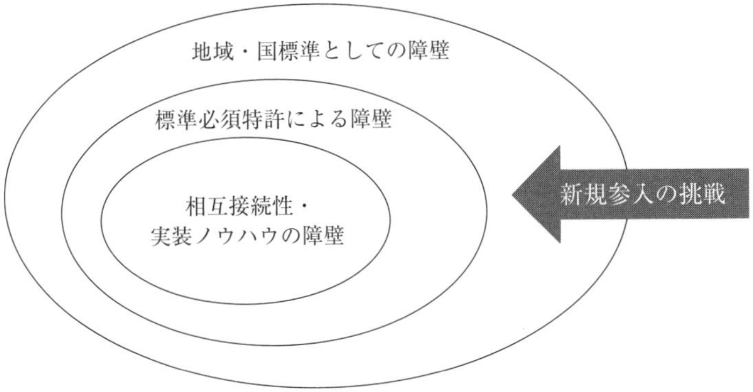

出所：筆者作成

1　NECの3G標準化担当者、NTTドコモの4G標準化担当者及び知財担当者に2022年に筆者が直接インタビューした。

者の携帯端末・サービスの接続性の保証のために、認可を受けていない通信機器と携帯端末は販売できない。認可に必要な試験は通信事業者が行っていた。GSM では、欧州籍の企業のみが標準化に参加でき、機器を販売し、接続試験が行えた。

第2の障壁＝標準必須特許による障壁：携帯端末・無線アクセスネットワーク、コアネットワークの標準必須特許を持たないことから来る障壁。携帯端末と無線アクセスネットワークの接続仕様は開放されているが、1990 年初頭では非欧米の新興携帯端末製造業者は、特許を有していなかった。それにより GSM 携帯端末市場に参入できなかったという。これはロイヤリティー支払いの問題というより、そもそも相互接続試験のパートナーになれないという点が大きかった。

第3の障壁＝システム連続性・相互接続性・実装ノウハウの障壁：通信事業者のサービス仕様に合わせてコアネットワークを構築・運用できる製造事業者は限られる。通信事業という性格から、過去 10 年、未来 10 年のネットワーク運用の連続性が求められる。その制約からコアネットワーク市場は数社による寡占となる。そしてコアネットワークに付随する無線アクセスネットワーク、携帯端末の仕様を仕切ることがコアネットワーク事業者の戦略になる。GSM に限らず、以降の世代の 3G、4G、5G は常に進化し続ける。「修正され続ける」無線インタフェースのために、無線アクセスネットワークと携帯端末の接続性保証、携帯端末とコアネットワークの相互接続試験に膨大な労力と費用が必要となっている。標準化文書によって開放された仕様にしたがって携帯端末、無線アクセスネットワークを実装したとしても、それだけでは、まずは商用システムとして動作しない。通信事業者・通信機器開発者の中の有力者が実サービスに必要な動作パラメータを決めている。さらには携帯端末、無線アクセスネットワーク、コアネットワークの動作を規定するが標準化には含まれない実装技術と関連する知的財産が参入障壁となる。

ここで第3の障壁に関して広義の知的財産を次のように定義したい。それは、標準化文書のパラメータ解釈と相互接続試験及び実装に関する営業秘密、そして関連する特許である。

さらに、第3の障壁の意味を明瞭にするために、相互接続試験（interoperability testing）について説明する。通信事業者で言われる至言の1つに、「異なる製造事業者間のハンドオーバーは失敗する」というものがある。移動に伴って、携帯端末が接続する無線アクセスネットワークを切り替える際に、無線アクセスネットワークの製造事業者が異なると、切り替えがうまくいかないのである。それくらい、コアネットワーク、無線アクセスネットワークの仕様管理・運用は難しい。

携帯端末からみた相互接続試験は、携帯端末と無線アクセスネットワーク、コアネットワークとの接続性確保、携帯端末が複数の通信事業者のネットワークとの接続が確保されるのかなど多岐にわたる。それらは、基地局選択の手順、ハンドオーバーが正しく実現されるか、通話切断処理などの試験項目からなっている。無線アクセスネットワークとCNの間にある開放仕様も移動管理（例：基地局制御装置を跨るハンドオーバーの種類と手続き）、電話の制御（例：音声符号化の種類や動作モード）に関する相互接続試験が必要となる。それらの挙動を決めるためのネットワーク構成、タイミング設定、電波強度などの制御情報、物理情報は、パラメータと呼ばれている。通信機器事業者が単一であればこのパラメータの解釈の不一致問題はないだろう。規模の大きな通信事業者は設備調達コストを下げるために、複数の製造事業者の無線アクセスネットワークとコアネットワークを組み合わせて使う傾向がある。（何社を組み合わせればどれだけコストが下がるかという調査結果もある（Kroes, 2006）。）

複数製造事業者（マルチベンダー）が携帯端末、無線アクセスネットワーク、コアネットワークを作った場合に起こる問題を図5-6に示した。Aの装置、Bの装置が、技術標準をそれぞれ異なる解釈で実装していた場合、両装置の動作が異なるため、接続性と性能低下につながる問題発生が懸念される。携帯電話網の技術標準の特徴として、膨大な仕様が規定されるにもかかわらず、実際に使われる仕様はその一部に限られること、また技術標準自体が毎年改定されることがある。この様な問題は、第3世代携帯電話網の時代になると携帯端末がグローバルに移動する際に相互接続性の試験として顕在

図 5-6　マルチベンダーオペレーションによる課題

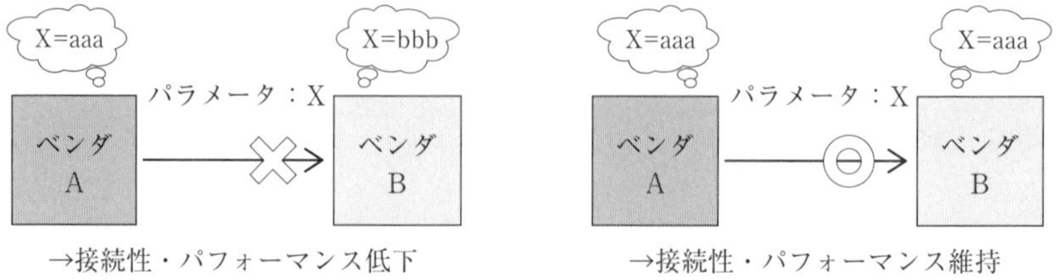

(a) ベンダ間のパラメータ解釈が異なる場合

(b) ベンダ間のパラメータ解釈が一致している場合

出所：安部田・河原・ウメシュ・松川（2019）p.42

化している（梅澤，2008)。GSM 以降の標準化においても、標準化された仕様の解釈の幅が広く、実際の動作範囲で膨大な相互接続試験を行わないと、携帯端末、無線アクセスネットワーク、コアネットワークの接続性が保証されないことが課題となっている。

携帯電話網の知的財産としては、通常は技術標準の実装に必須である標準必須特許を指す場合が多いが、標準化文書のパラメータ解釈と接続試験及び実装に関する営業秘密も非常に重要な役割を果たしている。つまり、携帯電話網の標準化作業では以下を支配することが大事となる。

・重要な知的財産権の所有：標準を規定するインタフェース仕様に関する特許。
・戦略的企業連合における地位獲得：標準化文書に現れない標準化文書のパラメータ解釈、接続試験、実装についての営業秘密に関する企業間の調整と合意形成を行う企業連合の一員となり、広義の知的財産（標準化文書のパラメータ解釈、接続試験、実装に関する営業秘密及び関連する特許）を競争優位に活用すること。

上記の広義の知的財産の形成とそれを競争優位性に転換することは、単独企業ではできず企業連合が不可欠である。既に述べた第 1 の障壁により携帯電話通信網で用いる機器の全てを単独企業が供給することはないので、標準化文書のパラメータの解釈や接続試験などは関係する複数企業間で合意したものでないと意味をなさない。即ち第3の障壁の広義の知的財産は関係する複数企業の協業によってはじめて創出され、これらの企業間で共有することで機能する。また、この広義の知的財産は、これらの企業間では共有するが他社には開示しないことで競争要因となりえる。このようにして企業連合の形成は必然性が高く自然な流れと言える。但し、この企業連合は明示的な盟約を取り交わしたアライアンスである必要はなく、緩やかな企業連合で良い。

4. GSM普及期の市場形成とMotorola社の戦略

GSMが国際ローミングを実現し、かつ、市場は汎ヨーロッパ主義志向でスタートしたことから、携帯端末製造事業者からみれば、GSM携帯端末と認証されるかどうかが課題となる。認証がなければ携帯電話は販売できない。また無線アクセスネットワーク製造事業者からみれば、コアネットワークと相互接続試験に適合するかどうかが課題となる。この関係を図5-7に示

図5-7　相互接続性の階層

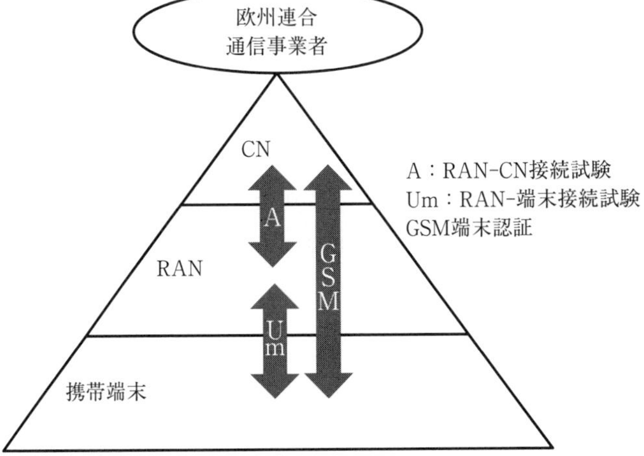

出所：筆者作成

す。

この関係性を俯瞰しながら、この節では、コアネットワーク（CN）、無線アクセスネットワーク（RAN）、携帯端末の市場占有率がMotorola社の戦略によってどのように変化したのかを検討する。

4.1　GSM市場における製造事業者

表5-3に1996年、GSM市場における製造事業者のシェアを示す。携帯端末と無線アクセスネットワーク、コアネットワークの全てで5社（Ericsson社、Nokia社、Siemens社、Motorola社、Alcatel社）が市場を支配している。表5-3で区別されている3つのセグメントのそれぞれにおいて、これら5社は市場の約85%以上を占めている。また、5社のそれぞれの市場シェアは、概ね3つのセグメントのいずれにおいても10%以上である。ここで留意すべきは、携帯端末の市場規模とネットワークシステムの市場規模が同規模であったことである。Ericsson社1997年の売上げは（Ericsson, 1998）によると1700億クローネ＝1兆8,500億円あり、そのうちで携帯端末は420億

表5-3　1996年12月の欧州におけるGSMネットワークの上位11社のサプライヤの推定

製造事業者	コアネットワーク市場シェア	基地局市場シェア	携帯端末世界市場シェア	GSM全体の順位
Ericsson	48%	37%	25%	1
Nokia	14%	22%	24%	2
Siemens	21%	2%	9%	3
Motorola	1%	13%	20%	4
Alcatel	10%	10%	6%	5
Lucent	2%	4%		6
Matra	2%	3%		7
Italtel	0%	5%		8
Nortel	1%	0%	3%	9
Philips	0%	2%		10
Orbitel	0%	2%		11

出所：Bekkers（1999）pp.123-124　筆者が項目を和訳

クローネ＝4,600 億円であった。

Nokia 社の 1997 年の売上げは（Nokia, 1997）によると、526 億マルカで、1 兆 2,600 億円、そのうち、ネットワークシステムの売上は 188 億マルカ＝4,500 億円、携帯端末が 276 億マルカ＝6,600 億円であった。

携帯電話網市場は 1997 年から急速に拡大していくが、当時の Ericsson 社のシェアと売上から推定すると、1997 年 GSM 普及期の市場規模は　無線アクセスネットワークとコアネットワーク合わせて 2.5 兆円から 3 兆円、携帯端末は 2.5 兆円ほどだったと推定される。この時期、1 クローネ＝11 円、1 マルカ＝24 円ほどであった。なお、無線アクセスネットワークとコアネットワークの市場規模は携帯電話網が発展するにしたがい、一般的に 8：2 ほどになると言われている。無線アクセスネットワークは携帯電話網において最も電気消費量が大きいネットワークシステム部分であることからもそのことが窺える（Etoh, 2008）。

表 5-4 に Funk（2001）に示されている 1998 年当時のネットワーク（無線アクセスネットワーク + コアネットワーク）と携帯端末のシェア順位を示す。GSM の無線アクセスネットワークとコアネットワークをネットワークとしてまとめている。周波数については代表的な 900Mhz の無線アクセス

表 5-4　1998 年当時の製造事業者のシェア

	ネットワークシェア GSM900Mhz	GSM 携帯端末シェア
Ericsson	1	3
Nokia	2	1
Siemens	3	5
Motorola	4	2
Alcatel	5	4
Nortel	6	
Lucent	7	
松下電器産業		7
Philips		6

出所：Funk（2001）pp. 10-12　筆者が項目を和訳

ネットワークを持つネットワークシステムのシェアとした。ここに登場する9社を1996年～1998年のGSMの普及期を中心に簡単に紹介する。

・Ericsson社：スウェーデンのネットワーク・通信企業である。事実上の世界標準となったGSMの成長と、北米のD-AMPS（AMPSのデジタル版）や日本のPDCといったGSM外の携帯電話端末の市場獲得により、1997年初頭までにEricsson社は世界の携帯電話市場で推定40%のシェアを獲得した。一方で、GSMに対抗するべく米国のチップ開発会社Qualcomm社は米国市場でのCDMAの人気を背景にCDMA2000という代替方式を推進した。この結果、特許侵害訴訟が発生し、1999年3月に両社はそれぞれの技術の使用料を互いに支払うことに合意。その後、Ericsson社は不採算の携帯端末事業を切り離した。同事業は2001年10月にソニーとの合弁会社ソニー・エリクソン・モバイルコミュニケーションズとして分離されることになった。
・Nokia社：1865年に設立されたフィンランドの電気通信、情報技術、家電の製造企業である。1990年代以降は大規模な通信ネットワークシステム、技術開発、ライセンス供与に注力している。Nokia社は携帯電話産業に大きく貢献し、GSM、3G、4G規格の開発を推進した。1998年から10年間、Nokia社は携帯電話やスマートフォンの世界最大の製造事業者であった。しかし、2000年代後半になると、携帯電話市場におけるシェアが急落し、2014年にマイクロソフト社に携帯端末事業を売却している。一方でネットワーク事業は寡占化を目指して、Nokia社は2010年のMotorola社の基地局部門を買収している。独Siemens社と2007年に合弁事業を始め、最終的に2013年にSiemens社から通信部門を買収し傘下に収めている。さらに2016年にNokia社はフランスの通信機器企業であるAlcatel社とLucent社も合併し、通信ネットワークシステム製造・運用企業としてはEricsson社とHuawei社に匹敵する規模となっている。
・Siemens社：ドイツを本拠とするコングロマリット企業で、ミュンヘンに本社を置くヨーロッパ最大の工業製造事業者である。1999年、Sie-

mens社の半導体事業は、Infineon Technologies社という新会社に分離された。この会社は通信用半導体製造事業者として重要な役割を果たす。携帯端末部門は2005年に台湾BenQ社に買収されている。また、2007年4月にSiemens社の固定ネットワーク、モバイルネットワーク、キャリアサービス部門はNokia社のネットワークビジネスグループと50/50のジョイントベンチャーで合併し、さらには、その会社は2013年にNokia社に吸収されている。

・Motorola社：米国イリノイ州シャンバーグに本社を置く米国の通信機器製造企業である。Motorola社は、携帯電話送信基地局や信号増幅器などの無線ネットワーク機器を設計・販売していた。Motorola社の家庭用・放送用ネットワーク製品には、セットトップボックス、デジタルビデオレコーダー、ビデオ放送やコンピュータ電話、高精細テレビを実現するためのネットワーク機器などがあった。1998年にNokia社に抜かれるまでMotorola社は携帯電話端末の世界での市場占有率は1位だったが、2008年には第4位（8.3%）となった（第1位はNokia社で38.6%、2位はSamsung社で16.2%）。2007年第4半期以降、携帯電話事業は極度の不振に陥り、携帯端末事業は2011年1月4日にMotorola Mobility社として分離され、Google社に買収された後、Lenovo社に再買収されている。なお半導体部門は2004年にFreescale Semiconductor社として独立している。

・Alcatel社：1898年フランスの技術者Pierre AzariaがCompagnie Générale d'Electricité（CGE）という名称で創業した会社である。1966年、CGEはSociété Alsacienne de Constructions Atomiques, de Télécommunications et d'Electronique（Alcatel社）を買収した。1985年にThomson Telecommunications社と合併した。フランスの通信用システム及び機器の製造事業者で、ネットワーク事業者、インターネットサービスプロバイダー、企業、個人などを顧客としている。それ以来、電気通信部門はAlcatelという名前で知られている。同部門は、2006年12月1日、Lucent Technologies社と合併し、Alcatel-Lucent社となった後、Nokia社に買収されている。

・Lucent社：米国ニュージャージー州マレーヒルに本社を置く米国の通信機器製造事業者であった。1996年9月30日、AT&T社の旧AT&T Technologies事業部門（Western Electric社とBell Labs社を含む）の分割により設立され、1996年から2006年まで存続した。Lucent Technologies社は、AT&T社が1881年に買収したWE（Western Electric）社の製造部門を受け継いだ歴史がある。2006年にAlcatel社と合併した。最終的にはNokia社に買収されている。

・Nortel社：1895年にカナダのケベック州モントリオールで設立された通信機器製造会社で、1976年社名をNorthern Telecom社と社名変更し、1995年の100周年を機にNortelという略称を使い始めた。GSM事業は1992年にフランス企業であるMatra社と協業を開始し、1994年にはMatra社の株式を50%保有して実質子会社化している。欧州におけるGSMの一定の占有率はMatra社との深い協業の成果となっている。1998年にBay Networks社を買収し、インターネット設備企業としての最盛期を迎えたが、2009年、Nortel社はカナダと米国で破産保護を申請し、市場から退場した。

・松下電器産業（現パナソニック）：日本の電機メーカで現在は家電、住宅設備、車載電子部品に重点を置くが、1990年代後半から2000年代前半にかけては、携帯電話製造の有力企業としても知られていた。日本国内の携帯電話の出荷台数は累計で1997年6月に1,000万台、2001年3月に5,000万台を達成している。PDC携帯端末では日本国内トップシェアであった。GSM携帯端末もヨーロッパを中心に販売していたEricsson社と連携しており、1993年当時はNokia社、Motorola社、Ericsson社と松下電器産業の4社が携帯端末製造事業者として知られていた。一方で小規模ながら第3世代無線基地局も製造していた。2014年に無線アクセスネットワーク事業をNokia社に売却している。

・Philips社：1891年にオランダのアイントホーフェンで創業したコングロマリット企業で、ヘルスケア、コンシューマーライフスタイル、照明分野で製造販売と運用を行なっている。GSM携帯電話市場には遅れて参入し、1994年に一度自社開発を中止したが、Nokia社の携帯端末を自社ブランドとして販売し、1996年からは、Lucent 社と組んで携帯端末を製造販売していた。

以上の各社の歴史から、携帯電話網市場は栄枯盛衰が激しく、ネットワークシステム市場は寡占化が進んできたことが分かる。1998年当時に話を戻そう（表5-4）。欧州の4社 Ericsson 社、Nokia 社、Siemens 社、Alcatel 社に加え、非欧州勢として米国から Motorola 社がネットワークシステム市場に参入し、松下電器産業も携帯端末から参入を試みていた。

筆者は、1990年頃の松下電器産業の TACS、GSM 携帯端末開発者に直接取材する機会を得た[2]。ネットワークシステムと携帯端末を分けて考えると、当時は、前者は地政学的に決まる縄張りだった。後者は日本勢にもチャンスはあった。ただ、欧州企業がネットワークシステムと携帯端末を統合した事業戦略を実施できることに対して、携帯端末事業しかもたない日本企業は不利であり、駆逐される方向だった。以下に、松下電器産業の当時の担当者の話をまとめた。

- 北欧の第1世代携帯電話である NMT の時からヨーロッパに製造拠点を持とうとパートナーを作っていた。GSM に関しては、イギリスの Vodafone 社、Orbitel 社（後に Ericsson 社が買収）と組んで生産拠点をヨーロッパに持ち、相互接続性を Vodafone 社と一緒に確保して携帯電話を製造していた。
- 携帯端末市場に限れば4社、Ericsson 社、Nokia 社、Motorola 社、松下電器産業で携帯端末市場を形成した。ここでは日本の製造事業者は排除されていない。1993年ごろに売れ出して市場シェアはピーク時で20%あった。
- GSM の特許ロイヤリティー支払いは大きな負担ではなく、これが参入障壁となることはなかった。パートナー作りが大事である。日本勢がこれだけ負けたのは、ネットワークシステムを海外に売れなかったことに

2　1990年頃の松下電器の TACS、GSM 携帯端末開発担当者に、2022年に筆者が直接インタビューした。

要因がある。ネットワークシステムとセットで捉えていかなければ事業戦略にならない。

コアネットワークは通信事業者、そして各国や地域の行政と密接に結びついており、地域庇護の壁で守られている。コアネットワークの市場を獲得すれば、無線アクセスネットワークと携帯端末を広義の知的財産の壁で守ることができる。携帯電話網のシステムの上流を抑えることにより、下流システムの仕様を制御する戦略を Ericsson 社は GSM から行ってきた。一方で、携帯端末は他社特許があったとしても参入はできた。欧州域外の新興携帯端末製造事業者が「クロスライセンスに参加できない企業では数％から数10％前半ほどの特許ロイヤリティー支払いが生じた」ことが参入障壁となって、市場から締め出されたという観測や報告もあるが、正確ではない。本質は標準必須特許がないことから相互接続試験に参加できなかったということである。松下電器産業は現地の通信事業者と通信機器製造事業者と提携することにより、携帯端末製造事業である GSM 携帯端末市場に参入できた。ただ、最後まで広義の知的財産の壁には苦労して、携帯端末市場でも競争力を失ったことになる。

4.2　Motorola 社の標準必須特許活用戦略

Motorola 社が標準必須特許を武器に欧州企業の連合に割って入った経緯は（Garrard, 1998）に述べられている。Motorola 社の戦略は欧州域内企業とは異なっていた。ETSI による GSM 標準化の概要が定まる 1988 年が焦点である。

1988 年に ETSI が設立したとき、ETSI のメンバーのほとんどは、独占事業を営む政府所有の通信事業者か、これらのサービス提供者と独占的な関係を持つ製造業者であった。最初、GSM MoU（tenders undertaking on intellectual property rights）があって、欧州でも標準必須特許は無償ライセンスが当たり前の時代、80 年代前半～ 87 年では地域・国としての障壁が十分機能していたのである。欧州での研究開発活動は域内の経済を守ろうとして、欧州外からの ETSI への参加を認めていなかった。欧州は政府主導のクローズドなマーケットであり、市場原理に基づく競争は、通信事業者、製造事業者の間ではさほど機能していなかったのである。欧州の通信事業者からみれば域内の通信機器開発事業者は庇護の対象であり、標準必須特許は取得する必要もないし、もし取得してもIPRポリシーの1号選択してくれればよかった。一方で、米国の情報通信産業は市場原理の働くグルーバル市場にあり、IBM社やMotorola社など多くの企業は、日本の家電製造事業者の当時のグローバルな成功に対抗するために、知的財産権を強化することに躍起になっていた。米国競争力委員会は、米国以外の外国（日本や欧州）に米国の知的財産権を守らせる政策を進めていた。これを追い風に欧州通信機器市場に参入を目論むMotorola社は、それまでの汎ヨーロッパ主義のGSMエコシステムを壊す方向に動いた。

Motorola社は欧州企業が特許を出願しない時期に標準必須特許を出願し、その特許権の成立をもって、GSM市場に参入する戦略を進めた。通信は紳士協定が成り立つ世界であることを前提とした特許マネジメントであったオランダのPhilips社やフランスのBull社とは異なり、Motorola社は標準必須特許をGSMの標準化が完成する1991年までに獲得し、必須特許の強力なポートフォリオを構築した。一方で、GSMの標準化や技術開発に最も関与した欧州の企業、Ericsson社、Nokia社、Siemens社、Alcatel社は積極的な特許戦略をとらなかった。1990年には、Motorola社の標準必須特許は30近くあったという。

この4社に対して、Motorola社は標準必須特許のクロスライセンス契約の締結と引き換えに、3.3で導入した第3の障壁を形成する広義の知的財産、即ち標準化文書のパラメータ解釈と相互接続試験及び実装に関する営業秘密、そして関連する特許の開示を4社から受けた。これによって、Motorola社はGSMのネットワークシステムと携帯端末の両者を含む欧州市場に参入することが可能となり、欧州企業の4社は、Motorola社が保有する多数の標準必須特許による障壁が解消された。その結果、この5社が主導するGSM市場の構造が確立した。Motorola社がこの4社を選択したのは、Motorola社にとって、知的財産及びGSM製品ラインが相互に補完する企業だったことによる。Motorola社はクロスライセンス提携先を選定する際に、

GSM エコシステムにおける各企業の立場も考慮に入れている。これは後述するネットワークと携帯端末の相互接続試験の障壁を除いた。欧州 4 社からみれば、Motorola 社から標準必須特許のライセンスを受けることにより、各社の GSM 製品を欧州域外に進出させる障壁がなくなった。

詳細は後述するが、結果として、クロスライセンス契約に参加した 5 社の企業連合が、GSM ネットワークと携帯端末の市場を支配した。当時、5 社は市場全体の 85％以上を占め、製造事業に加えてサービス事業も合わせると 1990 年代後半の 10 兆円規模の市場で強い支配力を発揮した。

但し、この 5 社の企業連合は市場の寡占を意図した盟約を共有する明示的な企業アライアンスを形成したのではなく、知的財産を共有する緩やかな企業連合とみなすのが妥当と言えよう。その効果として、5 社の企業連合が参入障壁や競争力を生んだ。

Motorola 社は標準必須特許を積み上げて、標準必須特許の IPR ポリシーの 2 号選択である「非差別、合理的条件による有償許諾」を選択しない姿勢を欧州企業 4 社との交渉に活用した。この戦略は、電気通信産業における標準化プロセスを劇的に変えた。これは、品質と価格により日本企業に家電などの市場領域を駆逐された米国が、知的財産により産業競争力を強化するという産業政策のモバイル通信市場における具現化であった。

米国に遅れること 5 年、1992 年以降、多くの企業が特許活動を強化し、将来の技術標準や既存の技術標準への追加のために必須の知的財産権を取得することになった。特に Ericsson 社、Nokia 社が知的財産獲得を重点化するようになった。

5. Motorola 社と欧州 4 社による排他的企業連合の結果

前節において、Motorola 社は標準必須特許のクロスライセンス契約の締結と引き換えに、欧州 4 社から広義の知的財産の開示を受けて、これによって、この 5 社がネットワークシステムを中心に他社排除の企業連合を形成したと述べた。

本節では、この排他的企業連合の効果を検証する。

5.1　GSMネットワークシステムの市場

GSMネットワークシステムの市場の特徴は2点ある。第1は、5社の企業連合による寡占である。そもそも、非欧州企業の欧州コアネットワーク事業への参入は容易ではないが、上述のように米国企業Motorola社が標準必須特許のライセンスを梃子に無線アクセスネットワーク市場に参入した。結果的にMotorola社と欧州企業4社による排他的企業連合が1990年代に形成された（図5-8の右、実線で囲んだ部分）。広義の知的財産を共有するEricsson社、Nokia社、Alcatel社、Siemens社、Motorola社の企業連合が市場を寡占するが、その様子を表5-3の各社の市場シェアが示している。

第2の特徴は、ネットワークシステムを形成する無線アクセスネットワークとコアネットワークを異なる企業が提供するオープンな形態が実現したことである。そもそも、GSM標準化は、携帯端末と無線アクセスネットワークのインタフェース規格（Um）に加えて、無線アクセスネットワークとコアネットワーク間のインタフェース仕様（A-interface）をオープンにする一方で、無線アクセスネットワークとコアネットワーク内部をクローズドにする戦略であった。即ち、無線アクセスネットワークやコアネットワークという単位であれば異なる企業による供給の可能性を作った。これによりコア

図5-8　ETSI設立前後GSM製造事業者の連携

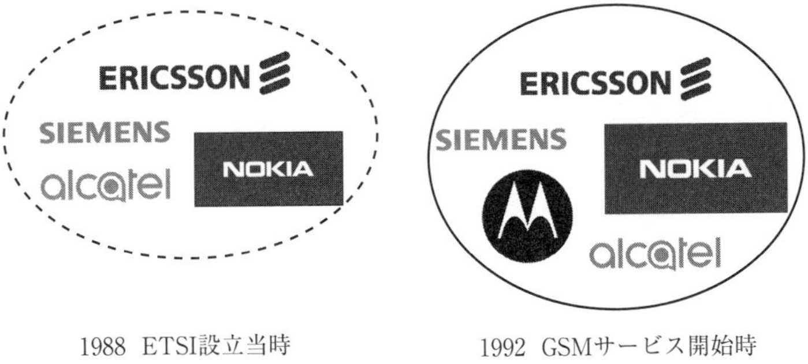

出所：筆者作成

表 5-5　欧州における通信事業者の採用無線アクセスネットワーク/コアネットワークベンダー

各国の通信事業者を上位から記載。イタリックはその国において初採用のサプライヤー

国	通信事業者	基地局製造事業者	コアネットワーク製造事業者
Austria	Mobilkom*	Motorola	Alcatel
	Mobistar	*Siemens*	*Siemens*
Belgium	Belgacom	Motorola, Nokia	Siemens
	Mobistar	*Nortel*, Motorola	*Nortel, Alcatel*
Czech Republic	Eurotel	Nokia	Nokia
	Radiomobil	*Motorola*	*Siemens*
Denmark	Tele Danmark*	Ericsson	Ericsson
	Sonofon*	*Nokia*	*Nokia*
Estonia	EMT	Ericsson	Ericsson
	Radiolinja*	*Nokia*	*Nokia*
Finland	PTT*	Ericsson, Nokia	Ericsson, Nokia
	Radiolinja*	Nokia	Nokia, *Siemens*
France	France Tel.*	Alcatel, Matra	Alcatel, Ericsson
	SFR（Cegetel）*	Alcatel, *Nokia*	Alcatel
	Bouygues	Nortel-Matra	Ericsson
Germany	T Mobile*	PKI	Siemens
	Mannesmann*	*Ericsson*, PKI	*Ericsson*, Siemens
	E-Plus	*Nokia*	*Nokia,* Siemens
Greece	Panafon	Ericsson	Ericsson
	Telestet	Ericsson	Ericsson
Ireland	Eircell*	Ericsson	Ericsson
	Digifone	*Nortel*	*Nortel*
Italy	Tele. Italia Mobile*	Italtel, Ericsson	Ericsson
	Omnitel	*Nokia*	*Nokia*
Latvia	LMT	Nokia	Nokia
	Baltcom	*Nortel*	*Nortel*
Netherlands	PTT	Nokia, Alcatel	Ericsson
	Libertel	*Ericsson*	Ericsson
Norway	Telenor*	Ericsson, Nokia	Ericsson
	Netcom*	*Motorola*, Nokia	*Siemens*
Portugal	TMN*	Motorola, PKI	Siemens
	Telecel*	*Ericsson*	*Ericsson*
Slovakia	Eurotel	Ericsson	Ericsson
	GlobTel	*Nortel*	*Nortel*

(表 5-5　つづき)

国	通信事業者	基地局製造事業者	コアネットワーク製造事業者
Spain	Telefónica*	Motorola Ericsson	Ericsson
	Airtel	Ericsson, *Siemens*	Ericsson, *Siemens*
Sweden	Telia*	Ericsson Nokia	Ericsson
	Comvik*	*Motorola*	*Siemens*
	Europolitan*	Nokia	*Nokia*
UK	Cellnet	Motorola	Ericsson
	Vodafone*	Ericsson	Ericsson
	One-2-One	Ericsson	Ericsson
	Orange	*Nokia*	*Nokia*

＊サービス開始時の最初の 20 社
出所：Funk（2001）pp. 113-114　筆者が項目名を和訳

ネットワークを持たない Motorola 社が、1995 年まで基地局事業に注力しなかった Siemens 社や、携帯端末事業を持たない Alcatel 社と協業できる条件を作った。表 5-5 は、欧州における GSM サービス開始時の通信事業者ごとのネットワークシステムの製造事業者を示す。Ericsson 社もしくは Nokia 社単独で無線アクセスネットワークとコアネットワークの両者を構築している場合が多い。その一方で、Motorola 社・Alcatel 社がオーストリアで、Motorola 社・Siemens 社がベルギー、チェコ、ノルウェー、スウェーデン、イギリスで、Motorola 社・Ericsson 社がスペインでと多様な組合せの協業で、無線アクセスネットワークとコアネットワークを構築しているのが分かる。表 5-6 に中近東諸国の GSM 展開に採用された製造事業者を示した。ここでも、Motorola 社と Siemens 社の協業がみて取れる。

なお、このような無線アクセスネットワークとコアネットワークの多様な組合せは、5 社が広義の知的財産を共有する企業連合を形成していたことを裏づけている。

後年になるが GSM を採用した中国の 2007 年の基地局の企業別シェアを図 5-9 に示す（立本，2017)。中国地域企業の Huawei 社と ZTE 社が参入しているが、無線アクセスネットワーク市場で Motorola 社は 14%のシェアを獲得し、Ericsson 社、Nokia 社、Nortel 社を含めると、企業連合を形成した

表 5-6　中近東諸国におけるアナログ及び GSM ベンダー（1996 年以降）

国	通信事業者	第 1 世代携帯電話網製造事業者	最初の GSM 機器製造事業者	GSM 運用開始日
Bahrain	Batelco	NEC	Ericsson	May 1995
Egypt	Arento	Alcatel	Alcatel	1996
Kuwait	PTT	Ericsson	Motorola/Siemens	November 1994
Morocco	PTT	Ericsson	Motorola/Siemens	April 1994
Oman	GTO	Ericsson	Motorola/Siemens	1996
Qatar	Q-tel	Alcatel	Motorola/Siemens	February 1994
Saudi Arabia	PTT	Ericsson	Lucent	Junuary 1996
Turkey	PTT	Ericsson	Ericsson	1994
Turkey	Telsim		Motorola/Siemens	April 1994
UAE	PTT	Ericsson	Lucent/Motorola/Siemens	1994

出所：Funk（2001）p. 120　筆者が項目を和訳

図 5-9　中国 GSM 基地局のシェア

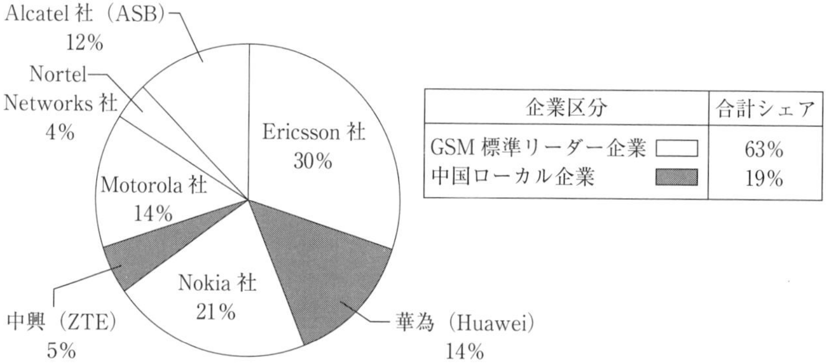

出所：立本（2017）p. 106 を筆者が一部社名を英文表記に変更

3社が市場の65%を獲得している。

このように、企業連合5社による無線アクセスネットワークとコアネットワーク市場の寡占と企業間の協業は欧州市場以外でも有効であったと言える。5社による企業連合は、3.3で記述したように欧州という地域特性を1つの要因として形成されたが、一旦形成された企業連合によるネットワークシステムの寡占と無線アクセスネットワーク・コアネットワーク組合せの協業はグローバルに有効であった。それは、図5-5で示した、特許による第2の障壁と広義の知的財産による第3の障壁がグローバルに機能したからと言えよう。

5.2　GSM携帯端末の市場

次に携帯端末の市場シェアをみていこう。表5-3にすでに示したように、1996年当時の携帯端末市場はこの企業連合5社の寡占状態となっている。無線アクセスネットワークとコアネットワークの市場は強固な3重の障壁で守られている一方で、GSM携帯端末は、Umの開放によって新興企業が参入できた。それは4.1で解説した松下電器産業による携帯端末の参入の状況のとおりである。ところが、実際には携帯端末は当初Nokia社、Ericsson社が制した。中でもGSM携帯端末におけるNokia社は圧倒的市場シェアを獲得するに至った。Nokia社の競争力には複数の要因があるが、その中でもネットワークシステムと携帯端末の双方を知る総合力により独自のベースバンドチップ（無線アクセスネットワークと交信する半導体）を開発できたことが大きな要因である。GSM携帯端末製造企業の携帯端末のほとんどは内製であった。日本製造事業者はベースバンドチップをTI社やAgere Systems社（AT&Tの半導体部門）から購入したが、これがNokia社の使っているチップセットに比べて性能で劣っていた。Nokia社はベースバンドチップをTI社に委託して製造していたが、実装ノウハウを含む設計情報はTIには開示せず、TI社が他社に販売しているチップセットはTI独自開発のものでNokia社のベースバンドチップに比べて性能で劣っていた。なぜ、Nokia社のチップの性能が高く他社のチップの性能は低かったかと言えば、標準化文書の行間を読み取ることができなかった、つまり無駄のないパラメータ解釈と実装ノウハウでNokia社に劣っていたからと言えよう。Nokia社の携帯端末市場の寡占の理由は複合的であるが、GSMでの各通信事業者、ネットワークシステム開発会社との高い接続性品質の確保があったことは確かである。

5.3　GSMのその後の展開

GSMの5社による排他的企業連合は10年ほど継続し、その後は、以下の歴史を辿ることになる。アナログ携帯で突出したシェアを誇ったMotorola社がGSM携帯端末ではNokia社に抜かれたのは、その後の継続的標準化対応が弱かったことに要因がある。コアネットワーク、無線アクセスネットワーク、携帯端末と全ての標準化に参加してシステム全体を抑えることが必須で、それを行ったのがEricsson社とNokia社となった。3G以降、これを理解して全ての標準化に分厚い参加者を割り当て、標準必須特許を抑えたのがQualcomm社とHuawei社となった。この2社は第2の障壁を乗り越え、それを梃子に第3の障壁を乗り越えた。

5.4　GSMの影響と教訓

(1) GSMというエコシステム

広く認識されているように、携帯電話網の市場はグローバルに技術開発と事業が行われ、異なる業種の多数の企業が参入している市場であり、イノベーションでも多様な企業や関係者が連動するエコシステムを形成している。

GSMは次の経緯によってモバイル通信市場のエコシステムの原型となり、現在につながるビジネスモデルの源流となったと言える。

1) 欧州という多国家からなる域内を対象とした。
2) 国際ローミングを実現した。これはモバイル通信のグローバル化に必須の機能であるとともに、複数企業で構成するGSM圏内エコシステムの形成を促した。
3) 標準化の範囲や標準化のプロセスが競争要因となることを示した。

4）標準必須特許、及び、特許以外の知的財産が企業間競争で果たす重要な役割が実証された。

モバイル通信は非常に複雑で高度なシステム性を有することに起因して、標準化を精緻に行っても、標準化文書のパラメータ解釈と相互接続試験及び実装に関する営業秘密、そして関連する特許が広義の知的財産を形成して、その専有が他社排除力となることをGSMの事例は示した。

1）の経緯により単独の企業がGSM運用域内の全ての通信機器を供給することは、そもそも難しく、複数の通信機器事業者がGSMの標準化や事業へ参画することとなった。3）4）を単独企業で実行し、広義の知的財産を専有することは実務の点で難しい。また、通信機器の顧客である通信事業者や行政府は、特定の通信機器製造事業者に市場を独占されることを望まない。その結果、複数企業を包含するエコシステムが形成された。その中の有力企業が広義の知的財産を専有することで、他社排除力を持つ企業連合を形成した。

(2) その後のモバイル通信ビジネスの展開

GSMのコアネットワークと無線アクセスネットワーク製造事業者は欧州市場以外でも競争優位を継続することができた。その要因は、3.3で述べた第2の障壁と第3の障壁がグローバル市場でも機能したことが要因と考えられる。他方で、GSM企業連合内の競争は維持されたので、企業連合内の企業間でも優劣が生じ、企業の買収や統合が起きた。

GSMから3G、4Gへと携帯電話網の世代交代において、標準化活動への参画や標準必須特許の取得の程度などによって、企業連合内の企業の格差が拡大した。しかし、前述の標準化文書で公開されない知的財産や携帯電話網のネットワークシステム、特に、コアネットワーク設備投資の連続性の必要性から、ネットワークシステムの有力企業の優位性は、携帯電話網の世代を超えて継続した。そして、今日も、Nokia社、Ericsson社がコアネットワーク市場、無線アクセスネットワーク市場で引き続き大きなシェアを獲得している。

携帯端末ビジネスでは、プラットフォーム（通信LSIと基本ソフトで構成）のビジネスモデルが形成され、産業構造は大きく変化した。即ち、プラットフォーマと、これが供給するプラットフォームを用いて携帯端末を製造する事業者に分離し、後者の競争は一層激しくなった。さらに、フィーチャーフォンからスマートフォンへの移行によって、携帯電話網のエコシステムの中でアプリケーション開発者が独立した位置づけを獲得し、また、プラットフォーマの存在がより一層鮮明となった。その結果、プラットフォーマとしてはQualcomm社やApple社、Google社の優位性が形成された。

ここで注目したいのは、Qualcomm社がプラットフォーマとしての優位性を獲得する過程で、Motrola社がGSMで実行した知的財産戦略と同様の手法、即ち、標準必須特許を多数取得して、他の事業者へのライセンスを梃子にして自社事業に有利なエコシステムを形成する手法（第1章3.5参照）を実施しており、この点でQualcomm社の戦略はMotrola社の戦略を継承していることである。

また、GSM携帯端末事業でNokia社が形成した優位性、即ち無線アクセスネットワークと携帯端末間の通信に関する知的財産を活用して通信チップの競争力を高めるというメカニズムはNokia社とQualcomm社が継承したと言える。

以上の結果、2000年代、3GPPの時代になって現れるのは、Qualcomm社とEricsson社が中心となって形成する知的財産主導のエコシステムである（図5-10）。この図では左の実線で囲われた企業連合は消滅し、右の波線は単に事業領域を示している。

(3) GSMの事例から学ぶ教訓

携帯電話網のビジネスでは、技術開発とともに標準化活動への参加や標準必須特許の取得の重要性は我が国でも広く認識されている。これに加えて、GSMの企業連合とその後の携帯電話網ビジネスの展開の経緯から、次を認識することも重要であろう。

・特許権に加えて標準化文書で公開されない広義の知的財産が競争要因と

なること

・これらの知的財産は、エコシステムの中で効力を発揮する。特に、知的財産を競争力に転換する明示的或いは暗黙裡の企業連合が形成され、その構成員に入り込むことが競争優位性を大きく左右する。また、構成員に入り込むための交渉力となる特許権を取得し、それを巧妙に活用することも非常に重要な手法である。

上記の知的財産マネジメントは、「オープン＆クローズ戦略」の概念で説明される範囲を超えている。

どのような構成員でどのような形態の企業連合が形成されるかは、技術とサービスの進化や各国の行政や通信事業者の思惑で変化するが、それをいち早く察知した迅速な対処が肝要である。例えば、Samsung社はQualcomm社プラットフォームであるSnapdragon通信チップをいち早く採用し、携帯端末の機器ベンダーとしてAndroidの開発に参画したことが、3G携帯端末市場で競争優位な地位の獲得に貢献した。

国内の携帯電話網機器事業者の苦境は、上記のエコシステムの変化を理解した技術開発と事業の展開や、競争力となる企業連合に入り込む意図的な努力や、企業連合の協業関係に適した事業形態の追求が乏しかったことが背景にあるのではなかろうか。例えば、携帯端末事業がプラットフォーマと端末機器製造事業者との水平分業の形態に分離したことを活用して、韓国や中国などのそれまでは携帯電話網の途上国であった国が携帯端末市場に参入する競争環境においては、開発力や製造技術だけでは競争力を維持できない。また、携帯電話網ネットワークシステムの海外市場が無線アクセスネットワークとコアネットワークの単位のビジネスとなる中で、これと整合しない製品形態であったことが苦境の要因に挙げられる。

6. 結論

20世紀後半に携帯電話網技術として世界を制覇したGSMは、黎明期では政府と連携して地域産業として保護育成することが重要であることを示した。GSMの創始者はCEPT・ETSIであるが、欧州企業によってGSMの欧州市場を席捲しようとする当初の意図を覆したのが、GSM標準必須特許ポートフォリオを武器にした米国のMotorola社である。結果として、Motorola社と欧州の有力企業4社の連合によって地域・国としての第1の障壁、標準必須特許による第2の障壁、相互接続性・実装ノウハウ・システム連続性の第3の障壁の3重の参入障壁の構築に成功した。

最も多くの標準必須特許を取得したMotorola社は自社特許を欧州外ではIPRポリシーの3号選択をする可能性も示して、Motorola社が保有する標準必須特許のライセンスと引き換えに、欧州企業から広義の知的財産、即ち、標準化文書のパラメータ解釈と相互接続試験及び実装に関する営業秘密、そして関連する特許の開示を求めた。Nokia社、Ericsson社、Alcatel社、Siemens社がその要求に応じ、図5-8の右の実線で示す企業連合を生じる結果となった。これが5社による排他的企業連合の形成である。この排他的企業連合は、携帯端末とネットワークシステムの寡占に成功した。この企業連合が構築した参入障壁の効力は欧州以外の市場でも機能して、グローバル市場の寡占に貢献した。

GSMはモバイル通信のその後の世代のビジネスにも大きな影響と教訓を残した。GSMが最初に実証したように、第1に、標準必須特許、及び、広義の知的財産（標準化文書のパラメータ解釈と相互接続試験及び実装に関する営業秘密と関連する特許）が競争力の重要な要因となった。第2に、緩やかな企業連合が広義の知的財産を創出・共有し、これを競争要因に転換した。標準必須特許の活用目的として、この企業連合に入り込むための交渉力に用いることは、GSMの事例から汲み取るべき教訓の1つである。

その後、GSM市場の拡大期には、Nokia社の携帯端末寡占化、Samsung社の新規参入（当時Samsung社にネットワーク事業はない）があり、ネットワークと携帯端末事業は分離していき、Qualcomm社のライセンス事業

（小林，2019）とそれを活用したプラットフォーム事業により、携帯端末開発にネットワークシステム事業を持つことが必要条件にはならなくなっている。Nokia 社の携帯端末ベースバンド技術も各通信事業者との高い接続性品質の確保が実装ノウハウとして付加価値であったが、最終的に売却されている。それらが、持続的な付加価値にはならず、内製する必要はないと判断されたことになる。その結果、2000 年代、3GPP の時代になって現れるのは、Qualcomm 社と Ericsson 社が中心となって形成する知的財産主導のエコシステムである（図 5-10）。この図では左の実線で囲われた企業連合は消滅し、右の波線は単に事業領域を示している。

知的財産を武器にする Qualcomm 社の登場は欧州市場においても WCDMA 黎明期から携帯端末市場に大きく影響を与えた。結果として、Nokia 社、Ericsson 社も、知財収入を確保することになり、事業に大きく影響した。韓国、中国などの途上国が携帯端末市場に参入する中、製造技術だけでは競争力を保てず日系製造事業者は脱落していったのは必然であった。

今後は競争優位を確保するべく企業連合を形成するために、特許権の確保と行使が重要になる。Qualcomm 社も Nokia 社も Ericsson 社もライセンス事業に注力している。また、Samsung 社も Huawei 社、そして Apple 社で

図 5-10　GSM から 3GPP の現在

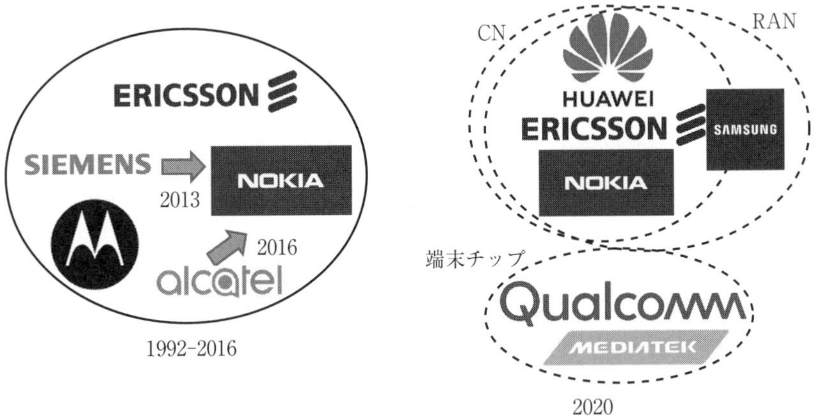

出所：筆者作成

さえもベースバンドチップの内製化を試みたが、現在も上位レベルの携帯端末にはQualcomm社のベースバンドチップを使い続けている(2023年時点)。

GSMの排他的企業連合は実質消失したが、これが契機となって、その後も、標準必須特許、実装特許、標準化支配力の組合せを用いた戦略的企業連合における地位獲得競争は継続している。特許権の行使は大国が小国に取れる特権である面もみえ、GSMにおける5社連合成立の背景には政治、国力があったように、国家は触媒として機能し続ける。今後グローバル経済とグローバルな技術開発が継続して、日本が実装中心の労働集約型産業には戻らないとすると、知的財産を重視したグローバル企業を育成する国家戦略の立案と実践が必須となる。

参考文献

Bekkers, R., and Liotard, I (1999), "The tense relation between mobile telecommunications standards and IPR." *European Intellectual Property Review 3* (1999), pp. 110-126.

Bekkers, R. N. A., G. M. Duysters, and Verspagen, B. (2000), "Intellectual Property Rights, Strategic Technology Agreements and Market Structure: The Case of the GSM." *ECIS Working Paper Series, 200015*, Eindhoven Center for Innovation Studies.

Bekkers, R., Duysters, G., and Verspagen, B. (2002), "Intellectual property rights, strategic technology agreements and market structure: The case of GSM", *Research Policy, 31* (7), pp. 1141-1161.

Ericsson (1997), *Ericsson Annual Report 1997*
https://www.ericsson.com/4ac582/assets/local/investors/documents/financial-reports-and-filings/annual-reports/annualreport1997_en.pdf

Etoh, M, Ohya, T, and Nakayama, Y. (2008), "Energy Consumption Issues on Mobile Network Systems," 2008 International Symposium on Applications and the Internet, 2008, pp. 365-368.

Funk, J. L. (2001), *Global Competition between and within Standards: the Case of Mobile Phones*, Springer, 2001.

Garrard, G. A. (1998), *Cellular communications: Worldwide market development, Artech House on Demand*, 1998, p. 140.

Kroes, Neelie, (2006), "Case No COMP/M.4297 - NOKIA/SIEMENS Notification of 5 October 2006 pursuant to Article 4 of Council Regulation No 139/20041", Case No COMP/M.4297 - NOKIA / SIEMENS, https://ec.europa.eu/competition/mergers/

cases/decisions/m4297_20061113_20310_en.pdf

Nokia (1997), *NOKIA Annua Report 1997*
https://web.lib.aalto.fi/fi/old/yrityspalvelin/pdf/1997/enokia.pdf

Onuki, M., Kobayashi, K, Nagata, N, and Mura, M (1998), "標準必須特許 DC packet communication system", *JIEICE, 81* (3), pp. 253-258.

TC-SMG, ETSI, (1996), "Digital cellular telecommunications system (Phase 2+); Network architecture (GSM 03.02)", TS/SMG-030302Q, European Telecommunications Standards Institute,

梅澤良夫・猪飼洋平・伊藤誠 (2008),「ドコモの Global Certification Forum への取組み」『NTT DoCoMo テクニカル・ジャーナル』*16* (3), pp. 64-69.

小林和人 (2019),「Qualcomm の「ノーライセンス・ノーチップス」ビジネスモデルの全貌：FTC vs. Qualcomm 米国訴訟」,『日本弁理士会広報センター会誌』, *72* (14), pp. 97-107.

立本博文 (2017),『プラットフォーム企業のグローバル戦略：オープン標準の戦略的活用とビジネス・エコシステム』有斐閣, p. 106.

（栄藤　稔）

第6章

暗黙の知財同盟の実践

1. はじめに

本書の第2～5章で、暗黙の知財同盟の3つの事例と、排他的企業連合の事例を議論してきた。本章は、暗黙の知財同盟の3つの事例に共通する事項を議論して、暗黙の知財同盟を実践するにあたって留意するべき事項を検討する。また、排他的企業連合との類似点と相違点を考察する。

さらに、本章の最後で、競争戦略論の視点からみると暗黙の知財同盟と排他的企業連合はどのように位置づけられるかを議論する。

2. 3つの事例からの教訓

本書の第1章で提起したイノベーションを収益化する知的財産戦略スキーム「暗黙の知財同盟」の3つの事例を第2～4章で個別に説明した。各事例は、それぞれ固有の特徴があるが、3つの事例をまとめて横断的に検討することで、この知的財産戦略スキームをより深く理解し、そこから、この戦略スキームを実践するための考え方を汲み取ることができる。

まず、3つの事例の特徴を概観しておこう。インクジェットプリンタでは、暗黙の知財同盟を構成する企業が3社と少数であり、同盟の形成や他社に対する障壁の効果が分かりやすい。また、自社で開発したインクジェットヘッドの製造技術の社外への流出を防ぐことで、発展途上国企業が特許権を侵害して製造することを防いだ点も興味深い。

白色LEDでは、必須特許権者5社間の激しい訴訟があったので5社間の同盟関係に気づきにくいが、5社それぞれは他社が保有する必須特許を無効化できないことを認識して、結局は同様のスキームを実行した。必須特許権者から補完業者への特許ライセンスによって、特許権を尊重して製造される白色LEDの市場への供給量を拡大したことは、特許権を無視して参入する企業が市場を獲得することを抑制する効果もあったと考えられる。補完業者を形成する点でも、5社は同様の振る舞いをした。

DVDドライブでは、標準必須特許は、標準化団体のIPRポリシー(FRAND条項)に沿って公平に実施許諾されたが、高額となったロイヤリティーの割合が特許権企業以外の製造企業の価格競争力を奪い、一旦は市場参入した台湾メーカが撤退し、必須特許権企業が市場を寡占した。必須特許の非許諾によって参入障壁を形成することが暗黙の知財同盟の原型であるが、DVDドライブの事例はロイヤリティーが実質的な参入障壁となりえることを示した。

以下の節では、次の5項目について、3つの事例を横断的に議論して、暗黙の知財同盟を実践するための教訓を考察する。

・暗黙の知財同盟の形成と継続
・イノベーションの収益化とイノベーションの継続の両立
・競争法との整合性
・事業戦略との統合
・暗黙の知財同盟に適した事業分野

3. 暗黙の知財同盟の形成と継続

3.1 形成の条件

3つの事例をみる限り、当事者である必須特許権者は、暗黙の知財同盟を当初から発想して事業や知的財産マネジメントを進めたのではなく、結果的に同盟関係が形成されたと推測される。インクジェットプリンタを開発したキヤノンとエプソンは事業では一貫して競合関係であったし、キヤノンがエプソン特許の無効化に失敗するまでは、知的財産マネジメントにおいても競合関係にあったと言える。白色LEDの有力特許権者5社も相互に特許侵害訴訟を争い、侵害訴訟の決着としてクロスライセンス契約を締結した。このように、従来は暗黙の知財同盟という戦略スキームが認知されていなかったので、成り行きで同盟が形成されたと思われる。しかし今後、本スキームが認知されることで、合目的的に暗黙の知財同盟を形成することが考えられる。その場合でも、後で述べるように、明示的な盟約は競争法に抵触する事となろう。

とは言え、3つの事例から分かるように、一定の条件が揃わないと暗黙の知財同盟の形成は難しい。その条件を以下に示す。

〈暗黙の知財同盟の形成条件〉

条件1：必須特許群を保有する企業が多数ではなく、各社の事業戦略が類似であること

条件2：必須特許件数が多数でないか、或いは何等かの特定する方法があること

条件3：特許権を侵害した製品の製造が困難であること

まず、条件1を検討しよう。必須特許権企業の数が多いと、明示的な合意のない企業アライアンスを形成することが難しくなる。また、各必須特許権企業の事業戦略の差異が大きくなり、特許収入を優先する企業と製造による収益を重視する企業が混在していると、各社が同様の知的財産マネジメントを採用することが難しくなり、暗黙の知財同盟の形成や継続の可能性が低くなる。インクジェットプリンタの必須特許権企業はキヤノン、ヒューレット・パッカード、エプソンの3社であった。白色LEDでは、5社が必須特許権を専有した。DVDドライブの必須特許権企業は10社であり、他事例より多いが、技術標準の開発段階から特許ライセンスまで協業して来たので、知的財産マネジメントでも同様の戦略で歩調を合わせることができたと考えられる。

次に条件2をみてみよう。必須特許権の数が多く、多様な技術領域に広がっていると、必須特許権を取得・保有する企業の数が拡大する可能性が高

まり、知財同盟への合意形成が難しくなる。また、どの特許が必須特許であるかが、必須特許権者以外からも判断が容易であれば、必須特許権の抑止力が効果的になる。

標準必須特許のように、技術標準という必須特許の判定基準やライセンスプールによる必須特許認定によって、必須特許が第三者にも明瞭であれば、必須特許権の件数が多い場合でも、条件2は満足される。

条件3は、特許権の行使を有効ならしめる大前提なので、条件に挙げるまでもないとも言えるが、3つの事例は、特許権の効力を有効にする特許権周辺の取り組みの重要性を教えているので、敢えて条件の1つに挙げた。

3.2　継続の条件

一方、どのように優れた経営戦略やマネジメント手法であっても、経営環境の変化の中で永続的に有効であることはない。暗黙の知財同盟は、当事者の明示的な合意のない同盟関係という性格に由来して、その機能と効力の継続性は強靭ではない。同盟の継続には考慮と対策が必要となる。それは、上記の3条件を継続させる対策であり、より具体的な内容を検討する。

インクジェットプリンタでは、必須特許権者であるキヤノン、ヒューレット・パッカード、エプソンが継続的な技術開発によって第2世代の必須特許群を先行して取得すると共に、大量の特許出願を続けることで、3社以外の事業参入を試みる企業が必須特許を取得する機会を防いだ。また、インクジェットヘッドの生産には高度の生産技術とノウハウが必要であり、生産技術を社内で開発することで、そのスピルオーバーを回避した。これにより、特許侵害してインクジェットプリンタを製造する企業の登場を防いだ。また、DVD ドライブでは、最初に技術標準が設定され、その後、光記録材料の新規開発で技術標準の範囲が拡大したが、中核となる標準必須特許には変化がなく、有力特許権者はその地位を継続できた。DVD という技術標準によって技術の範囲が明確であったので、新規の必須特許が生まれる可能性が予見できた。また、DVD ドライブの単価が下落する中で、ロイヤリティーを低減しなかったことで、ドライブ単価に占めるロイヤリティーの比率が高まり、他方ではDVD ドライブの販売先であるパソコン製造事業者はDVD

ドライブメーカに対してロイヤリティーが支払われている保障を求めたため、必須特許権者以外のメーカは市場撤退せざるを得なかった。

このように、本書で取り上げた事例の考察から、暗黙の知財同盟の継続に効果がある条件は以下のようなものである。

〈暗黙の知財同盟の継続条件〉

条件１：必須特許が固定的であること。もし、新規の必須特許権が生まれる可能性がある場合には、必須特許権者がそれを継続的に取得すること

条件２：特許侵害して生産することが困難な障壁を構築するか、商慣習などの要因を利用して特許権による障壁の効果を形成すること

条件３：特許権の期限満了などにより必須特許が失効しないこと。或いは、期限満了となる前に新たな必須特許を取得すること

以上で述べた、暗黙の知財同盟の３つの形成条件と３つの継続条件は全ての分野で満足できる訳ではない。しかし、暗黙の知財同盟の効果は大きいので、このような事業分野を発掘して上記の各条件が成立するように意図的に仕掛けていくことが重要である。

4. イノベーションの収益化とイノベーションの継続の両立

特許制度が誕生したもともとの目的は、特許発明の実施権の一定期間の専有を認めることで、発明者の収益を確保して発明創出のモチベーションを高めることと、特許発明を情報公開することで他の研究者による一層進化した発明を促すことを両立させて、イノベーション創出を図ることであった。しかし実際には、イノベーションを創出した特許権者の収益が確保されない事態が多数発生して、特許制度の存在意義が問われることもあった。

これに対して、本書で取り上げた３つの事例にみるように、暗黙の知財同盟によって特許権者は高い市場シェアを獲得しつつ、並行してイノベーショ

ンの継続にも成功している。即ち、必須特許の実施権の専有によって市場は寡占化されたが、イノベーションは停滞せず、特許権者の収益獲得とイノベーションの継続が両立してイノベーションのあるべき姿が実践され、特許制度のもともとの趣旨にもかなっている。このように、イノベーションによる価値の創出とイノベーターへの収益の確保を両立させている点が、暗黙の知財同盟という知的財産戦略スキームの妙味である。

インクジェットプリンタの場合は、第2章の図2-3に示したようにキヤノン、ヒューレット・パッカード、エプソンの特許権による他社実施の排除効果が機能している期間にも、プリントヘッドのノズル数が増大し、これに裏づけられてプリント解像度が格段に向上していった。このことが、写真画質のプリントを可能にした。カラープリントの解像度の向上という量的な変化の進行により、写真画質という質的に高い段階のプリンタが登場した。同時期に普及したデジタルスチルカメラが写真画質のプリントを要求し、これに応えたインクジェットプリンタの進化がデジタルカメラのイノベーションを支えたと言える。このような機能・性能の格段の向上にも関わらず、製品価格は低下していった（第2章図2-14参照）。

DVDドライブの場合では、有力特許権者は市場の寡占に成功したが、最初の技術標準が策定された以降も、DVDドライブの記録速度を順次高速化して、16倍速まで実現した（第3章図3-5参照）。その一方で、市場の寡占化が進む中でも、製品単価の低価格化が継続して単価が20ドル以下となり、台数市場規模拡大が継続し、年間3億台を超す大きな市場規模となった（第3章図3-1（a）、（b）参照）。

白色LEDの場合でも、有力必須特許権者の寡占が維持される一方で、白色LEDの性能は飛躍的に向上し、価格は大幅に低下した。

このようにイノベーションが継続した背景には、市場競争が維持されたことがある。暗黙の知財同盟は、それ以外の企業に対しては排他的な効果をもたらして市場を寡占したが、有力特許権者の間では、商品力や価格の市場競争が維持された。キヤノンのインクジェット事業の幹部が「ライバルがいたことで、プリンタの開発スピードが上がりました。」（日経パソコン，2013）と語っていることは、これを裏づけている。なお、これにより、市場の寡占化には成功したが、各企業の収益性には限界があったかもしれない。

暗黙の知財同盟という戦略スキームに対して否定的な印象を持つ読者もあるかもしれない。しかし、このスキームが特許権者の収益獲得だけでなく、イノベーションの継続をも支えており、それは最終的には製品のカスタマーの利益になっている点で、社会的な意義が大きいと言える。

5. 競争法との整合性

暗黙の知財同盟を実践すると、競争法（我が国では独占禁止法）に触れるのではないかとの疑問を抱く方も多く、筆者らが学会発表や講演を行うと必ず出される質問でもある。

市場を特定企業が専有すると自由な競争が妨げられ、消費者や経済に不利益をもたらすため、各国は特定企業の過剰な集中を禁ずる法制度を設けている。同じ趣旨で、必須特許を保有する複数企業が共同で特定企業だけに特許権の実施許諾を行い、特定企業以外の企業には実施許諾せず、それにより市場から排除することも、独占禁止法は禁じている。

そもそも特許制度は特許発明の独占排他を一定期間、認める制度であるために、我が国の独占禁止法や米国の反トラスト法など各国の競争法と緊張関係にある。そこで、知的財産戦略と競争法とがどのような関係にあるのかを検討する。

特許制度と競争法が緊張関係にあるため、両者の関係に関する明示的なガイドラインや集積された判例によって、両者の折り合いに関する法理が形成されている。我が国の独占禁止法は第 21 条で、特許権の独占排他権の行使を認めている。さらに、「権利の行使と認められない行為」について、「知的財産の利用に関する独占禁止法上の指針」（公正取引委員会 2016）が詳細に規定している。同指針はクロスライセンスにおいて、①市場シェアが高い契約当事者が共同で行う対価、数量、供給先等の取り決めや第三者へのライセンス拒否、②技術の利用範囲とこの技術を利用する事業活動の範囲の共同取り決め、の 2 つが「権利の行使と認められない行為」と定めている。米国でも同様のガイドラインが示されている（USDOJ, 1995）。

本書で述べた3つの事例、インクジェットプリンタ、DVDドライブ、白色LEDの事例は、いずれもこれに該当しないと考えられる。例えば、インクジェットプリンタでは、キヤノンとヒューレット・パッカードは共同研究とクロスライセンスを明示的に合意したが、エプソンとの間では何ら明示的な合意はなかった。むしろ、キヤノンがエプソンの特許権の無効化を試みるなど敵対的な関係にあったと思われる。白色LEDでは、必須特許権者5社は2社間でクロスライセンス契約を締結したが、5社以外の競合他社に対するライセンス方針については合意していない。DVDドライブでは、必須特許権者はライセンスプールを形成して広く特許ライセンスしている。このように、3つの事例のいずれも、必須特許権者は共同で第三者へのライセンス拒否を取り決めていない。

3.で述べた暗黙の知財同盟を形成・継続できる条件が揃った場合であっても、本節で述べたような競争法に抵触しないための配慮は特に重要である。

6. 事業戦略との統合

暗黙の知財同盟を実践する上で不可欠な要素が、事業戦略と一体となった知的財産マネジメントである。外形的には、事業目論見があって技術開発が行われ、その結果として発明が生まれ、特許出願・権利取得するというウォーターフロー的な実務の流れがみえる。このため、知的財産マネジメントは、事業戦略や技術戦略の下流に位置するとの見方が生まれやすい。即ち、事業戦略とそれに基づく技術戦略を考慮して知的財産マネジメントを行うことはあるが、知的財産戦略を考慮して事業戦略を立案することはないとの見方である。極端な場合には、「特許のことはよく分からないので、知財部に任せた」と発言する経営幹部がいるかもしれない。知的財産マネジメントのいくつかの場面では、このような発想が妥当かも知れない。しかし、暗黙の知財同盟を実践するためには、この戦略スキームが実施できるような事業戦略・技術戦略を組み立てることが必要となる。

インクジェットプリンタの事例で考察してみる。キヤノンはインクジェットプリンタの事業化にあたり、共同研究者であるヒューレット・パッカード以外の企業に対しては特許権による参入障壁を構築しようとしたと思われる。それは、カメラや複写機の事業で遭遇した他社の特許による参入障壁[1]との闘いの教訓に基づくものであろうし、また、インクジェットプリンタの技術開発や事業化に関するキヤノン関係者の論文やインタビューの端々からも窺える。そして、他社による必須特許の取得を防ごうとして多数の特許出願を行い、そのために自社製品で採用する以上に広い範囲の技術開発を行ったと推測される。第 2 章の図 2-11 で提示したように、発明者数や特許出願数が高い水準で経緯しているのはこのためと考えられる。多数の発明者、多数の特許出願を確保するには、相当のリソースの投入が必要となるため、それを行うには、事業戦略、技術戦略のレベルでの判断がなければ難しい。

次に DVD ドライブの事例で考察してみる。技術標準策定で先行して標準必須特許を多数取得して事業の優位性を図ろうしたのは DVD 技術標準策定を進めた DVD コンソーシアムに集まった 10 社、特にこれを先導した企業に共通した認識であったと考えられる。この認識は、それ以前のコンパクトディスクやホームビデオ等の経験から形成されたものであった。DVD コンソーシアムの技術標準作成を 10 社に閉じて行ったのも、その認識の反映と言える。この認識を実施するために、ビジネスモデルの考案、技術開発や知的財産活動が組織的にも実務的にも一体となって進められた。その結果、DVD コンソーシアムを形成した 10 社によって DVD 必須特許がほぼ専有された。10 社の目論見は、DVD プレーヤーや DVD メディアでは必ずしも成功しなかったが、DVD ドライブでは暗黙の知財同盟が機能したことは、第 3 章で述べたとおりである。

7. 暗黙の知財同盟に適した事業分野

本書が取り上げた 3 つの事例で暗黙の知財同盟が存在して機能した。で

1　1930 年代、キヤノンが距離計型カメラを開発する際に、当時カメラ市場を席捲していた Leica 社の特許（距離計の 2 つの窓の間にファインダーを設ける）の回避に苦労した話や、1960 年代後半に、盤石と思われていたゼロックスの約 600 件の特許群の障壁を切り崩して複写機事業に参入した話は著名である。

は、これ以外の事業領域や市場でもこのスキームが実現する可能性があるのだろうか。これは、実務者や経営者にとって非常に関心がある点であろう。筆者らが暗黙の知財同盟について学会や研究会で発表した時に、多く受けた質問や意見はこの点であった。その中の何人かの方のお話は、その方が関係する分野で暗黙の知財同盟スキームが実施されている、或いは、実施が推測されるというものであった。それらは現業にも関わる事業なので、筆者らはそれらの調査は控えたが、本書で議論した3つの事例以外にも、暗黙の知財同盟の少なくない実践があるものと推定される。

では、どのような事業領域が暗黙の知財同盟の実施に適するのであろうか。それは本章3.で述べた暗黙の知財同盟の形成の3条件、継続の3条件を満たす領域であり、1つの事例を挙げるとデバイス分野が該当すると言える。デバイスは多岐に渡る技術を統合したシステム性の高い事業領域ではなく、比較的技術範囲が限定されるため上記の条件を満たしやすい。この分野は、我が国の産業が強いと言われる分野であり、暗黙の知財同盟が国内産業界で実践されることを期待したい。

8. 暗黙の知財同盟とGSMの排他的企業連合の類似点と相違点

暗黙の知財同盟もGSMの排他的企業連合も明示的合意のない企業アライアンスであるが、前者は必須特許の専有に基づく暗黙裡の企業アライアンスであり、後者はGSM技術標準に関連する広義の知的財産（標準化文書のパラメータ解釈と相互接続試験及び実装に関する営業秘密、そして関連する特許）の専有に基づく企業アライアンスである点が異なる。しかし、両者はともに、必須の知的財産の専有によって他社に対する参入障壁を形成する点では同様の機能を発揮している。いずれも市場を寡占し、イノベーションを収益化するために有効な戦略スキームと言える。イノベーションを創出する新たな技術体系の創出を単独企業で実行するのには限界があり、複数企業が明示的、或いは緩やかに協業することは合理的であり、しばしば観察される事象である。それらの企業が知的財産権の行使でも協業してイノベーションの収益化を図ろうとするのは自然な流れである。

一方で、暗黙の知財同盟と GSM の排他的企業連合は成立過程で差異もある。特許権の創出や取得は単独企業で実施可能なので、暗黙の知財同盟は当初から目論まれた同盟ではなく、成り行きで結果として形成されることでもかまわない。インクジェットプリンタや白色 LED の暗黙の知財同盟では、市場での競争に加えて、特許権に関する係争を経たことが、暗黙の知財同盟を形成する他社を認識するために必要であったと思われる。これに対して、GSM の排他的企業連合が根拠とする広義の知的財産は、アライアンスする他社との協業が無ければ形成できないものが含まれる。例えば、相互接続試験に関する営業秘密は他社との協業を経て形成される。従って、当初からアライアンスする相手企業を認識した上で形成されたものと思われる。

さて本章は、暗黙の知財同盟に共通する特性について議論してきたわけだが、その中の幾つかは、GSM の排他的企業連合でも類似の特性がみられる。1 つはイノベーションの継続とイノベーションの収益化の両立である。排他的企業連合は市場を寡占したが、連合内での競争は維持されたので、イノベーションの進展は進んだ。GSM は技術的にも大きく進化し、日本、韓国、ツバル以外のほぼ全世界を席捲した。また、連合内企業の優勝劣敗も進んだ。暗黙の知財同盟も GSM の排他的企業連合も競争相手となる企業の数を絞り込むが、数を絞り込まれた企業間の競争は継続する戦略である。

もう 1 つの類似した特性は、事業戦略と統合した知的財産戦略という点である。既に述べたように、相互接続性試験に関するノウハウなどは、そもそも事業上の協業が無ければ形成できない知的財産である。そして、事業の協業は事業戦略の一部である。

また、排他的企業連合は、国際標準化における暗黙の知財同盟とは別の選択肢と言える。国際標準化で多数の標準必須特許を取得した特許権者企業群が取りうる特許活用戦略を第 1 章 3.4 で、「標準必須特許の実施許諾と収益獲得を両立」として提起し、第 1 章 4.1 で、このスキームを暗黙の知財同盟の 1 つの形態であると位置づけた。これは、国際標準化の知的財産ポリシー RAND 条項に従って標準必須特許をライセンスするが、製品価格と比較して高額となったロイヤリティー支払いを参入障壁とする特許活用スキームである。第３章でDVDドライブの事例を詳細に議論した。

これに対して、GSMの排他的企業連合は、国際標準化を主導した企業群が取りうる、もう１つの知的財産活用スキームである。暗黙の知財同盟では高額となった特許ロイヤリティー支払いを参入障壁にしたが、排他的企業連合ではライセンスの義務が伴う標準必須特許とは別枠の知的財産（広義の知的財産）の専有を参入障壁にした。国際標準化活動において標準化文書に記載されない必須技術の領域が存在し、そこに固有の知的財産が存在するならば、このスキームが有効に機能することをGSMの事例が示した。携帯電話網のようにその時代の最先端技術を集結した標準化においては完全な標準化はそもそも難しく、実質的には必須技術であるが標準化の対象から外れた技術領域が発生する可能性が高い。GSM国際標準化を主導した欧州企業は、このような技術領域を意図的に形成したと推測される。そして興味深いのは、GSMで実施されたこのスキームは、その後の第3〜5世代の携帯電話網でも継承されており、これが携帯電話網のコアネットワークや無線アクセスネットワーク市場では少数企業による市場の寡占が継続してきた背景と言える。近年、open RAN（無線アクセスネットワーク）[2]として、無線アクセスネットワークの完全な標準化を求める活動が活発化している。この活動の存在は、無線アクセスネットワークでは「実質的には必須技術であるが標準化の対象から外れた技術領域が存在すること」を示している。

2　open RANは5G（第５世代携帯電話網）で急速に注目が集まっている。一般的に無線アクセスネットワーク（RAN）は、携帯端末との無線通信を担うRU（Radio Unit）と、無線信号を処理するDU（Distributed Unit）、処理したデータをコアネットワークとやりとりするCU（Central Unit）で構成されるが、現在多くのRANは、RUもDUもCUも全て同じ機器ベンダーの製品で構成するクローズドな仕様となっている。5Gでは携帯電話網が多様な用途で利用されるため、その用途にあった機器で構成するのが合理的であり、無線アクセスネットワークの仕様を完全にオープンにする要望が高まった。その実現に向けて、世界各国でさまざまな団体の取組が進んでいる。例えば、ドコモや米AT&T社、仏Orange社、独Deutsche Telekom AG社、そして中国の中国移動通信社という携帯電話会社大手５社による「O-RAN Alliance」があり、通信事業者32社と機器ベンダー等304社が参加している。（2022年12月時点）

9. 競争戦略論からみた暗黙の知財同盟と排他的企業連合

競争戦略論の視点から捉えると、暗黙の知財同盟や排他的企業連合は競争戦略論の基本に沿った合理的で自然なスキームであることが分かる。これを以下で検討する。

9.1　SCP 理論からみた暗黙の知財同盟と排他的企業連合

経済学の基礎的概念である「完全競争」と「完全独占」から議論を始めよう。完全競争の市場では企業の超過利潤はゼロになる、即ち、このような市場では企業はまったく儲からない。完全競争の対極が完全独占で、企業は生産量も商品の価格も自社でコントロールできるので、独占企業は大幅な超過利潤を得ることができる。

現実には「完全競争」も「完全独占」も存在せず、実際はその中間のどこかの状態にある。収益性を高めるには完全独占により近い状態を形成することが重要になる。それは、少数の企業に売り上げが集中している状態、即ち寡占である。寡占状態では少数の企業間の競争となるが、それらの企業の間では、1 社の行動が他社の行動に影響を及ぼしやすく、過剰な価格引き下げのような、相互に不合理な行動を回避しやすくなる[3]。こうして市場を寡占した企業は合理的な判断をして、適切な利益を得ることができるというのがSCP[4] 理論である。実際のビジネスでも、寡占状態を形成して安定した利益を実現している産業は、国内のビール業界や米国のシリアル業界、コーラ業界など、広くみられる。

この SCP 理論を基礎としたのが M. Porter の競争戦略論であり、良く知られているように競争戦略の基本理論の一つとなっている。

以上の競争戦略論の視点でみると、暗黙の知財同盟は特許権を活用して、排他的企業連合は営業秘密などを含む広義の知的財産を活用して、市場に参

3　市場の企業数が少ない場合には、一般的傾向としては不合理な行動を回避するが、少数企業が激しい競争に陥る場合もある。

4　Structure-Conduct-Performance（構造－遂行－業績）の意味。

入する企業が少ない「寡占状態」を形成する競争戦略であるとみなすことができる。また、知的財産権を活用して寡占状態を形成する手法は、従来の知的財産マネジメントからは違和感があるかも知れないが、ビジネスの世界では広く行われている経営戦略である。

9.2 RBVからみた暗黙の知財同盟と排他的企業連合

次に、競争戦略論のもう一つの代表格であるRBV（Resource Based View）の視点からも、暗黙の知財同盟が明快に位置づけられる。RBVとは、競争力の源泉は企業が保有するリソースにあるとする理論である。例えば、コアコンピタンス経営である。RBVの主旨は次の命題に要約できる（入山, 2019）。

1. 企業のリソースには価値があり、それが希少な場合に、企業は競争優位を実現する
2. そのリソースが模倣困難で、代替が難しい時に、その企業は持続的な競争優位を実現する

暗黙の知財同盟の基礎となっている必須特許は、希少性が高い企業リソースである。さらに、それを必須特許権企業の間だけで相互に実施許諾し、他社には実施許諾しないことで、必須特許の実施権の拡散を防いでいる。即ち他社による特許技術の実施という模倣や代替を難しくしている。排他的企業連合でも同様で、その基礎となっている広義の知的財産は希少性が高い企業リソースであり、その権利の実施を企業連合内に閉じることで、他社による模倣や代替の困難性を実現している。

また、RBVは同じリソースであっても、その活用の巧拙によって効果に格差が生まれると説いている。暗黙の知財同盟が、必須特許権者以外には実施許諾しないというスキームにより、必須特許の参入障壁としての有効性を高めている点もRBVの理論と整合している。排他的企業連合も同様である。

9.3 「暗黙の共謀」と暗黙の知財同盟

競争戦略論には、「暗黙の共謀（tacit collusion）」と呼ぶ戦略スキームがある。その意味は、「企業が同業他社と出荷量や価格決定を相互に観察しな

がら、出荷量や価格戦略を間接的に調整する行動があり、その協調的行動は企業間で直接コミュニケーションしておらず」「企業間の競争を減少させる効果がある」（Berney, 2013）としている。9.1 で取り上げた、国内のビール産業やコーラ産業などの暗黙の共謀の事例が広く存在している。

暗黙の知財同盟は出荷量や価格調整をしておらず、上記の意味の「暗黙の共謀」には該当しない。しかし、必須特許権者以外には実施許諾しないことを、企業間の直接コミュニケーションなしで、協調的に調整している点は、「暗黙の共謀」と類似性があると言える。暗黙の知財同盟の効果が企業間の競争を減少させることも類似性がある。

このように、暗黙の知財同盟は、「暗黙の共謀」の着想を知的財産マネジメントの領域に応用したものとみることができる[5]。また、知的財産マネジメントの領域では、企業間の暗黙の協調は広く認識されていないかもしれないが、現実のビジネスでは広く実践されている。

以上の議論から分かるように、暗黙の知財同盟や排他的企業連合を競争戦略論の視点で捉えると、合理的で自然なスキームであることが分かる。

参考文献

Barney, Jay. B. (2013), *Gaining Sustaining Competitive Advantage Fourth Edition*, Pearson Education, p.257.（第 2 版には邦訳がある。『企業戦略論』岡田正大訳，ダイヤモンド，p. 227.）

USDOJ（1995）, *Antitrust Guidelines for the licensing of Intellectual Property*, U.S. Department of Justice and the Federal Trade Commission, 1995.4.6,

入山章栄（2019），『世界標準の経営理論』ダイヤモンド社　p.74.

公正取引委員会（2016）「知的財産の利用に関する独占禁止法の指針（改正）」 https://www.jftc.go.jp/dk/guideline/unyoukijun/chitekizaisan.html（アクセス日：2023 年 12 月 21 日）

日経パソコン（2013），「プリンター 30 年の進化史」『日経パソコン』2013 年 8 月 12 日，pp. 58-67.

（後藤吉正）

5　暗黙の共謀が間接的に調整する対象を価格や出荷量に限定せず、共謀する対象に知的財産権を取り込むことが素直かもしれない。これにより、暗黙の知財同盟や排他的企業連合は暗黙の共謀の概念に包含されることになる。

エピローグ
——知的財産マネジメントの未来のために

1. はじめに

本書はイノベーションの収益化に寄与する特許権活用戦略の7つのスキームと、その中でも暗黙の知財同盟及びそれに類似の排他的企業連合に関しては詳細に議論してきた。ここではこれまでの議論を踏まえて、今後の我が国の知的財産マネジメントに関していくつか提言したい。

特に、第1章で提示した特許権を活用して収益を獲得する7つのスキームや第2~4章で詳細に議論した暗黙の知財同盟を実践する際に不可欠な基盤である、企業における経営戦略や事業戦略と統合した知的財産マネジメント及び、大学や小規模企業の知的財産活動について議論する。

最後に、知的財産マネジメントが、経済学や経営学などの様々な知と融合した「総合知」となって、一層の進化を遂げることへの期待を記す。

2. 知的財産を統合した経営戦略の創出

我が国は経済成長や平均賃金が低迷する期間が既に30年に及んでいる。今日の社会の中堅である40代より若い世代は、「失われた30年」と言われる期間の記憶しかないかもしれない。一方、ウクライナ侵攻や米中対立などの新たな国際情勢にあって、経済安全保障をはじめ社会や経済の運営には一層の創造力と挑戦性が求められている。社会や経済の中核を担う産業界では半導体産業の復興の取り組みや、優れたスタートアップやベンチャーキャピタルの登場、ユニコーン数の増大等、心強い動きが始まっている。そして、イノベーション創出の新たなうねりが期待できよう。

このような背景を考えても、知的財産マネジメントを経営戦略・事業戦略レベルに組み込み、イノベーションの収益化を図ることが大切である。本書で紹介したように、イノベーションが創出した価値を獲得するには、事業戦略に知的財産マネジメントを組み込み、知的財産による競争力を考慮して事業戦略、経営戦略を組み立てることが重要である。最初に事業戦略が決定され、それに沿って知的財産マネジメントを実践するのではない。筆者らは、かつてQualcomm社に知的財産戦略に関してインタビューする機会があった。「御社の知的財産戦略を考案したのは誰か」との問いに対して「考案したのはCEOだ」との回答であった。Qualcomm社の経営手法に関しては様々な議論があるが、創造的で挑戦的な戦略が功を奏した点は高く評価できよう。かつて『役員室にエジソンがいたら』とのタイトルの書籍が出版された。知的財産担当役員を設けて役員レベルで知的財産マネジメントを実践すべきだとの提案であり、これは、既に多くの企業で実践されている。しかし、経営トップ自身が知的財産戦略の設計に労力を割いている企業はまだ少ないのではなかろうか。「財務は分らないので、財務マネジメントはCFO（最高財務責任者）に任せた」と考える経営トップはその資質が問われるだろう。同様に、知的財産マネジメントを担当役員や担当部署に任せきりにするのでは、今日の経営環境への対応は厳しいのではなかろうか。

社会や経済の発展に伴い事業の戦略も進化していることは論を俟たない。同様に知的財産戦略も進化してきた。分かりやすいように古い事例を挙げよう。筆者がかつて先輩に聞いたところでは、高度成長期までに広く採用されていた大量に特許出願する手法は、もともとはテレビの技術方式NTSCに関するRCA社特許のロイヤリティー支払いの削減が目的であったとのことである。RCA社はライセンシーの特許とクロスライセンスしたので、クロスライセンスする特許件数の多さが支払い削減に有利となった。このため、大量の特許出願を促すマネジメントが行われた。我が国の技術力がキャッチアップの段階にあった時代には有効であったこの手法だが、今日では国内産業の貴重な技術ノウハウを流出させたというマイナスの評価もある。

ここ10年程で、「オープン＆クローズ戦略」が広く認識され、第6世代携帯電話の国のプロジェクト（ポスト5G情報通信システム基盤強化研究開発事業等）でも知的財産の「オープン＆クローズ戦略」が提起された。「オープン＆クローズ戦略」は、日本企業が強い技術と強い特許権を持ちながらもビジネスで敗退した2000年代の情勢を受けて提唱されたものであり、このような戦略枠組みが提唱され、広く認知されるようになったことは大きな進歩であり素晴らしい。しかし、その後も経済や社会の進化は留まっていない。「オープン＆クローズ戦略」の成果に基づいて、現代の知的財産戦略の創出が求められている。それは、個々の産業や企業、プロジェクトの多様性を踏まえて創造するものであろう。その際に、知的財産マネジメントを知的財産の範囲の中だけで発想するのではなく、本書が提起したイノベーションシステムにおけるステークホルダーとの関係性に着目し、7つの特許権活用スキームを踏まえて、経営戦略・事業戦略と統合した知的財産マネジメントを構想することが有効と考える。

3. 人材の流動性を高めて知的財産を活用できる人材を育成

イノベーション創出を促進する重要な要因の1つが人材の流動性であることは経験的にもイノベーション研究からも認識されている。それは、イノベーションの個々の具体事案に適した人材や暗黙知が円滑に集結するためと言われている。そして、徐々に我が国でも人材の流動性が高まってきている。2.で述べた新たな知的財産戦略の創出においても人材の流動性は大切と思われる。知的財産の専門家、例えば弁理士資格を持つ人材が企業から特許事務所・法律事務所に移動することは頻繁にあり、知的財産業界の人材の流動性は一定程度あると言えよう。一方、我が国の弁理士と弁護士という制度上の建付けにより、特許権取得の専門家と特許訴訟という権利行使の専門家が分かれている。出願段階から権利行使を勘案して権利取得することの重要性は自明であり、この制度上の制約を克服する人材政策が望まれる。近年、法律事務所が知的財産部門を設けて弁理士人材を採用しているが、この流れは貴重と言えよう。

2.で提唱した知的財産マネジメントを統合した事業戦略、経営戦略を構想するには、経営が肌感覚で分かる知的財産専門家の育成に加えて、知的財産マネジメントを理解した経営者や経営戦略スタッフの増加が求められる。知的財産専門家が経営戦略を構想する能力を習得するよりも、経営者や経営戦略スタッフが経営に用いる知的財産マネジメントを習得する方が実際的であるからだ。そのためには、将来の経営に関わる人材がキャリアプランの一環として知的財産業務を担当するなど、知的財産部門の人材と経営者や経営戦略部門との間の人材交流も１つの方法であろう。知的財産マネジメントには暗黙知が少なくないので、こうした人材の流動性は効果が大きい。

4. 大学の知的財産予算問題の解決

第１章3.1「スタートアップ・エコシステムを支える特許権」で述べたように、大学が創出する特許権はディープテックのスタートアップ創出では主要な源泉の１つである。さらに、第１章で述べたステークホルダーとの関係性から分かるように、大学に帰属する特許権の効力は独特の強みを持ちうる。自身は特許権を実施する事業を行わない大学は、権利行使しても権利行使先の企業から権利行使を受けることはないので、非常に強い立場に立つことができる。

第４章で取り上げた白色LEDの事例を用いて説明する。日亜化学や豊田合成は、保有する青色LED特許によって圧倒的に強い立場に立てるものと思われた。しかし、白色化特許を持つCree社、Osram社などの海外企業とのクロスライセンスを締結せざるを得ず、その結果、白色LEDの市場を寡占したのは、海外企業を含む５社となった。もし、青色LEDの必須特許群の一部を青色LEDが発明された名古屋大学が取得しており[1]、海外企業には実施許諾しなかったならば、白色LEDのグローバル市場は現在の姿とは、異なっていただろう。

ところが、我が国の多くの大学では特許出願予算の不足のため、インパクトが期待できる発明であっても国内出願のみで外国出願を見送る場合が少なくない。国内出願しかなく外国権利がない特許権がビジネスで活用されるこ

1　青色LEDが発明された1986～1989年当時は、日本版バイドール法が制定される10年以上前であり、大学には知財部も存在しなかったので、この仮説は現実的ではないことを付け加える。

とは稀である。また、知的財産予算の不足を補うために、大学と企業との共有特許にして、企業が費用負担する構図が広く行われている。個別の企業と共有になった特許権は、その企業が活用しない限り他社で活用される可能性は相当に低く、また、他企業やスタートアップなどへの技術移転の可能性も後退する。企業との共有特許が技術移転や特許ライセンスの候補対象とならないケースが多いのが実情ではなかろうか。さらに、共有権利者の自己実施は他の共有権利者の承認を要しないとする特許制度の規定があるので、企業が実施しても共有者である大学に通知されることもなく、実施の事実が可視化されにくい。結果的に大学創出の特許権の価値評価を低くしている。我が国の大学創出特許によるライセンス収入が少ない状況の構造的な要因がここにあるのではなかろうか。また、第1章3.1でも述べたように、これは大学発のスタートアップやイノベーション創出にとっても負の影響となっており、この点は、2023年3月に政府が公表した「大学知財ガバナンスガイドライン」でも指摘されている[2]。

予算の少なさは大学の知的財産部門の整備にも影響しており、その結果、権利行使に耐える特許の作成に至っていない場合も散見され、中にはイノベーションの収益化に大きな損失となった事例もあり、筆者らが現場で実感してきたところである。

大学の研究が科学技術イノベーションの源泉との認識に基づき、過去20年以上にわたり多額の研究予算を投入してきた。例えば、日本学術振興会(JSPS)、日本医療研究開発機構（AMED)、科学技術振興機構（JST）の3つの公的研究資金配分機関を通じて供給される研究予算だけでも、年間5,000億円を超えている。しかし、その予算規模と比較して大学の知的財産予算と組織体制がバランスしているとは言い難い。ここで示唆に富む話を紹介する。国立大学の法人化当時のある大学幹部にお聞きしたところでは、国立大学法人の予算構成を設計する際に知的財産費用を予算費目に入れなかったのだが、これが、その後、大学の知的財産予算が構造的に乏しいことの遠因と

2　内閣府、文部科学省、経済産業省が共同で取りまとめ、2023年3月29日に公表した。https://www.kantei.go.jp/jp/singi/titeki2/tyousakai/daigaku_gov/governance_guideline.html（アクセス日：2023年10月8日）

のことである。これに対して、国立研究所の法人化の際に、知的財産費用を研究所の予算費目に組み込んで予算を確保した物質・材料研究機構は、特許権の取得と産業界への移転でも優れた実績を収めている。以上の経緯は、大学に知財予算原資があれば、現在とは事態が違っていたであろうことを示唆している。

ところで、我が国の研究力が国際比較で著しく後退していることへの危機感はますます強まっており、10兆円大学ファンドの運用益を特定の大学に投入する国際卓越研究大学制度や、地域中核・特色ある研究大学の事業も始まっている。イノベーションの源泉を担うべく大学研究力の改革は急務であり、その流れの中で知的財産予算の構造問題が解決されることを期待する。

5. 大学発スタートアップ創出と逆算の研究マネジメント

大学の研究成果を社会実装のために技術移転する形態は、長い間、創出された大学の知的財産権を直ちに既存企業に移転する形態と既存企業との共同研究を通じて技術移転する形態が一般的と考えられてきた。例えば製薬企業に新薬の化合物の特許権を譲渡するのは前者の例である。後者としては発明者の帰属に関わらず、共同研究先企業と共同出願する運用が広く行われてきた。その根拠には、前述の大学の知財予算不足への対策に加えて、想定する技術移転先との共同出願なので支障もないと考え、自然に受け入れられてきたと思われる。

しかし、最近の実態をみれば分かるように、スタートアップを起業して大学の研究成果を社会実装する形態が重要な位置づけとなっている。大学と社会との資金の好循環を生むためにも、スタートアップへの技術移転は必須の形態となっている。また、発明時点では既存企業と共同研究中なので当該企業と共同出願した権利であっても、その企業に事業化の意思がないために、スタートアップ起業が求められる場合も少なくない。このように、大学創出の知的財産権の移転先が変化しており、現在、それへの適応が求められている。例えば、大学の単独権利が望ましいのだが、仮に共同出願する場合でも、スタートアップの実施を認める共同出願契約を締結するなどである。

スタートアップで活用するための大学の知的財産マネジメントは、前述の「大学知財ガバナンスガイドライン」でも詳細に論じており、これが速やかに実践されることが重要である。

ここで、知的財産から少し話題が逸れるが、スタートアップ起業を目標に研究を進める研究マネジメントが大学の研究を革新する可能性に言及したい。現在の研究予算の枠組では、研究資金の大部分は、科研費や科学技術振興機構などの競争的研究資金として提供されており、公募の採択審査では優れた研究「提案」を行った研究者に資金が提供されている。この枠組みでは、迅速に研究を完成させて社会実装に移行するモチベーションは働きにくい。逆に研究を迅速に完成させるよりも、引き続き同様のテーマで研究を継続する方が、競争的研究資金を獲得しやすいかもしれない。これに対して、大学発スタートアップを創出し、スタートアップのIPOやM&Aによって、研究者や大学への資金的リターンが大きければ、研究者が研究を仕上げてスタートアップ創出につなげるモチベーションは大きくなるだろう。さらには、スタートアップ設立の時期と起業に必要な研究成果を想定して、それに向かって研究をマネジメントすれば、大学の研究成果がイノベーションを創出する可能性はさらに増大するのではなかろうか。このようにスタートアップ創出という目標から逆算して研究をマネジメントすること、即ち、「逆算の研究マネジメント」は従来の大学の研究マネジメントを革新する可能性を孕んでいる。

以上では、逆算の研究マネジメントの目標をスタートアップ創出に置いたが、目標を事業フェーズまで広げると、特許権活用にかかわる逆算の研究マネジメントの意義が大きいことが分かる。技術移転後の特許権の行使を含めた逆算の研究マネジメントの重要性を強調したい。その意図は、大学が行う先導的な研究が原理発明を生み出し、それが将来の必須特許となる場合が少なくないからである。

6. 大学における研究と知的財産の統合的な戦略

本書が一貫して提起した見解は、経営戦略や事業戦略と一体となった知的財産マネジメントである。即ち、経営戦略や事業戦略が決まって、その下流に知的財産マネジメントを行うのではなく、特許権の活用による優位性を活用して事業を行い、特許権活用による優位性が形成されるように事業を行うことで、高い競争優位性と収益性が創出されることを提案した。本節で述べるように、これと類似した構図は大学における研究にも該当する場合がある。

通常、大学等の知的財産業務は、研究過程で生まれた発明を特許出願するという流れで進められており、研究者から報告された発明からより広い権利範囲を取得する実務が重要視される。これに対して、特許権活用の観点から研究方針に変更を求めるマネジメントはほとんど聞かない。しかし、大学発の特許権が活用される場面までスコープを広げると様相が異なってくる。有効に機能する特許権を取得するためには新たな研究や追加の実験が必須の場合があり、もし、それを行わずに発明を論文や出願で公開すると、それをみた第三者が、当初の特許権を回避する権利範囲の特許を取得する可能性がある。

例えを使って説明しよう。大学Ａで全く新しい原理に基づく画期的なデバイスが発明され、そのデバイスの原理発明に関する特許が出願された場合を考える。この特許は、必須特許となる可能性を持っている。しかし、新原理を構成するために必要な材料ａを明記して特許権が成立した場合、この特許権の権利範囲は材料ａで限定される可能性が高い。公開された論文や出願をみた大学Ｂが材料ｂを用いて同じ原理を実証すると、別の特許権が取得できる可能性がある。ここで、材料ｂを用いたデバイスが材料ａより価格や性能などで有利だとすると、大学Ｂが出願した材料ｂを用いた特許が必須特許になり、大学Ａが出願した特許は実施されないリスクが高い。このようなリスクを回避するためには、大学Ａは材料ａ以外でも研究を進めて、代替材料の可能性を確認する必要がある。複数の材料で原理検証することにより、材料に依存しない上位概念による必須特許ができる可能性も出てくる。なお、創薬系特許ではこのリスクはより顕著であり、複数材料での検証は必須である。このようなマネジメントは企業では広く実施されているが、論文を重視する大学では稀だろう。材料の範囲を広げるための研究や実験は学術的価値が低いかもしれないが、必須特許を取得するためには必要な取り組みである。

以上で述べたように、大学の研究であっても特許権を活用する場面を想定して研究を行うこと、即ち、研究戦略と知的財産マネジメントの統合が重要である。

7. 小規模企業や大学の知的財産体制

特許制度は先行する出願に権利を認める先願主義を採用しているために、実施可能性が不透明な段階の出願が一定数存在することは不可避である。結果的に特許発明の実施や権利行使に至る比率が高くない。それは一見、無駄にみえる一定数の出願が存在することになる。このような原理的な特性もあり、知的財産マネジメントは一定規模の大きさで運営しないと成果がみえづらい。また、知的財産担当組織内での経験の蓄積や人材のスキルアップも難しい。

今日の競争的な経済情勢から中小企業でも発明考案や特許権取得が必要となり、関係機関などもそれを奨励している。また、大規模でない大学でも創出する発明の特許権取得も求められている。しかし、前述のような問題から、一定規模以上の知的財産活動とこれを担う組織でなければ円滑で質が担保された知的財産マネジメントは難しいのではなかろうか。この問題の解決は容易ではないが、放置してよい問題でもない。例えば、大学の知的財産収入が継続的に増加しているのは、知的財産収入の上位の10数大学程度である。これらの大学は、知的財産活動のクリティカルマスを超えていると思われるが、これらの大学以外からも多数の有望な特許出願があり、それを質の高い特許権に仕上げる組織体制の整備が求められる。

この問題意識は政策当局にもあり、様々な政策議論がなされてきた。1つの解決の糸口は、複数の大学の知的財産部門の統合、或いはその（一部の）

機能を大学以外の機関へ集約することである。すでに、四国テクノネットワーク株式会社（通称「四国 TLO」）は四国５大学の技術移転を統合運営している。名古屋大学と岐阜大学は東海国立大学機構の設立に参画して、各大学の知的財産部門は大学機構の傘下で、ゆるやかに統合的運用を行っている。もう１つの解決の糸口は研究資金配分機関が（一部の）知的財産活動を担う方法である。例えば、フランスの医療系ファンディング機関は、当該ファンディング機関が支援した研究から創出された発明の出願、権利化、技術移転、権利行使を行っている。我が国でも、科学技術振興機構（JST）は、研究資金を提供した研究で創出された特許の中で、出願者である大学から要望があるものを、科学技術振興機構に移管して権利化や維持を引き受けている。その枠を大きく拡大したり、他のファンディング機関も同様の取組を行うといった方策があるかもしれない。

また、規模が小さい企業の特許管理の対策としては、第１章 3.2 で紹介したドイツフラウンホーファー研究機構の知的財産政策が参考になるだろう。中小企業自身による知的財産活動の強化とともに、さらに上の階層である産業界全体での仕組みが効果的と考えられる。

8. 総合知としての知的財産マネジメントへ

近年、イノベーション創出や社会課題解決のためには、専門領域や所属組織を超えて様々な知を融合させる「総合知」が重要であると強調されている。2021 年に改正された科学技術・イノベーション基本法は、今後の科学技術の進歩やイノベーション促進には、自然科学と人文・社会科学の融合が重要であると提起している。

本書が主題としている知的財産の専門性は、主に知的財産法という法制度と科学技術を根拠とする専門性を基軸としてきた。この点は今後も変わりない。その一方で、本書が一貫して提起しているように、経営戦略、事業戦略と統合した知的財産マネジメントを実践して、イノベーションが創出した価値をイノベーターが獲得するには、ビジネス現場の実践に加えて経済学や経営学の専門的知見を動員することが求められている。本書を読まれた読者は既に気付かれているように、本書で展開した高度な特許権の活用スキームを解明するために、経済学や経営学の理論や概念を随所で活用した。そして、筆者らはその必然性と有効性を実感した。

知的財産マネジメントが経済学や経営学などの様々な知を融合した「総合知」となってさらに進化することを期待して、本書の括りとする。

（後藤吉正）

和文索引

あ行

か行

さ行

た行

な行

は行

ま行

ら行

わ行

欧字・数字索引

W

Z

著者略歴

後藤吉正（ごとう　よしまさ）（プロローグ、第1章、第2章、第3章、第6章、エピローグ担当）

名城大学学術研究支援センター顧問。パナソニック入社後、カーネギーメロン大学コンピュータサイエンス研究科で世界最初期の自動運転を実現。帰国後、情報システムの開発を担当し、BSデジタル放送の番組表、暗号化システムの技術標準と放送局システムを開発。その後、R&D知的財産センター所長、上席理事。その間、基準認証イノベーション技術研究組合理事長。2012年から名古屋大学産学官連携推進本部教授として、産学連携拠点整備やベンチャーファンド設立に貢献。その後、科学技術振興機構理事。2022年から現職。イノベーションシステムと優れた研究を生むマネジメントに関心を持ってきた。2015年度知財学会誌優秀論文賞。博士（工学、技術経営）。

玄場公規（げんば　きみのり）（第2章、第3章　担当）

法政大学大学院イノベーション・マネジメント研究科・研究科長・教授。大阪大学大学院工学系研究科・招聘教授。三和総合研究所研究員として行政の受託調査及び企業のコンサルタント業務に携わり、大学教員に転身。東京大学大学院工学系研究科アクセンチュア寄附講座助教授、立命館大学大学院テクノロジー・マネジメント研究科教授などを経て、現職。2015年度知財学会誌優秀論文賞。近著として『イノベーションと研究開発の戦略』（単著、芙蓉書房）、『後継者・右腕経営者のための事業承継7つのステップ』（同友館）、『ファミリービジネスのイノベーション』（編著、白桃書房）など。イノベーション創出のマネジメント・戦略を中心に学術研究・教育に20年以上従事。博士（学術）。

栄藤　稔（えとう　みのる）（第5章　担当）

大阪大学先導的学際研究機構教授、順天堂大学医学研究科客員教授。パナソニックで画像符号化標準化に従事した後、NTTドコモに転じ、3G以降のモバイルマルチメディア技術開発とデータマイニングを立ち上げる。MP-4ファイルフォーマットの生みの親。米国にてDOCOMO Innovations、DOCOMO Capital社長を経て、2016年7月までNTTドコモベンチャーズの社長を兼務し投資業務に従事。2017年にNTTドコモの役員を退任し現職に就任。この間、機械翻訳スタートアップ株式会社みらい翻訳を創業し2020年6月まで代表取締役社長。2024年まで科学技術振興機構CREST人工知能領域研究総括。日本企業のデジタル変革を支援するコンサルティングと人材育成に興味を持つ。博士（工学）。

浅井　明（あさい　あきら）（第4章　担当）

NTT データ経営研究所から東北大学特任教授（客員）として大学の知的財産戦略業務を支援中。1991年からパナソニックにて半導体デバイスの研究開発及び事業化、出向先での国家プロジェクトの企画推進や研究所の戦略企画を経て2005年から知財戦略業務に従事。2019年から現社にて知財戦略デザイナー（特許庁/(独）工業所有権情報・研修館委託事業「知的財産戦略デザイナー派遣事業」）として複数の大学を支援。イノベーションの創出・発展・維持と経営/競争（共創）戦略としての知財戦略に関心があり、大学病院の医師のような実務と研究の両方を実践する知的財産戦略業務を目指している。博士（工学)、修士（経営学)。

暗黙《あんもく》の知財同盟《ちざいどうめい》
イノベーションの継続《けいぞく》と収益《しゅうえき》化《か》を両立《りょうりつ》する特許活用戦略《とっきょかつようせんりゃく》

〈検印省略〉

発行日――2024年 2 月26日　初 版 発 行

著　者――後藤《ごとう》 吉正《よしまさ》・玄場《げんば》 公規《きみのり》・栄藤《えとう》 稔《みのる》・浅井《あさい》 明《あきら》

発行者――大矢栄一郎

発行所――株式会社　白桃書房《はくとうしょぼう》
〒101-0021　東京都千代田区外神田5-1-15
☎03-3836-4781　℻03-3836-9370　振替00100-4-20192
https://www.hakutou.co.jp/

印刷・製本――藤原印刷

ISBN 978-4-561-26785-0 C3034